集人文社科之思 刊专业学术之声

集 刊 名：区域史研究
主办单位：中山大学岭南文化研究院
主　　编：温春来（中山大学岭南文化研究院）
副 主 编：黄国信（中山大学岭南文化研究院）
本辑执行主编：杜丽红〔中山大学历史学系（珠海）〕

REGIONAL STUDIES

编辑委员会（按姓氏拼音排序）

杜丽红（中山大学）	杜正贞（浙江大学）	冯筱才（华东师范大学）
贺　喜（香港中文大学）	黄国信（中山大学）	黄志繁（南昌大学）
刘永华（复旦大学）	王东杰（清华大学）	温春来（中山大学）
谢晓辉（中山大学）	杨国安（武汉大学）	余新忠（南开大学）
张　侃（厦门大学）	张瑞威（香港中文大学）	

编辑部主任：李晓龙（中山大学）
编　　审：任建敏　梁结霞　廖欣妍
自媒体编辑：肖啟良

微信公众号：Regional_History
投 稿 邮 箱：lingnanculture@126.com

2021年第1辑（总第5辑）

集刊序列号：PIJ-2018-326
中国集刊网：www.jikan.com.cn
集刊投约稿平台：www.iedol.cn

2021年第1辑（总第5辑）

区域史研究

REGIONAL STUDIES

主编 | 温春来　本辑执行主编 | 杜丽红

社会科学文献出版社
SOCIAL SCIENCES ACADEMIC PRESS (CHINA)

区域史研究

2021 年第 1 辑（总第 5 辑）
2021 年 10 月出版

学人访谈

区域史研究的方法与经验
——郑起东研究员访谈 ………………………… 郑起东　杜丽红 / 3

"华北区域史研究"专栏

清代宣化府旗民争水纠纷中的民间话语与官方叙述 ……… 邱源媛 / 27
近代中国的城市治理：以北京人力车夫问题为中心 ……… 杜丽红 / 53
近代华北区域研究述论 ………………………………… 崔　馨　张君仪 / 99

专题研究

清代财权中央集中体制与云南铜矿业兴衰 ……………… 温春来 / 141
沙洲坍涨与盐政变迁：清代靖江县由浙盐改食淮盐述论
　………………………………………………………… 武俊杰 / 173

读史札记

蔡廷锴何以能成为福建事变的主要发动者和领导者？ …… 曾业英 / 207

书　评

在物的"生活史"中解读盐商社会
——读 Luxurious Networks: Salt Merchants, Status, and Statecraft in Eighteenth-Century China 所想 ……………………… 李晓龙 / 217

经济与法律交织下的明清社会
　　——评邱澎生《当经济遇上法律：明清中国的市场演化》
　　………………………………………………………… 陈鹏飞 / 229
"小地方"如何实现知识转型
　　——徐佳贵《乡国之际：晚清温州府士人与地方知识转型》读后
　　………………………………………………………… 叶　鹏 / 235
评《山水"峒氓"：明清以来都柳江下游地区的家族、婚姻
　　与仪式传统》 ………………………………………… 黎家启 / 240
探索朝鲜前期贸易与货币变迁的内在逻辑与演变轨迹
　　——《朝鮮前期對外貿易斗　貨幣研究》评介 ……… 侯冠宇 / 247

征稿启事 ……………………………………………………… / 253

学人访谈

भाग १

区域史研究的方法与经验

——郑起东研究员访谈

郑起东　杜丽红[*]

作为《区域史研究》的轮值主编，我选择华北区域史研究作为主题。在20世纪八九十年代的时候，中国社会科学院近代史研究所经济史研究室的华北区域经济史研究在国内自成一家，具有鲜明的特色，即对区域的社会、政治、经济进行整体性研究。在从翰香先生领导的研究团队中，有学者从事农村经济研究，有学者专攻社会组织问题，也有学者研究国家、社会与个人之间的关系。若能借此机会，回顾和展望经济史研究室开创的区域史研究脉络，将非常契合本期华北区域研究主题。荣幸的是，郑起东研究员接到访谈邀约后，爽快地答应了。2020年9月25日，在东厂胡同的家中，郑老师慷慨地与我分享了他多年区域史研究的经验，以及他对区域史研究方法的思考。这篇访谈就是此次谈话录音的文字整理稿，郑老师补充了一些细节内容，标题为笔者整理录音后拟定。当然，最终成文的访谈录中可能有因理解不到位而未能准确表达原意的部分，其责任应由我承担。（杜丽红）

杜：郑老师您好，非常感谢您抽空一起聊聊区域史研究。我了解您

---

[*] 郑起东，中国社会科学院中国历史研究院近代史研究所研究员；杜丽红，中山大学历史学系（珠海）教授。

做了多年研究，对华北区域研究肯定有很多心得体会，期望今天的采访能够帮助学界了解您对区域史研究的探索和思考。

《区域史研究》正好有一个访谈栏目，可以通过我们对话的形式把华北区域研究的一些理念和思考记录下来，将一个学术脉络记载下来。这样的话，肯定将有惠于区域史研究的发展。我的第一个问题是，您接受的经济学专业学术训练，对您做区域史研究有什么影响？您对区域史研究有何看法呢？

郑： 我本人是经济学出身，后来学了经济史。学经济学的人容易从经济学的角度研究历史，即习惯利用经济学的理论和方法，如使用经济学的三要素（土地、劳动和资本）或五要素（人口、资本、资源、技术和制度）来研究经济史。这样做的优点是理论性较强，研究较深入，而其弊端是容易陷入模式化。

从20世纪80年代起，区域经济史的研究方法开始经历从历史学到历史学和经济学结合的转变。当时在中国大陆有两部美国学者的专著广为流传：一部是马若孟的《中国农民经济：河北和山东的农民发展（1890～1949）》，另一部是黄宗智的《华北的小农经济与社会变迁》。这两部著作都使用了经济学的理论和方法，都是对近代华北农村经济的综合研究。马若孟的《中国农民经济》利用宏观经济学的生产力五要素（人口、资本、资源、技术和制度）和经济生活中的四个环节（生产、交换、分配和消费）理论分析了华北农村经济，他的主要论点是："在一切情况正常的地方，农村生活水平没有下降"，"农民的生产足以满足他们自己和城市的需求"。

黄宗智虽然是历史社会学者，但他在该书中所使用的"内卷化"概念却是来自宏观经济学的"边际效益递减规律"，得出了华北农业是"糊口经济"和华北农村经济"内卷化"的结论。所以，他们都是按照宏观经济学的思路来研究中国农村经济的。而从其宏观经济学视野来看，秉持的都是整体史观。其全面、综合的研究最能体现整体史观的观点。

多年以来，一些学者提出了区域史研究的"碎片化"问题。实际上指的就是有些区域史研究缺乏"整体性"。如果研究和整体史观相联系，那么它就是区域史研究。但是，如果单纯做地方研究，那么，它就是地方史，而不是区域史。地方史为区域史研究奠定了基础，但它本身不符合区域史研究的模式。模式是必要的，在《近代冀鲁豫乡村》一书中，我们就提出要创建一种有中国特色的半封建半殖民地农村经济的研究模式。模式就是一种规范，区域史研究本身，它也是有一定的研究模式的。如果你的研究和整体史观相联系，则你选择的区域可大可小，不受限制。如果你是联系全局的，那么部分可以是一个村、一个县，再大到一个省或几个省，甚至是全国，最后就是全世界，局部就发展成了全局。所以说，整体史观发展到极致就是全球史观。

以上就涉及了我们对于区域的选择，这是区域史研究的重点。因为区域的选择不是任意的。吴承明先生就指出，"如果单纯地只有自然条件，而没有人文条件，这样的区域是不能作为区域史研究的对象的"。就是说，区域史研究的对象，必须兼具自然条件和人文条件。

杜：也就是说，区域要有人活动，要形成一个人与自然的关系才行。

郑：是的。第一，要兼具自然条件和人文条件；第二，要具有区域性和典型性；第三，要在经济圈内，或者本身就构成经济圈；第四，要具有充足的资料。具有区域性和典型性，就是说它可以联系整体、分析整体、说明整体。在经济圈内或本身就构成经济圈，指的是它本身的经济具有双循环，即内循环和外循环的特点，即在区域内和区域外都有较充分的市场和商品交流。如滨下武志提出的东亚朝贡圈就属于这样的经济圈。在经济圈内或构成经济圈的区域，是需要发展到一定程度的，因为如果一个区域的经济没有发展到一定程度，它就缺乏研究的价值。此外，还要注意从实际出发，了解它有没有充足的资料，无论是文字资料还是数据资料，是否足以覆盖你的研究面。

有的学者反对将省作为区域史研究的对象，对此，吴承明先生提出：如果你不用省，有很多资料你就没法用。人口的问题、土地的问题、赋税的问题，很多统计资料都是以省为单位的，而且一个省本身，往往是根据它的自然条件和社会情况划分的。我们要看到，中国的十八行省都是有着各自鲜明的人文特点和自然特征的。

杜：您选择华北作为研究的主攻方向，一定是基于以上的标准，但是否还有其他考量呢？

郑：以上四项标准只是选择区域的必要条件，而非充分必要条件。我们选择区域，还要考虑它在全局中的重要性。我们选择华北，正是看到了华北在历史进程中的发展变化，尤其是在近代的发展变化。明清以来，定都北京，执行以北制南的政策，华北的政治、经济地位大为提升。另一方面，华北地势优越，确实起到了拱卫京畿的作用。它纵向可以连接南北，横向可以隔绝东西。近代修了京汉铁路、京沈铁路，贯通南北；修了陇海铁路、东清铁路，连接东西，使华北具有了更重要的战略地位。另外在经济上，从明代大移民以来，华北经济恢复发展很快，尤其近代以来，农村经济实力增强，工商市镇崛起。据从翰香先生统计：乾隆时期华北地区商业性集镇有30余处；而到了20世纪20~30年代，华北重要工商业集镇已达2200余处。华北有雄厚的经济实力，才能供养得起八路军，成为抗日根据地。冀鲁豫、晋察冀，这几个根据地都离不开华北。共产党正是在华北打下了政治基础和经济基础，进而统一全国的。这就说明了华北的重要意义，其在全国具有重要性、代表性。有人认为，我们研究区域史，任选一个地方都可以。不是这样的，要经过认真考量。首先是自然条件要一致，我们选择的华北平原，在解放前后，都有五省和三省的提法。五省指的是河北、河南、山东、山西、陕西。后来，我们经过研究，决定选择三省，即河北、河南、山东来研究。因为山西和陕西多山区，与河北、河南和山东在自然条件上缺乏一致性。你到山西、陕西看看，多山沟、多窑洞。你再到河北、河南、山东看看，尽是一望无际的大平原，村庄、街道、市镇面貌极为相似。所以我们选择一个区域，既要有代表性，又要有一致性，即区域内的均衡性。它的质地是均匀的，便于研究。

杜：您在前面的讲话中，强调了要坚持整体史观，那么怎么样才能把整体史观贯穿于研究的始终呢？

郑：要在研究中坚持整体史观，就要在研究中确立一条主线。无论是研究区域经济史、区域文化史，还是区域社会史，都需要一条主线。这条主线我觉得还是要从发展的角度、变革的角度来考虑。发展和变革是事物的共性。马若孟和黄宗智都抓住了发展变革这一条主线。我们的《近代冀鲁豫乡村》和《转型期的华北农村社会》也是抓住了发展变革这一条主线。因为我们研究的是华北农村从前近代到近代的转变。它是从前近代到近代的变革。无论是政治、经济、文化、社会，都要突出一个发展变化。比如，《近代冀鲁豫乡村》第一部分研究从元代的农村社制到明代的里甲制再到清代的保甲制的变化；第二部分研究集镇数量及其分布特点的变化，集镇专业化的趋势，趋势也是变化；第三部分研究农业自然资源的利用和粮食生产的发展；第四部分研究手工业与农村经济的变革；第五部分研究田赋和徭役的沿革，田赋制度从封建向资本主义的转化，沿革和转化都是变革。总之，全书都是以变革和发展为主线，把局部和整体联系起来。

杜：刚刚您说从经济学的角度研究区域经济史，您的研究也是这样做的。现在无论从社会学的角度还是文化史的角度来看，大家也去抓一个区域里面的这样的一个社会组织形态，还有它的文化形态。我想问一下，您在一个区域里面，如何去抓住整体性的问题呢？就是比如我们到了一个区域，那我们应该从哪个切入点进去，才能看到区域史的整体研究的特征呢？

郑：刚才我们谈到做区域经济史要兼做政治、经济、文化、社会的综合研究。实际上，我们做区域政治史、文化史、社会史研究也应联系其他方面，这几个方面都不是孤立的。

但是，我们做政治、经济、文化、社会的综合研究，应该以什么作为切入点呢？

我们前面说：区域经济史要做整体性研究，整体性研究就是系统性研究，系统性是整体史观的外在表现，而结构性是整体史观的内在表现。因此，我们研究区域经济史，应该以经济结构作为切入点，对政治、经济、文化、社会结构进行剖析。比如政治结构，就有种种组织，行政组织、社会组织、基层组织……文化在结构上也可分为主流文化、亚文化、地方文化……社会结构更是形形色色，多种多样，各种社会组织，显性的，隐性的，无所不有。经济结构更为复杂，如农村经济结构可分为农业产业结构，即农业和副业以及手工业的比例；还有农业种植结构，如粮食作物和经济作物的比例；以及农民的饮食结构，如粗粮和细粮、主食和副食的比例。这些结构的发展变化都能说明农村经济的发展和衰退。

因此，我们在《近代冀鲁豫乡村》和《转型期的华北农村社会》两书中都着重研究了社会结构和经济结构。如《近代冀鲁豫乡村》一书中，研究了村级和乡级社会结构，《转型期的华北农村社会》研究了县级和区、乡、村级行政机构。《近代冀鲁豫乡村》还研究了集镇社会经济结构、粮食作物结构、乡村手工业的结构和田赋结构。《转型期的华北农村社会》还研究了农业的生产结构和农民的消费结构。

我们的研究表明：研究区域史不能离开结构，因为区域史本身就与整体史形成了结构。我们通过解剖区域政治、经济、文化、社会的结构来展示其区域性和典型性。

杜：区域的经济结构对区域史研究是非常重要的。您刚才讲的农业、手工业，还有副业，是农村经济的组成部分；从区域整个经济结构来看的话，就是各个地方的各种行业在其中的结构关系。现在好像比较重视"量"，对"结构"不太重视。"量"的分析好像还是应该跟结构结合起来才行，因为我们去算总量的增加或减少，也需要从结构的角度去分析量的波动，才能恰当地给出一个解释。比如，某一年可能棉花种多了，相应的粮食可能就少了，农业的产量可能处于一种动态平衡的状态。

郑：对，经济结构在经济中非常重要，就拿现实经济来说吧，咱们现在处于改革开放的攻坚阶段，也是把调结构作为改革的主攻方向。工业体制改革、金融制度改革等，无一不是在结构上下功夫。所谓供给侧结构性改革，也是一种结构的调整。如在金融上把银行贷款倾向中小企业、科技企业，解决中小企业、科技企业的资金问题，本身既是金融结构的调整，又是在整个国民经济中，对国有企业、大企业和中小企业比例关系的调整。现在各省份要获得发展，都是通过调整产业结构来促进GDP增长的。

前些年，区域经济史研究确实比较重视"量"，而忽视了对"结构"的研究。

如有的学者单纯从近代华北粮食产量停滞不前而否定华北农业的发展，没有看到近代华北农业经济结构发生的变化。我们在《近代冀鲁豫乡村》和其后的研究中，都强调了经济结构的作用。如《近代冀鲁豫乡村》通过系统性统计资料，得出河北、山东、河南三省农村手工业占总产值比例分别为11.6%、15.7%、5.8%，因此，尽管河南农户户均耕地较河北、山东为多，但河北和山东却每亩和每户平均产值均较河南为多。由此可见，农村经济结构在农村经济发展中起着重要作用。

2013年，我在《整体史观与近代中国农村经济研究》[①] 一文中，继续对农村经济结构进行研究，指出农村经济结构的优化包括农业产业结构的优化、农业种植结构的优化和农民饮食结构的优化。

农村经济结构的三个方面的优化起着互相促进的作用。农业产业结

---

① 郑起东：《整体史观与近代中国农村经济研究》，《中国经济史研究》2013年第3期。

构优化了，副业、手工业增加了，也会反哺农业，如榨油业的副产品豆饼和制粉业的副产品粉渣，都是上好的饲料和肥料。山东省招远市，由于制粉业产生的农家肥料很多，土地变肥沃，产量大增，耕作制度也由两年三熟制变为一年两熟制，平均亩产量比普通人家增加一倍以上。由此可见，农业产业结构的优化促进了农业种植结构的优化。

同样，农业种植结构的优化又促进了农民饮食结构的优化。农民种植的"现金作物"棉花、大豆、花生多了，农民手里的现金就多了，购买的副食品就多了：种的大豆、花生多了，吃的就多了，饮食结构就改善了。据统计，定县农民1928～1929年平均每人每年消费豆类10.64公斤；1931～1932年，就提高至33.80公斤。仅此一项，定县农民每天就多摄取热量260千卡和蛋白质12.6克。

据卜凯统计，1920年初，河北盐山县男子每日摄入热量不足2600千卡；据我统计，1937年，仅由粮食摄入计，河北超过此标准5.3%，河南超过9.77%，山东超过11.40%。可见，从1928年至1937年，十年间，华北三省农民饮食结构确实有所优化。

杜：听说在80年代至90年代，在经济史学界有一场关于近代华北农村经济乃至全国农村经济的大讨论，您能介绍一下具体情况吗？

郑：从80年代中期开始，在中国经济史学界展开了一场有关近代中国农业是否"内卷化"，是否有增长而无发展的大讨论。这一讨论余绪延续至今。黄宗智借用戈尔茨在研究爪哇刀耕火种农业时所运用的"内卷化"概念，认为几个世纪以来，随着生产力发展的停滞和人口的迅速增加，小农往往只能将过剩的劳动力投入有限的土地上来提高总产量以"糊口"，即以单位劳动力边际报酬递减维持贫困的生存。因此中国的农业生产已经是集约化情况下的"没有发展的增长"，即只有农业生产量的增长，而没有劳动生产率的增长，认为中国小农经济是"糊口"经济。中国近代农业"有增长而无发展"的观点，受到了中国经济史学界的广泛质疑。吴承明先生在《中国近代农业生产力的考察》

一文中指出："人口与土地的关系，不仅限于种植，而且要考虑整个农业结构。""总的看来，我国近代生产力是有一定的发展的，能够适应同时期人口增长的需要。""农产工业原料的供应也不成问题。"从翰香先生也在我室召开的近代三农问题研讨会上用华北粮食生产的统计数据反驳了认为华北农业是"糊口"农业的观点。

吴承明先生提出："从经济学的观点看，以最少的土地生产最多的农作物应当是一个经济原则。"这个经济原则就是农业资源优化配置。

杜： 您刚才讲到一个非常重要的观点——资源优化配置问题，农业剩余价值到底是投到发展农业还是投到发展工业上？比如火车开通之后，华北的资源配置跟以前相比就有了很大的变化。资源配置的优化对农业结构也是有影响的。因此，华北经济放在一个整体结构中，从资源配置的角度整体性地研究各方占的比重和结构性的调整，才能更好地把握区域经济的状况。华北区域研究若从整体史观入手，需要将经济结构纳入其中，把工矿业、农业、运输业作为一个整体进行思考。

郑： "要想富，先修路。"火车的开通无论是对农业、工矿业还是商业都是资源优化配置，既利工，又利农，还利商。从农业来说，促进了农业产品的出口。你研究过近代东北的经济。清末，京奉铁路建成之后，促进了沿线经济发展。铁路出山海关后就是沙后所站，为较大盐产区，因铁路运输之便，盐产量大增。再如东北南部的新民屯，历来就是蒙古等地畜产品的集散地，靠马车运输，平均年输出值为300余万银圆。京奉铁路通车后，输出量年年递增，至20世纪头十年，年销售量增至千万元以上。再如京汉铁路，1906年建成，促进了河南经济作物生产，其大宗为黄豆、芝麻，都是由火车运至汉口，装轮船出洋的。据《海关报告》，自火车通车后，芝麻输出量已由50万担增至1908年的160万担。河北的棉花生产也因为铁路开通而兴盛：西河棉自1908年输入天津后，以其数量大、价格低的优势，逐渐占领天津棉花市场。河北的土布业也有所发展,在京汉铁路通车前,定州运销西北的土布,只有1904年和1905年达到百万匹,而在1906年京汉铁路全线通车后,每年均在百万匹以上。

由此可见,从国民经济结构的角度全方位地研究华北区域经济,把农业、工矿业、运输业作为整体来研究,势必会更加深入、全面,更好地体现整体史观。如果再和国际贸易结合起来,就形成了全球史观视野下的华北区域经济史研究。但是,那样做势必会大大提高对资料的要求,对理论和方法的要求,需要在研究前做好充分的资料和理论准备。

杜:您能谈一下,在做近代华北农村研究时,是怎样进行理论和实践准备的吗?

在理论准备方面,从翰香先生指导我们学习列宁的《俄国资本主义的发展》,阅读马若孟的《中国农民经济》和黄宗智的《华北的小农经济与社会变迁》,经过多次讨论,确立了近代华北农村经济研究的主线——变革,确定了研究的主要方法——综合研究,即从政治、经济、文化、社会各方面全面研究华北农村。

在实践准备方面,主要是写论文和搜集资料。

我们认识到,我们的研究应该是长时段的研究,因此,研究华北是从明清开始的。我们还认识到,研究近代,但不能局限于近代,那样就会割裂历史。研究华北,要打通古代和近代,要弄清华北农村经济从古代至近代,从传统至现代的发展脉络。80年代中期,在正式开始《近代冀鲁豫乡村》课题之前,从翰香先生就发表了论文《十四世纪后期至十六世纪末华北平原农村经济发展的考察》和《从区域经济的角度看清末民初华北平原冀鲁豫三省的农村》;我和史建云先生分别发表了论文《清代华北的农业改制问题》和《清代华北平原农村棉纺织业商品生产》,为研究华北农村经济做好了背景准备。

在资料的搜集上,我们的指导思想是:竭泽而渔,一网打尽。就是说凡能到手的资料,都搜罗一空。搜集资料的原则是:(1)由年代远的资料到年代近的资料；（2）由系统性的资料到零碎性的资料；（3）由普通级的资料到稀缺级的资料。比如，年代久远的资料，如《关册》，据我们了解，在北京，只有中国社会科学院经济研究所图书馆有全璧。再如清政府商部汇集的关于各省农业的报告书和统计表，只有中国第一历史档案馆有馆藏。年代较近的，我们搜集到了关于华北土改和"四清"的资料，甚至包括一些村史、家史。在搜集资料时，还注意首先搜集系统性资料，也就是大宗、集中的资料，尤其是统计资料，如卜凯和国民政府农情所关于中国农民、农村和农业的统计资料，这一做法事半功倍。对于零星的调查资料也不放过。应该说，各省份的文史资料多是后人回忆，对于华北区域经济史研究，利用价值并不高，但我们翻遍河北、河南、山东的文史资料，还是找到了1931~1932年李景汉先生再次率领调查组对定县123户家庭生活水平的调查。此统计资料没有收入《定县社会概况调查》，80年代初才由何延铮整理，在《河北文史资料》第11辑发表。此资料极为重要，正好与《定县社会概况调查》中34户家庭生活水平调查形成鲜明对比。再是首先普遍搜集普通级资料，如有关三省的方志、政书、笔记、报告、统计、调查等，不容遗漏。另外，对于稀缺性的资料也绝不放过。如我们听说，我党在解放初期，为了接管政权，曾对国民政府时期的经济统计资料进行过全面整理，发动了近百人力，翻阅了近万册有关的统计图表，广搜旁辑，历时两个月，将急需的矿业、工业、农业、出入口贸易四大类的一切资料，汇集成册，以便有关部门参考。了解了这一情况，我们就急切地寻找此部资料，经过在北京各主要大学和研究机构广为搜寻，最后终于在中国农业科学院图书馆获此秘笈，为我们研究华北农村经济提供了重要依据。

杜：我感觉到您怀有宏大的学术抱负，深厚的学术积淀。但问题在于，您在做的过程里面，又要讲结构，又要讲从古至今的过程和变化，需要很大的工作量，若没有多年的积累，是做不出来的。您能不能讲一下，这么做的收获是什么呢？

郑：确实，仅仅华北农村经济研究，就能成为一个人为之毕生奋斗的事业。研究华北农村经济的结果，就是课题组每个人书柜里都塞满了关于华北农村经济的资料，头脑中都塞满了对于华北农村经济的知识。日本有个学者曾经说过：我们这些人就是有病，就是想把问题搞清楚。比如农业发展的标准，就是曾经困惑我们多年的问题。学术界对此众说纷纭，莫衷一是。学者们所用指标有总产量、人均产量、单位面积产量、劳动生产率等。考察的侧面除了技术水平、生产条件，还有收入水平、劳动分工制度、人均GDP的增长等。各类判断虽都兼顾多项指标，但却各有依据的侧重点，这就不免在一些基本判断上产生歧异。

我们细究以上指标，都有可议之处。首先，它们都是单一指标，都表明了某一方面的真相，却又不能顾及全面的事实。如能不能用总产量衡量近代华北农业的发展，总产量增加了，但劳动力和总人口数量也增加了，显然，这种增长被讥为"有增长而无发展"，并非毫无道理。但人均产量增加是否可视为发展呢？在一定时期内，耕地的数量往往是固定的，或者只有缓慢的增长，那么，人口的增减就成为影响人均产量的主要因素。而近代往往在战乱之后，人口大减，而后农业出现恢复性增长，那么，这种恢复性增长可否称之为发展呢？再有古代较近代人少地多，因而人均产量近代总也超不过古代，是否古代农业反较近代发达呢？如果按照这种逻辑，推动近代农业发展的各种新因素都会被视而不见，那么，对于近代农业还有什么研究的必要呢？

再看单位面积产量。近代，在新的垦殖区，垦殖面积增加时，亩产量总会有所下降，而老的垦殖区亩产量反会逐渐上升。如辽宁省1915年粮食亩产为196斤，1930年为197斤，15年增加1斤，主要是因为新垦区多，亩产较低，而原来的农区单产较高。但新的垦区增加了土地资源，土地是劳动对象，是生产力要素之一，土地增加了，怎能说不是农业的发展呢？

至于劳动生产率，自然是农业生产的重要指标，然而，农业是一个特殊的行业，正像我们现在判断工业发展与否不能单纯根据劳产率，而是要加上环保指标一样。我们判断农业发展与否，也不能单纯依靠劳动生产率这个社会经济指标，而是应结合自然生产条件。因为劳动生产率只以劳动因素作为衡量农业生产力的标准，而土地生产率只以土地因素作为衡量农业生产力的标准，因此单独以劳动的社会生产率或劳动的自然生产率作为考察农业生产的标准都是不完全的。

那么，能否以近年来引起多方关注的全要素生产率作为衡量近代农业发展与否的标准呢？全要素生产率是指各要素（如资本和劳动等）投入之外的技术进步对经济增长所做的贡献。现在看来，它在实践上是不可行的，在理论和方法上是不成熟的。在实践上，近代农业不可能满足全要素生产率计算对于数据的要求。据罗明智等的《广西蚕桑产业全要素生产效率及其趋同性分析》一文，仅在"产出方面，为避免物价因素影响，选取产蚕量作为实物产出要素，观测值共120个"。这是在近代农业研究中不可能做到的。其次，理论和方法目前尚不统一，计算结果也差距甚大。1993年，世界银行出版的研究报告《东亚奇迹》中的数据显示，亚洲发展中国家（地区）的全要素生产率在0附近，甚至为负值。美国经济学家保罗·克鲁格曼认为：如果用全要素生产率来衡量技术进步的话，亚洲各国的技术进步几乎为零。而据美国经济学者计算，1929~1957年美国的全要素生产率为32%，1948~1979年为24%。中国经济学者认为：用全要素生产率衡量得出中国几乎没有技术进步的结论是难以令人信服的。中国和发达国家相比，在全要素生产率上的巨大差别，在相当程度上应当来源于测算方法的不足。

近年来，中国的学者也对全要素生产率问题做了深入研究。李京文等利用中国1978~1995年的数据进行了测算，得出的结论是：在这18年中，全要素生产率对经济增长的贡献是36.23%。中国人民银行货币政策分析小组在《2001中国货币政策执行报告》中的结论是，近20年来，我国全要素生产率对经济增长的贡献是20%。

中外学者对于全要素生产率的计算结果存在巨大的差距，说明这一理论和方法尽管拥有广阔的应用前景，但目前还是不成熟的。

因此，只有把吴承明先生提出的农业资源优化配置的经济原则作为农业发展的综合指标才是最适宜的。农业资源配置优化首先是经济结构的优化，经济结构的优化既是经济发展的必然结果，又是经济进一步发展的前提条件，因此美国经济学家钱纳里说："发展就是经济结构的成功转变。"

所以，我们前面所讲的农民腾出土地种棉花，获得比种植粮食作物更多的现金收入，不但不是什么"内卷化"，反而是农业种植结构的优化，是农业资源配置的优化。

杜：刚才您已经讲了，区域经济史研究有它本身的理论和方法，但我又注意到，您无论在《近代冀鲁豫乡村》还是在《转型期的华北农村社会》中，又都使用了比较经济学的理论和方法。我想知道，区域经济史的理论和方法，与其他学科的理论和方法是什么关系呢？

郑：区域经济史有自己的理论和方法，但它并不排斥其他学科的理论和方法，而是兼收并蓄，与它们并行不悖的。我们在研究中就感觉到应用其他学科理论和方法的必要。比如北洋政府建立后，加强了对华北农民的压榨，苛捐杂税层出不穷，尤其是以新政府的名义征收验契费：红契（有清政府县署大印的地产证）每张银圆5角，白契（农民私立土地买卖文书，无官府大印）每张1元。农民家庭土地零碎，每有几张地契，仅此一项，就须付出十来块银圆。据统计，河北省验契收入每年就达数百万银圆之多。总计田赋、徭役、兵差、摊派、商税、杂税，北洋政府时期要比清末多出多少倍，但令人奇怪的是无论粮食还是棉花，也无论是总产量还是亩产量，华北三省在北洋政府时期都比清末高得多。这甚至让我近代史所研究民国经济的同行百思不得其解。后来我们学习了制度经济学才恍然大悟，是不是"验契"这一"虐政"反而因为保护了农民的产权而激发了农民生产的积极性呢？这不一定是以上问题的唯一解释。但是他山之石可以攻玉，其他学科的理论可以加深我们对区域经济史的理解。

农民居住条件的改善也可以得到制度经济学的解释。清代，有人曾眺望县境感叹："红墙绿瓦皆庙宇，草房柴扉是农家。"就是说，一个县里除了庙宇、公廨，没有几处像样的房子。这是因为清代对建房有规制：对于房屋的高度、广度、材料都有要求，超过就是违制，给予严厉处罚。所以缙绅可以建瓦房，而农民不能，寻常小康之家也只能以砖房为止，其他都是土坯房。民国建立后，废除了封建规制，华北农村有些地方甚至掀起了建房风，引起了攀比，"每有岁不中人，而宅第栉比"。山东烟台"农村人口的主要职业是经营农田和果园，农民是很富裕的，他们都是住着很讲究的房屋，有的是住着楼房"。制度的变革改善了农民的居住条件，这段史实中也闪过了制度经济学的影子。

再比如网络学说，也可以应用于区域史研究。侵华战争前，后任日本在华特务机关长的土肥原贤二曾在华北考察，慨叹中国如一盘散沙，不堪一击。其后的事实证明，这完全是对中国的误判。中国实际上是一个网络型的国家，各级行政组织、社会组织盘根错节，异常严密。有的学者认为，中国县以下无政权，这也是一个误判。且不说清代存在县丞、主簿、巡检等官员，民国又建立了区级、乡级、村级政府，统治是相当严密的。据我考察，清代华北有的村寨，寨门破损了，就有上级让寨长及时修理；家有疯癫病人，村长就马上通知家里看管好，以免伤人；乡里的坟地被挖了，也马上有人报告乡长，及时追查。至于田赋税项，更是有专人催科，很少有漏网之鱼，正是"天网恢恢，疏而不漏"。

到了近代，政治网络更加严密，清末、北洋政府时期实行区制，任命区长，划分自治区、教育区、卫生区。国民政府时期，成立专署、县署、区署，选举乡长、村长。农民的社会组织网络也相当严密，青苗会、连庄会在华北相当普遍，其后的民团、义和团、红枪会都是由此而起的。

从清代至民国，无论政治网络、经济网络、文化网络都是官、绅、民的结合体。如政治网络由官府、绅首、保甲组成，经济网络、文化网络无不是官府责成、绅士组织、农民和市民参加。

晚清时期，由于政治网络、经济网络、文化网络莫不掌控于绅士之手，大部分地区的县政、村政、水利、仓储、教育早已由绅士控制。因此，辛亥风潮一起，全国风云变幻，江山易主。

网络学说特别适用于区域史研究。施坚雅的《中国农村的市场和社会结构》和杜赞奇的《文化、权力与国家：1900~1942年的华北农村》都是网络学说在区域史研究上的成功运用，惜乎国内对此尚无深入的研究。

杜：是的，我们应该有网络研究的思维。一个个地方其实就是一个个点，但是各个点存在于网络之中，它不单是与其他地方有联系，有从上而下的联系，还有从下而上的联系。这个网络系统不是二维的，也不是三维的，而是多维的。就像您刚才讲的，哪里出个事儿，网络马上就行动起来，把它给报告上去，然后通过网络报到更上一级，最后又通过网络体系，派下面谁去办事儿。

郑：如你所言，这个权力网络具有网络式反馈结构。信息通过多渠道传递下去，又会通过多渠道的反馈机构反馈回来，然后经过调整、加强，再传递下去，达到网络的终端，取得网络的平衡。

信息论认为，谁掌握了网络终端，谁就控制了整个网络，毫无疑问，各种网络的终端是掌握在绅士阶层手中的。

而且，这是个多层级的网络，它由纵向网络、横向网络、延伸网络和扩散网络组成：纵向网络，有中央、省、府、厅、州、县的官署和官员；在中央，还有拥有各地方籍贯的高级官员，他们拥有干预本地政治的实力。晚清新政时期，很多新政措施，无论是修铁路、立学校、建仓储等，都是通过他们的手贯彻到地方的。此外，在地方，各省、府、县有省绅、府绅、县绅，他们都是曾经出仕退下来的官员，包括中央退下来的官员。其中层级分明,省绅是大绅,起码是道台,一般是任过尚书、侍郎、总督、巡抚一级职务的官员,他们在一省之中,一呼百应。府绅、县绅一般是任过府、州、县级职务的官员,在一府一县内足以号令群雄,但是他们对于上一级的绅士是奉命维谨的,甚至可以说是唯命是从。全国各省、府、厅、州、县的绅士是素有联络的,他们或是同年、同乡,或是亲朋故旧,构成了横向网络。新政时期争立储、争铁路,辛亥革命时期闹独立、劝退位,都是这一横向网络起的作用。这一网络还有延伸网络,一直延伸至村镇城乡。刚才咱们讲的里甲、保甲,还有乡约、值月、牌头、地保、村长、副村长等,都属于这一延伸网络。这一延伸网络归村绅,可能是秀才、武生管辖。因为大部分村庄没有秀才,也可能是村中能人一类管辖。但是,一般说来,他们还是听村绅、县绅指使的。

这一网络直接扩散到社会,农民的自治组织、自卫组织、娱乐组织,什么青苗会、联庄会、大刀会、红枪会以及后来民国时期的保卫团,还有农村的庙会和各种赛会,如灯会、社火,都是由绅士组织、主持的。这一社会网络构成了权力网络的扩散网络。

清末的义和团,抗日战争时期的大刀会,都是这一扩散网络的残留和余绪。

关于义和团的起源,劳乃宣的义和团起源于白莲教说早已被证伪。据我考证,义和团起源于山东农村大刀会,即农民的自卫组织。

义和团的首发事件——山东冠县梨园屯反洋教斗争就是由士绅领导的。光绪十三年,拆毁教堂就是由村长和三街会首领组织农民进行的。村民公推六位绅士到府呈控偏袒教民的冠县知县。这六位绅士,不是贡生,就是文、武生,都是有功名的。

教民和绅士之间存在深刻的矛盾。教民入了教,就可以不拜孔圣、关圣,不缴青苗费、赛会费,这对贫民是一笔沉重的负担。但此举既扫了绅士的面子,又触犯了绅士的利益。当时,华北农村有不少绅士、教民当街骂阵，甚至大打出手的事件。

教会当然是站在教民一边的。于是其倚仗在华势力逼迫官府处罚绅士，罚没绅士财产赔偿教民，威逼绅士请客赔礼道歉。请客动辄十桌、数十桌，甚至强迫绅士当场下跪给教民赔礼。

这些作为无疑激化了民、教矛盾，颠覆了华北农村原有的社会秩序，引起了义和团的激烈反抗。

有些学者研究义和团运动，只看到了其中的中外民族矛盾，没有看到其中的内部阶级矛盾。

教民多是贫苦农民。李提摩太在山东赈济，一手发钱，一手施洗，发展了不少天主教徒。

而义和团是由绅士组织的，团首多是富人，往往兼习医生、教师。如著名的山东义和团首领朱红灯，"原名朱占鳌，本县富户"，又是当地医生。另一个首领张洛培，也是当地大地主兼医生。至于团民，则多是富裕农民，起码中农以上。我们从现存的义和团照片可以看出，那一身行头——靴子、头盔、服装、大刀、红缨枪，可不是一般的贫下中农置办得起的。再说，贫下中农、雇农要参加义和团，也没有时间，没有积蓄，他要养家糊口。一般的雇农，要听雇主的，不能参加，参加人家也不要你。

几个月内，几十万义和团民涌入北京，绝不是自发的事件，而是由一个强大的网络推动的。这个网络，就是绅士的权力网络。这个网络的信息传递非常迅速，信息是靠什么来传递呢？在华北主要是靠鸡毛信。据说，义和团的聚集就是靠鸡毛信。甚至在抗日战争时期，在河北的某些地方，共产党和国民党双方都还在使用鸡毛信。

就是在义和团被镇压后，这个网络也没有主动消失，反而在后来的善后事宜中发挥了重要的作用。而西方侵略者也正是看到了这一网络的强大作用，在其后处置义和团的行动中采取了妥协方法。

据说，光绪二十六年六月，八国联军驻守直隶清河镇，要在一天之内向附近各村征收鸡蛋 2 万个, 若无人负责提供, 就亲自下乡夺取。这时, 清河永泰庄村一位贾姓把总, 联合宛平、昌平两县交界 72 个村庄, 成立联庄会, 在很短的时间内就筹集了足够多的鸡蛋, 应付了侵略者的威胁。

再如光绪二十七年, 在直隶武邑县, 义和团刚被镇压下去, 教民就乘势讹诈, 几乎又激起变故。并且, 县里给教会的赔款尚欠白银 10 万两, 而当时县库不名一钱, 教会不断催逼, 形势万分紧急。幸亏武邑县向来有二十八大村名目。县令章绍洙立即邀请城绅 4 人、乡绅 56 人来署, 面商办法, 最后与教士商定, 教堂停止自捐自罚, 如有教民讹诈, 应责应杀, 教堂断不干预, 而教士提出赔款不得误一日。章绍洙将此意通知各绅并令各绅将禁止讹诈布告带回, 每大村则认捐 2200 串。不一日, 各捐数超过 10 万两, 连两位洋教士雍居敬、卜良臣都不得不叹服。

由此, 我们可以看到绅权网络的效率。

杜: 在某种程度上, 华北研究内在的理念跟华南研究有很多相似的地方。您的切入点是结构, 而且您研究的也是结构, 讨论结构在整个历史过程中的变化。您研究的宏大的近代冀鲁豫农村, 基本上讲的是整个区域的大变革。在此, 我想问一下您怎么看华南的区域研究?

郑: 谈到华南区域研究, 就不能不谈到华南学派; 谈到华南学派, 就不能不谈到大历史和新史学的关系。新史学是梁启超先生首倡的, 现在也有一些学者在鼓吹。我在年轻时也是深以新史学为然的。现在, 年纪大了, 却总感觉"新史学"的提法多有不妥。"新史学""新"在何处?无非是新理论、新方法、新史料、新观点。是四者齐备才能称为"新"呢, 还是仅具其一即可称为"新"呢?还有, 新与旧是随时转换的, 今日之新可能就是明日之旧。再说, 传统是无法割断的, 继承传统治史方法对我们来说是别无选择, 熔新旧为一炉是不是比单纯求新的提法更好一些呢?

但是华南区域研究却有所不同: 不求其新, 只求其大, 以小见大,因大成新。

首先，华南区域研究继承了傅衣凌先生的治学传统，注重"局部"，研究个案，与探求社会"总体系"的目标相结合，成为"整体史"的倡导者。

其次，研究方法已进入语言学、历史学、人类学、考古学、民俗学、社会学等学科之间的交叉互动和整合阶段，实现了萧凤霞教授跨越学科界限的追求。

最后，田野调查成为研究的主要路径。此事言之易，行之难，然而与文献研究相结合则成果扎实，无人能比。我是虽不能至，心向往之。

这三者都不"新"，然而结合到一起，便成"全新"。

再有，科大卫教授提出研究对象不局限于一隅，可见其研究领域之大；萧凤霞教授提出跨越学科界限，可见其学术领域之广；陈春声教授把做人和做研究结合在一起，提出"脱俗"，北京人把"脱俗"称为"大气"，可见其胸怀之大。这正是华南学派的风格，可谓"踏破岭南山重水，又开风气又为师"。

杜：您刚才谈到区域史研究，里面很多东西都是比较复杂的，研究起来有相当的难度。那么，我们研究区域史要注意哪些问题呢？

郑：复杂的理论问题都是建立在基本常识的基础上的，年轻的学者要注意从生活中学习，善于独立思考。

比如刚才我们讲的，义和团的主体不可能是贫苦的农民，不然他也负担不起那一身行头和到北京的盘缠。这就是一个常识问题。

再比如关于捻军的性质问题，长期以来，普遍认为就是农民起义。但是傅衣凌先生根据当时的捻首同时也是寨长、圩主、练首或族长的情况，断定捻军的性质不是农民起义，而是北方地主、豪族领导贫民反抗清朝政权的一种政治运动。

吴承明先生在批评近代小农经济内卷化的观点时也是从常识出发的，他说：小农经济是精打细算的经济，它不浪费资本，也不会浪费劳动力。农民不会在自己的田场上"三个人的活五个人干",或者搞什么"人海战术"。以为人口压力会迫使农民将剩余劳动无限投入土地的想法是不切实际的,尤其在近代,他们还有到外区域或城市做佣工和从事家庭手工业的机会。

由于缺乏常识,在区域经济史研究上造成的误判还是挺多的。弄得不好,就会贻笑大方。

比如华北农民收麦子有两种方式:一种是割麦子,用镰刀割;一种是拔麦子,直接拔出来,然后把麦子在鞋上一磕,打掉泥土。于是有的学者就分析,认为拔麦子的是贫苦的农民,他们没有镰刀,买不起镰刀。实际上这就是一种误判。华北的土地分为两种,一种是黏土地,一种是沙土地。黏土地上种的麦子,必须用镰刀割,不然拔出一大块黏土,这怎么弄?但是沙土地上种的麦子必须用拔的方法,如果用镰刀割,一拉麦子就出来了。我们再从常识来判断,农民不可能舍不得这点钱买镰刀,一把镰刀,刀只值一分银子,刀把农民可以自己用木头做。但是一亩麦子上百斤,要值十来个银圆。

再比如,有的学者判断:土布结实厚重,洋布单薄不耐用,所以中国人喜欢土布,不喜欢洋布,因此洋布打不开中国市场。我是用过土布的人,我上山下乡那会儿,盖的被褥就是土布做的。土布是用什么织的?是用土纱,就是用纺车手工纺的纱。而洋布是用机器制的纱,就是用珍妮纺纱机纺的纱。洋纱和土纱,哪个拉力大?当然是洋纱。织洋布用铁机,织土布用木机,哪个织得细密,不问可知。我印象中真正的土布很不结实,它的棉纱比较粗,比较松软,很容易断,而洋布相对结实,棉纱拉力大,布纹细密。

但是为什么有的学者说土布比洋布结实美观呢?他说的也是实话。可他说的那个土布不是真正的土布,而是后来的高阳土布,也就是改良土布,这种布是用洋纱织的,可能是从英国进口的,或者是南方厂家制的机纱,改良土布也是用铁机织的,以结实、美观、厚重著称。

陆游曾有诗论道:"南言莼菜似羊酪,北说荔枝如石榴。自古论人多类此,简编千载判悠悠。"我们要牢牢记住陆游这首诗。

所以说,现在就是要强调:一定要有常识,另外就是要分析,对资料不能盲从,要辨别真假;对别人的说法不能盲从,要辨别正误。不要别人拿出一部著作就认为是经典,你要分析,要独立思考,先过常识这一关,然后再谈理论、方法。

"华北区域史研究"专栏

清代宣化府旗民争水纠纷中的民间话语与官方叙述

邱源嫒[*]

摘　要：通过梳理清代宣化府旗人与民人的争水纠纷，本文考察了民间史料与官方档案的差异性叙述。以宣化府案件来说，民间文献以民人为叙事主体，水资源纷争以旗人和民人的对立为基础，凸显了地方官员与基层社会内部机制自我转运的空间和能力。官方档案则以案件处理为脉络，较为客观地展现了案件情况，诸多纠纷并没有机械地发生在旗人与民人之间，人们在利益的驱动下，不断结成不同组合的共同体，同时官方档案记载了各层级官方的处理细节，真实反映了内务府、八旗都统衙门、户部、工部、口北道、宣化府、保安州、宣化县、怀来县等中央层级及地方层级官方力量的介入过程及其作用。本文提出需要同时重视、挖掘、利用地方文献与官方档案，以更全面的视角考察民间基层社会水资源的分配、利用、纠纷等问题，是相关研究值得进一步推进的方向。

关键词：旗人　八旗制度　争水纠纷　民间文献　官方档案

由于史料的书写目的、书写性质各不相同，民间文献与官方档案呈现出诸多有意味的差异化内容，凸显了二者不同的记录倾向。区域史、社会

---

[*] 邱源嫒，中国社会科学院中国历史研究院古代史研究所、徽学研究中心研究员。

史等领域尤为重视民间史料,民众叙述摆脱了官方话语的条条框框,让研究者更加接近民众、触及草根社会。然而从另一个方面来说,碑文、方志等也会因为其载体的具体功用受到一定的程式化限制,当然这是所有史料都存在的问题,研究者需要利用其他不同性质的史料与之印证、补充和修正。本文聚焦顺康雍乾时期,宣化地区旗人与民人的争水纠纷。顺康雍时期以地方碑文、方志记载为主,乾隆时期则主要依靠官方档案记录。宣化府的旗民争水纠纷跨越时间长,民间文献和官方档案较为集中且视角多元,正给我们分析不同类型史料的书写差异化提供了合适的案例。

一 明清宣保怀地区的水资源与水利兴修

清代宣化府号称"十年九旱",年均降水量小于400毫米,贫水年为200~300毫米。在洋河流域,明清两代,宣化府以灌溉农田为目的,依托洋河修筑了多条河渠,宣化县、保安州、怀来县一带主要有惠民渠、恩民渠、胡公渠、张公渠、石洞渠、常丰渠、千家渠等,当前使用的洋河一渠、二渠、三渠水利网络即是在原有水渠基础上修筑而成,一代一代的民众在这片土地上修筑渠道、灌溉农田、繁衍生息。清代初年,清廷于近畿五百里大量圈占土地,宣化府也是其中一处,畿辅地区由此形成旗、民杂居之势。顺治年间,清廷将惠民等主干河渠划给旗地,民人无法沾润,旗、民争讼不断。雍正五年(1727),民人孙兴祖等赴部院申诉,朝廷重新疏浚河渠,使得"旗归旗渠,民归民渠"。然而"雨无妨碍,永息争端"的日子并不长久,乾隆初年,民众为利用水渠再起纠纷,此类争端断断续续一直持续到清末。

(一) 明清宣保怀地区的水资源状况

宣化府距离京师西北350里[1],下辖三州七县[2],包括延庆州、保

---

[1] 康熙《畿辅通志》卷3《疆域形式》,清康熙二十二年刻本,第15页。
[2] 清代的宣化府行政建制在康、雍、乾三代有所不同,康熙三十二年(1693),宣府卫改设州县,辖延庆、保安二州,宣化、万全、怀来、怀安、西宁、龙门、赤城、蔚县八县。

安州、蔚州、宣化县、赤城县、龙门县、怀来县、万全县、怀安县、西宁县。无论是明清时代还是当下，该地区都是连接北京、沟通晋蒙的重要交通枢纽。府属宣化县（今张家口市宣化区）、怀来县（今张家口市怀来县）、保安州（今张家口市涿鹿县），区域范围略等于今天的河北省张家口市宣化区、怀来县与涿鹿县，与北京西北部延庆、昌平、房山等区县接壤。

宣、保、怀三州县干旱缺水，① 年内降水分布极不均匀，播种期降水量仅占全年降水量的14%左右，常出现春旱；农作物吐穗灌浆期，往往少雨或几十天不下透雨，发生"卡脖旱"。气候寒冷，无霜期短，一年只能一种一收，遇干旱农业减产，人缺粮，畜缺草，灾情较重。州、县志中有不少诸如"（康熙）十六年夏，大旱，七月，怀来李华南路及深井堡多狼杀人"②、"（怀来，乾隆）十年夏，大旱，是岁饥"③一类的记载。

同时，该区域也是水患重灾区，尤其是桑干河、洋河流域，每年降水集中在6月至8月，上游客水和当地降水汇集起来，冲淘两岸，造成洪水灾害。区域内山丘地形复杂、植被差，每遇暴雨径流汇集，陡坡流急，常常造成山洪灾害，如"（康熙十九年）七月，蔚州卫大雨，平地水深数尺，漂没数堡。深井堡大雨，雹冰块有尺余者，四十里内禾稼尽伤"④ 等。旱灾与水灾，常常还会在短时间内相继发生，"（雍正十二

---

① 雍正七年，蔚州由山西大同改归直隶宣化府。乾隆二十三年（1758），废蔚县入蔚州，由此形成三州七县。本文所涉及的宣化县、怀来县、保安州，不涉及行政建制改变的问题，因此此处概述成三州七县。

① 由于中国北方水资源的缺乏，水利建设、资源利用、争水纠纷以及与之相应而生的人群组织、水域社会等问题，一直是学界关注的重点，出了很多重要的研究成果，但具体针对宣化府洋河流域的水利建设、争水纠纷，关注的学者并不多。

② 乾隆《宣化府志》卷3《星土志》，清乾隆八年修二十二年订补重刊本，第22页。

③ 乾隆《宣化府志》续修志卷3《灾祥志》，清乾隆八年修二十二年订补重刊本，第28页。

④ 乾隆《宣化府志》卷3《星土志》，清乾隆八年修二十二年订补重刊本，第22页。

年）今年六月间，又闻宣化地方苦旱。七月秒又有被冰雹之处，其大有如拳、如鸡子者，田禾多被损伤"。① 仅据《张家口地区水利纪事》汇集的方志等史料来看，宣、保、怀三州县明清时期影响严重的旱灾有24次，水灾34次。在年降水量不到400毫米的贫水地区，水灾的破坏性完全不亚于旱灾。②

如此地理区位、自然条件，该区域自明初始，即有成规模的河渠挖掘与利用，经过明清两代、民国时期以及新中国成立后不断发展整修，形成了今天仍在使用的桑干河灌区、洋河灌区等水利网络。本文所涉及的宣、保、怀三州县境内洋河流域，大小河渠纵横，有惠民渠、张公渠、胡公渠、恩民渠、常丰渠、石洞渠、千家渠等干渠，再依傍干渠修筑支流，灌溉农田。该地区是清代宣化府，也是目前张家口地区主要水稻产区，洋河径流年内分布不均，导致每年立夏以后进入枯水期，稻田插秧、麦田夏浇、杂田播种，用水量大，供需矛盾突出，历代争水纠纷不断。③

清代初年，八旗于近畿五百里大量圈占民人土地，宣化府也是其中一处。清军进入山海关，除了屯兵京城，并在京畿各处设置众多八旗驻防外，为了满足皇室、王公与八旗人丁的生活需要，自顺治初年始，清廷即在近京五百里实行大规模圈地，设立庄园，"以近畿五百里内之地给八旗，曰旗圈。以旁州县官田给被圈之户，曰拨补"，④ 这就是民间俗称的"跑马占圈"。"跑马占圈"是一个相当漫长复杂的过程，从顺治入关到康熙初，时间长达数十年之久，整体性的、较大规模的圈

---

① 乾隆《宣化府志》卷1《纪》，清乾隆八年修二十二年订补重刊本，第15页。
② 河北省张家口地区行政公署水利水保局编《张家口地区水利纪事》，崇礼县印刷厂印刷，1993，第一篇"旱灾"、第二篇"水灾"，第6~41页。
③ 岳愚主编《张家口地区水利志》，天津大学出版社，1993，第192页。
④ 乾隆《饶阳县志》卷上《官田志》，清乾隆十四年刻本，第25页。

地高潮，分别发生在顺治初年和康熙初年两个阶段。① 除了圈占土地之外，还有大量民人（以汉人为主）投充旗下，进入八旗组织。不少投充人带着土地归顺，这批土地又被称为"投充地"。圈充②土地的范围涵盖了77个州县卫，东起山海关，西至太行山，北自长城，南抵顺德府，号称"直省九府，除广平、大名二府，远处京南，均有旗庄坐落，共计七十七州县，广袤二千余里"，直隶地区布满旗地庄园。③

直隶各州县旗地占有比重并不相同。笔者曾对顺天府做过统计，光绪《畿辅通志》所载顺天府圈充土地占了90.97%，比重如此之高，与顺天府的地理位置直接相关。④ 宣化府的圈充地亩占原额地亩的38.35%，其中宣化县34.09%、怀来县48.32%、保安州38.84%（见表1）。限于史料，笔者尚无法确定旗地的具体位置，但由表1可以看出，圈充地比重最高的是延庆州，为72.92%，它距离京城较近，同时拥有白河、妫水河等资源，旗地较多。其次是怀来县48.32%、西宁县51.18%与怀安县52.26%，均为50%左右。西宁县即是今天的阳原县，有桑干河等流经境内；怀安县有西洋河、东洋河、南洋河等流经；怀来县境内则有西、东、南洋河汇集之后的洋河。基本可以判断，旗地，尤其是属于皇室的内务府旗地，大多土质肥沃、地理位置优越，能够占有水资源即是重要的体现。宣化府境内桑干河、东洋河、西洋河、南洋

---

① 学者们常指大规模圈地有三次，第一次在顺治元年（1644），见《清世祖实录》卷12，"顺治元年十二月丁丑"条；第二次在顺治四年，见《清圣祖实录》卷30，"顺治四年正月辛亥"条；第三次在康熙五年，见《清圣祖实录》卷20，"康熙五年十二月己巳"条。其中第一次与第二次集中发生在顺治元年到顺治四年，赵令志先生主张合并考虑，笔者认同此观点。参见王钟翰《清代旗地性质初探》，王钟翰主编《满族史研究集》，中国社会科学出版社，1988，第128页；赵令志《清前期八旗土地制度研究》，民族出版社，2001，第106~107页。

② 圈占与投充，经常以"圈充"统称，下文也如此处理，不再另行说明。

③ 《八旗通志》（初集）卷18《土田志一》，东北师范大学出版社，1985，第322页。

④ 邱源媛：《清代直隶旗地的数量与分布考实》，《满语研究》2020年第2期。

河、洋河等流域为利用水源较为便利的地区，即是旗地较为集中、分布密集的区域。

表1 光绪《畿辅通志》所载清初宣化府圈充土地

县名	原额（顷）	圈充（顷）	实剩（顷）	圈充占原额百分比（%）
宣化县	15042.106	5127.361	9914.745	34.09
赤城县	3415.014	759.815	2655.199	22.25
万全县	6413.034	2308.574	4104.46	36.00
龙门县	4176.957	749.85	3427.107	17.95
怀来县	6868.941	3318.91	3550.031	48.32
蔚　州	15295.225	3067.969	12227.256	20.06
西宁县	10819.097	5536.855	5282.242	51.18
怀安县	9292.152	4856.171	4435.981	52.26
延庆州	4673.946	3408.277	1265.669	72.92
保安州	2179.679	846.61	1333.069	38.84
合计	78176.151	29980.392	48195.759 *	38.35

* 《畿辅通志》卷94中所记载的宣化府原额地亩为78176.151顷，实剩地亩为48175.759顷，按照此数据计算的圈充地亩为30000.392顷，圈充占原额百分比为38.38%。然而，如果使用各州县实际数字统计，全府原额地亩78176.151顷，与史料所载宣化府数字相同；但实剩地亩却为48195.759顷，比史料所载数字多出20顷，因此圈充地亩、圈充占原额百分比都有差异，此处笔者使用各州县数字进行统计。

资料来源：光绪《畿辅通志》卷94《经政一·田赋》。

（二）怀来县惠民渠、胡公渠流域水利系统

由于水资源的匮乏，伴随着修筑利用人工水利系统，地方民众之间的争水衅端数百年来从未停息过。明朝永乐至万历年间，桑干河与洋河流域修筑了6条万亩以上的渠道，同时，地方官员、大户组织劳力开滩地，修沟洫，种稻田10万亩。[①] 本文重点论述的区域是怀来县境内洋

---

① 岳愚主编《张家口地区水利志》，第3页。

河北部地区的惠民渠、胡公渠区域，洋河河道在鸡鸣山下往南走，北边的耕地缺乏水源，历代在此开筑多条水渠引洋河水浇灌自鸡鸣山至其东南部的鸡鸣驿、西八里、东辛庄、新保安、东八里、朱官屯、沙城等诸多村落与城镇。该区域即今天的官厅水库上游至鸡鸣驿古城，洋河北岸的张家口市宣化区怀来县境内一段。

该区域的水渠建设有文字可考的时间始自金代，明代水渠修缮更趋频繁，成常态化。明万历三十八年（1610），怀隆兵备道张经世创修惠民大渠和惠民二渠，两渠共筑一道坝引水，大渠从鸡鸣山下石佛寺，经鸡鸣驿、西八里至梁庄止，渠长20余里。二渠经鸡鸣驿、西八里、辛庄子、新保安、东八里至兔儿沟出水。干渠长30里，可灌田数万亩，亦称张公渠。①

万历四十一年，怀隆兵备道胡思伸调整水田赋税政策，组织民众在怀来、新保安、旧保安、曹堡一带，开垦荒滩数10万亩，同时再修惠民渠，获得水稻丰收，所修水渠被民众称为"胡公渠"。②乾隆朝《宣化府志》记载："胡公渠，县志明万历间兵备道胡思伸，因水泉之利，察地分渠于双营、集贤屯、上下板桥、小河屯、刁家营、清水河、养鹅池、花园、新旧保安，诸处开田数十万亩，水利乃兴。"③

此外，泰昌元年（1620），怀来县于惠民二渠南兴修常丰渠，与惠民渠同坝引水。明天启六年（1626），怀隆兵备道临晋李公开惠民石洞渠，自古城梁下凿石洞十余丈至隆福寺止，渠长15里，勒石鸡鸣山下。④清康熙年间，村民合修堡、刘、杨3条分干渠。光绪二十五年，

---

① 《张家口地区水利纪事》，第四篇"灌区"，第168页。还可参考乾隆《宣化府志》卷6《山川志下水利附》，"保安州"条，清乾隆八年修二十二年订补重刊本，第37页。
② 《张家口地区水利纪事》，第四篇"灌区"，第168页。
③ 乾隆《宣化府志》卷5《山川志上》，清乾隆八年修二十二年订补重刊本，第30页。
④ 乾隆《宣化府志》卷5《山川志上》，清乾隆八年修二十二年订补重刊本，第7页；光绪《怀来县志》卷3《山川志》，清光绪八年刊本，第13页。乾隆《宣化府志》记载为渠长"寸五里"，对比光绪《怀来县志》，应为"十五里"之误。

邑人裴喜等重修,后称石洞渠。①

这些水渠对百姓的农事与生活极为重要,"居民咸资灌溉,不致旱干,厥利恒传",②"灌溉民地不下五六百顷,有益于民,无害于旗,实属民间命脉"。③清初八旗圈地之后,这些作为民间命脉的水渠有不少被清廷划归旗庄,尤其是惠民渠、胡公渠等干渠。顺治十三年,清廷下诏圈拨宣化地区,其中朱官屯等六庄被圈占为内务府旗庄,惠民渠、胡公渠"皆由拨地中穿过,其南渠之北又有渠一道,绵长二十余里"。④旗人以特权身份圈占了品质优良、各方资源能得到有力保障的土地,专利渠流,禁民引水,民罕沾润,地土荒芜。

宣化府圈充地所占比例虽然远低于顺天府,但由于区域内水利资源分布不均,旗地往往位于能够获得水资源的优势地位,由此对当地民人耕作以及地方社会所产生的影响,不可小觑。关于旗人与民人的争水纷争,不同类型的史料体现了不同的叙述倾向,既有对清初旗人霸占水渠以致民人土地荒芜造成民困的描写,也有对民人强行毁坏官渠导致旗人无法纳粮交差的记载:

> 迨至顺治年间,风雨调和,无须渠水灌溉,正值圈占旗地,有旗人李业瑛等乘机图赖,偶逢亢旱之期,宣、保、怀三属人民竟不得灌田获利矣。⑤
>
> 今旗庄既居上流,禁民引水,则地土荒芜,实滋民困苦。⑥
>
> 康熙十九年三月内,经臣(笔者注:内务府)衙门具奏,据

---

① 《张家口地区水利纪事》,第四篇"灌区",第168页。
② 《恩民渠碑记》,雍正八年七月立,《宣怀涿恩民渠纪实》,民国26年编写。
③ 乾隆《宣化府志》续修志卷1,清乾隆八年修二十二年订补重刊本,第25页。
④ 光绪《怀来县志》卷3《山川志》,清光绪八年刊本,第13页。
⑤ 《开渠建庙碑记》,乾隆三十一年菊月立,《宣怀涿恩民渠纪实》。
⑥ 乾隆《宣化府志》续修志卷1,清乾隆八年修二十二年订补重刊本,第25页。

庄头张七等呈控，把总韩虎臣开垦河滩种稻，致断官圈咽喉不得进浑。①

于本年（笔者注：乾隆四十八年）四月初三日，将官渠进水咽喉之处，硬行截断淤滩，不顾废坏官地。②

第1、2条史料来自碑文和地方志，从民人的角度控诉旗人的强势，第3、4条史料则是官方档案，从旗人的视角透出庄头的无奈。

惠民渠、胡公渠是该区域的主干渠道，惠民渠经怀来、新保安、旧保安、曹堡一带，胡公渠位于惠民渠南边，从西北方洋河左岸引水，经韩家房入黄庄东泄水于洋河。两道渠水分别从鸡鸣驿附近，即引洋河水自西北往东南走，平行分道，成为怀来、保安等区域的两条主要干渠，再以若干支渠分水灌溉农田。下文将梳理顺治初年到乾隆年间，惠民渠、胡公渠区域内发生的民众争水纷争，就目前掌握的史料来看，碑文、方志等民间层面的史料记载以雍正年间的较为详细，雍正五年是一个重要的时间节点，民人状告旗人，并成功调整了水渠建设，该事件成为民间史料书写的重点，具有较强的象征意义。官方档案直接涉及的最早案件是乾隆二十一年，庄头吴世望状告鸡鸣驿生员孙礼等削平官渠一案。此案往前追溯到康熙十九年庄头张七等呈控把总韩虎臣开垦河滩种稻，致断官圈咽喉不得进浑。往后乾隆四十八年、五十二年发生的案件，均与此案有关联。下文分析中，顺康雍时期主要利用地方史料，乾隆时期则以官方档案为主。

---

① 《奏为委员会勘遵化州禁垦官渠事》，乾隆二十一年七月二十九日内务府奏稿，中国第一历史档案馆藏，档案号：05-0148-054。
② 《为查办镶黄旗庄头张锽仪呈控吴丕业霸占直隶宣化县官渠一案抄单事致内务府等》，乾隆五十四年四月二十二日内务府来文，户部，中国第一历史档案馆藏，档案号：05-13-002-001863-0067。

二 民间话语——以顺康雍时期争水案件为主

顺治至雍正年间，该区域的争水案件，据现有史料记载，主要发生在惠民渠一段。光绪《怀来县志》记，康熙十六年，大雨，中间渠道淤塞，民人复欲挑挖，旗庄阻抑，由此互讼十余年。水流变化，水渠的行迹随之变化，时有时无，无法形成固定路线。如果重新挖掘，会损坏内务府八旗旗地，若令旗、民同用一渠，旗人居住在上游，控制水源，下游的老百姓不能用水。康熙三十九年，奉旨设法引水归田。四十九年，怀来县知县许隆远令旗人每年收取一定租银，为民人提供渠水，但实际灌溉量极为有限，"每岁出银租水，且止灌溉一次，民其病焉"。[1] 在方志记载中，大体能看到旗人与民人在惠民渠争水的焦点，旗人位居上游，截断水渠，导致下游民人无法用水，从而促使民人强行挖断渠道。水渠供水量的限制导致旗人与民人纷争不断，势同水火。[2]

此类纷争在雍正五年出现较为重要的转折，当地民众围绕雍正五年旗人与民人的官司纠纷立碑撰文，在某种程度上也反映了旗、民关系的微妙变化。雍正八年《恩民渠碑记》、雍正八年《上谕碑记》、乾隆三十一年《开渠建庙碑记》、嘉庆三年《重修新保安恩民渠事略记》四道碑文，均以此为节点重点记述。雍正八年《恩民渠碑记》记：

> 我朝康熙十九年间，近渠圈给旗地，而旗人遂致曲防，专利渠流，仅救西八里旗地而止，民罕沾润，结讼数十年。仅断每岁出银

---

[1] 《恩民渠碑记》，雍正八年七月立，《宣怀涿恩民渠纪实》。
[2] 光绪《怀来县志》卷3《山川志》，清光绪八年刊本。

租水，且止灌溉一次，民其病焉。雍正五年春，士民孙兴祖等欣逢皇上岁币营田，宏开水利之旷典，遂以渠道源流具呈前任本道岳讳濬、本府年讳溆，檄令保、宣、怀一州两县查明。其时宣化俞公劝旗人公用渠水，保安牧赵公讳荃经率民夫，因旧渠而广之。而旗庄以损伤旗地，告之内务府，由部咨院转行饬审。孙兴祖等前赴院呈控，批行口北道宪王公查报。

该碑文与前文所引方志相互关联，旗人居住于惠民渠的上游西八里村，大部分旗地分布于此，民人位居下游，为求旗人放水，民人每年出银租水，但水量较小难以满足灌溉量。孙兴祖等士民先是状告至口北道，宣化府接受案件后，令保、宣、怀一州两县查明情况。而后"宣化俞公劝旗人公用渠水，保安牧赵公讳荃经率民夫，因旧渠而广之，而旗庄以损伤旗地，告之内务府"，内务府护着旗人，依然不给老百姓用水。孙兴祖等"前赴院呈控"，此处应指都察院，该情节在乾隆三十一年《开渠建庙碑记》中再次得到强化，"幸赖本城生员孙兴祖、李逢春、马世贵等于雍正五年间，拼命叩阍，思欲与水利而益后世欣逢"，[1]再次迫使地方官员协调处理旗民矛盾。

口北道王棠率领宣化府、东路府、理事厅、保安州、宣化县、怀来县等官员，赴水渠所在地，考察水渠情形，旗渠位居于上，禁止民人用水，老百姓确实困苦，然而旗人与民人共同使用一个水渠，争端恐怕难以调和，纠纷会无休无止。地方官员提出来的建议是，在旗渠之上另外开辟一个渠道，该渠道直接引水到下游民人居住的西八里庄等地，此条水道在西八里庄等地汇入当地民渠。由此一来，旗人、民人各用一渠，避免了纠纷的发生，"长资利水，永息争端，以不负圣天子一视同仁之

---

[1] 《开渠建庙碑记》，乾隆三十一年菊月立，《宣怀涿恩民渠纪实》。

圣意"。①

雍正八年七月《恩民渠碑记》记载了该提议的具体执行方案:

> 旗、民允服,咸唯唯听命,因各捐俸资百二十金,先用价银四十两置买鸡鸣驿民人阎崑璧粮地三十三亩,开渠入水。渠身统计,渠长三十里有余,宽一丈二尺,深八尺,河内入水,漕口宽三丈,水流宏畅,卤土成腴,岁书大有百室盈宁,则是役也。议者谓诸公内,倘有一人不实心为民者,弗克至此,而独抒己意,倡率僚属,扫除数十载之尘案,生活千百户之命源。则惟口北道王公之能施恩于民,而诸公又善体王公之恩以恩民,其恩洵不可谖因名曰施其功且将遇之矣,爰是志。②

旗人与民人双方分别捐俸资120金,其中价银40两用来置买鸡鸣驿民人阎崑璧粮地33亩,在这块土地上开渠入水,掘一条新的水渠。该水渠长30余里,宽1丈2尺,深8尺,河内入水,漕口宽3丈,水流宏畅。此渠的开掘,扫除了数十载纠纷尘案,成为灌溉区域内千百户老百姓的命脉。

> 口北道王公折奏奉旨准行开□,俾旗、民两便,各用各渠,永息争端,以故三属之民灌田数百余顷,欢呼踊跃,因复颂其名曰恩民渠,谓其恩及于民万世永赖也,是以刻石称功,用垂不朽云。③

雍正八年春,口北道王棠奉旨准予旗渠上另开新渠,从河口起入西八里

---

① 《恩民渠碑记》,雍正八年七月立,《宣怀涿恩民渠纪实》。
② 《恩民渠碑记》,雍正八年七月立,《宣怀涿恩民渠纪实》。
③ 《开渠建庙碑记》,乾隆三十一年菊月立,《宣怀涿恩民渠纪实》。

旧渠，全长30余里，可灌民田数百顷，其争乃息，名新渠曰"王公恩民渠"。

当地民众在使用水渠的过程中，逐渐形成一定之规，制定了水渠的使用、维护方法，乾隆三十一年立《开渠建庙碑记》内记：

> 后虽盛弗传使，无人以继其后，将创始人之中孰为修理河口，孰为排挖渠道，以资民用耶。复奉王公明训，按有地之家着十余人料理修整，每年轮流更替，赖以有益民生，爰是始立伙房兴厥乃事焉。①

规定在土地比较富裕的人家内，选出10余人料理渠道的修整工作，他们每年轮流负责。此后，又以神灵护佑，建造河神庙，以保护一方民众。

> 且夫民安物阜果谁之功岁稔年丰，伊谁之力民曰不有归之神庆，若无庙社之隆神贶，将何以与水利显神功也。因于乾隆二十四年，张鹏等从前置买南关许姓院房一所，遂建修河神庙宇，正殿、山门、东西配房，又将王公奏折奉圣旨开渠碑文，供立正殿，以垂永远。后至三十一年，执事人成国玺等恐前人之公德，历久湮没，于两傍特建立创始诸公职衔，并告渠出力诸人姓氏，以及建修庙宇，凡有益于渠道，悉书名于上，岂徒曰酬神功壮皇恩之浩大，而愧后世之假公济私，取利肥己不尽力，于恩民渠者，是为记。②

---

① 《开渠建庙碑记》，乾隆三十一年菊月立，《宣怀涿恩民渠纪实》。
② 《开渠建庙碑记》，乾隆三十一年菊月立，《宣怀涿恩民渠纪实》。

乾隆二十四年，张鹏等人将此前购买的一座南关许姓院房修建为河神庙，内有正殿、山门、东西配房，将雍正八年王公奉折奉圣旨开渠之碑供于正殿。乾隆三十一年，执事人成国玺为了纪念水渠、河神庙的建立，立碑以告众人，将对水渠、庙宇出力诸人姓氏刻在碑阴。

碑阴
开渠　生员孙兴祖　李逢春　马世贵　周宗禹　郭如岳　傅文旺
　　　监生杨　贵　成三益　赵必元　李　治
建庙　生员张　鹏　程玉璘　边　洪　杨　忠　阎之哲　刘永祚
　　　杨遇楼　王濬龙　马献忠
立碑　贡生成国玺　齐嗣芳　高光煜　杨林茂　举人杨怀琦①

从顺治初年划分旗地、旗民相争，到康熙时期矛盾激化，雍正五年民人孙兴祖等上告，迫使地方官员介入争水纷争，经过多方势力角逐，最终形成一定用水之规。民间话语体系中，建庙立碑是重要环节，恩民渠的争水纷争也体现了这一点，雍正八年立碑撰文，乾隆二十四年修建河神庙，乾隆三十一年再次立碑纪念，从此旗人使用旗渠，民人使用民渠，纠纷得以平息，旗、民各自安好，皇恩浩荡，永息争端。

三　官方叙述——以乾隆时期争水纠纷为主

官方档案中记载的争水纠纷主要发生在该区域的胡公渠范围内，从康熙十九年到乾隆五十四年，主要涉及四起争水案件：（1）康熙十九年，庄头张七等呈控把总韩虎臣开垦河滩种稻，致断官圈咽喉不得进

---

① 《开渠建庙碑记》，乾隆三十一年菊月立，《宣怀涿恩民渠纪实》。

浑;（2）乾隆二十一年，宣化府怀来县庄头吴世望状告鸡鸣驿生员孙礼等削平官渠;（3）乾隆四十八年，民人刘濬、孟松年与吴丕业、吴琏、吴绍瑛等内务府庄头勾结，毁坏官渠;（4）乾隆五十二年，内务府庄头张锽仪与吴丕业控地案。

乾隆二十一年，内务府呈报，内务府所属怀来县内务府庄头吴世望等称，坐落在黄庄地方的内务府旗地庄园，依靠官渠引入洋河浑水灌溉，淤泥出清耕种。然而鸡鸣驿的生员孙礼等人，却将官渠削平，报垦种稻。这种行为影响了内务府旗地庄园的耕种，于是吴世望到内务府呈报，认为这条水渠对旗地庄园来说犹如咽喉般重要，如果任由老百姓削平种稻，那么水渠就无法浇灌旗地庄园，必然导致延误内务府官差。这条渠道自康熙年间起就划归旗地庄园，是专门为旗地服务的，恳请内务府出面处理。①

内务府总管大臣德保②随即查调档案，查得康熙十九年，旗人庄头张七等呈控，把总韩虎臣开垦河滩种稻，由此导致断流，旗人官圈咽喉不得进浑等情。其后，清廷派遣八旗系统下的内务府会计司员外郎赖图库，同时又派遣户部员外郎甘国枢、工部员外郎阎承绍前往会勘韩虎臣所垦地亩。如果韩虎臣地亩确实有碍官地，即将韩虎臣议处；倘若是旗人庄头捏控，即将庄头议罪。三人奏报，"鸡鸣山西首石桥以南，浑河耗干现出陆地，夹以秫秸沙土淤坝，按空处开垦种稻，是浑水被其阻搁，则官地不获水利等语。查耕种稻田不能得水，即不堪耕种，应将民人开垦之田折毁，所夹秫秸，停其耕种"。③ 经过户、工、内务府三个部门的联合勘察，旗人庄头张七等胜诉，民人韩虎臣被

---

① 《奏为委员会勘遵化州禁垦官渠事》，乾隆二十一年七月二十九日内务府奏稿，中国第一历史档案馆藏，档案号：05-0148-054。
② 查乾隆二十一年的内务府总管大臣有四位：来保、三和、德保、傅恒。此奏稿为德保奏请。
③ 《奏为委员会勘遵化州禁垦官渠事》，乾隆二十一年七月二十九日内务府奏稿，中国第一历史档案馆藏，档案号：05-0148-054。

议处。

德保了解了此前案情之后，奏请户、工二部，各派贤能司官一员，与内务府司官前往宣化地方，会同地方大员再次查勘。"臣等请交户、工二部，各派贤能司官一员，与臣衙门司官前往，会同地方大员履亩会勘查案，秉公办理。如民人孙礼等报垦地亩，委属有碍官圈渠漕，滥行报垦升科，将民人孙礼等交与直督，照例分别治罪。如系无碍官圈渠漕，庄头妄行争控生事，将庄头吴世望等由臣衙门照例治罪。如此既可以折服民心，亦足以永绝争竞之端矣。为此谨奏请旨。"①

第二年，即乾隆二十二年二月各方协商，令孙礼等停垦，同时将此地丈明亩数，弥补庄头吴世望、王光第、吴绍琳等应补地亩，吴世望不足地在青县入官地内补足，王光第不足地在东安县入官地内补足，入官地少不敷拨足，仍照从前定例，在于附近州县存退余绝地内挑选补足。②

乾隆四十八年，民人程正国、其子程卜龙，和民人生员刘濬、贡生孟松年串通旗人王府庄头应嗣舜等人，将乾隆三十七年宣化府禁止程正国开淤之滩，偷偷以旱田之名加以开垦。内务府庄头吴丕业担心其他庄头被民人程正国等人利诱，召集庄头共立合同，共保官渠，如果有贪赂卖渠者，即举此合同，呈明内务府究治。

案件继续发酵，胡公渠原本是居住在黄庄的旗人吴琏、吴丕业、吴世望、张锽仪等七家庄头的旗渠，专为浇灌旗地。乾隆四十八年，民人程正国、程卜龙等想要借胡公渠开淤，跟内务府庄头张锽仪商议，张锽

---

① 《奏为委员会勘遵化州禁垦官渠事》，乾隆二十一年七月二十九日内务府奏稿，中国第一历史档案馆藏，档案号：05-0148-054。
② 《为给札内务府主事嵩泰会办庄头吴世望等在直隶东安县入官地内拨补地亩事致内务府》，乾隆二十二年二月十一日内务府来文，户部，中国第一历史档案馆藏，档案号：05-13-002-001791-0003。

仪不同意。乾隆五十一年，胡公头道渠被冲坏，"三百余步尽成河身，因工程浩大，实难修理"，吴琏、吴丕业等六家庄头无力修渠，向张锽仪借钱修理水渠，张锽仪不肯。为了浇灌差地，不耽误差事，加上民人刘濬等主动找各位庄头商议开垦淤地一事，愿意帮助庄头们修筑水渠，双方达成协议，民人刘濬、孟松年等给吴丕业、吴琏、吴绍瑛等内务府庄头七百吊钱，同时承诺淤地开垦成熟之日，再给吴丕业等内务府庄头二成熟地，吴丕业等人同意民人开淤滩地，民人刘、孟等人还与吴丕业等庄头立下合同。庄头张锽仪对此一直反对，于乾隆五十二年将一干人状告至内务府。①

乾隆五十四年，内务府、户部、直隶地方官员在联合调查之后，认为"现在刘濬等开淤前项滩地，查系乾隆三十八年程正国等争控垦淤之地，业经前县杜令勘明，有碍圈地，不准开垦，详明有案。今若准其开淤垦种，诚恐将来所圈差地渠水缺用，势必旗民争讼不休，难免滋事。自应仍行禁止，以息讼端"。② 最后的判决结果依然是禁止民人开淤。鉴于旗人、旗地的特殊性，清廷选择在政策上保持旗人的权利，档案写得也很清楚，一旦允许民人开淤垦种，唯恐将来会造成旗人利益的更大损害。

四 民间碑刻与官方档案：对区域史研究中不同质文献叙述差异的相关思考

上文梳理了不同文献的记载内容，由于史料所限，地方文献与官方

---

① 《为查办镶黄旗庄头张锽仪呈控吴丕业霸占直隶宣化县官渠一案抄单事致内务府等》，乾隆五十四年四月二十二日内务府来文，户部，中国第一历史档案馆藏，档案号：05 - 13 - 002 - 001863 - 0067。
② 《为查办镶黄旗庄头张锽仪呈控吴丕业霸占直隶宣化县官渠一案抄单事致内务府等》，乾隆五十四年四月二十二日内务府来文，户部，中国第一历史档案馆藏，档案号：05 - 13 - 002 - 001863 - 0067。

档案所记载案件并不相同,但依然能够从文字中体会出不同的叙述侧重。

(一) 旗民矛盾抑或利益之争?

从民间碑文、方志等史料的叙述中,能明显地感受到水利纷争以旗人与民人的对立为基础,是旗、民之争。乾隆年间的立碑建庙等工作,也完全限于民人群体之内,旗人没有参与,同样体现出了旗人与民人的对立感。

然而在乾隆年间的官方档案中,纷争不是机械地发生在旗人与民人之间,旗、民并非决然对立,人们不断结成不同组合的共同体,不断变化分享利益的对象。仔细分析乾隆年间的案件,可以看到这三起案件相互之间有紧密的关联性,随着利益的改变,旗人与民人之间的关系也在变化。

乾隆二十一年,居住在怀来县黄庄地方的内务府庄头吴世望,以鸡鸣驿生员孙礼等民人将胡公渠削平,报垦种稻,上告到内务府,此时旗人吴世望与民人孙礼是纠纷关系。然而到了乾隆三十七年,旗人与民人的利益纠纷关系发生了转变,二十一年纠纷中旗人庄头的代表人物吴世望与民人相互勾连,提议毁坏官渠,方便民用:

> (乾隆三十八年九月初七日) 惟进浑渠口有黄庄庄头吴世望、苏大濬等与程正国同村居住,早有计议,愿将胡公头道旗渠通融,使水实属妥便,无庸另开民渠。①

为了阻止毁坏官渠的行为,吴世望的族人吴丕业,同样居住在怀来

---

① 《为查办镶黄旗庄头张锟仪呈控吴丕业霸占直隶宣化县官渠一案抄单事致内务府等》,乾隆五十四年四月二十二日内务府来文,户部,中国第一历史档案馆藏,档案号:05 - 13 - 002 - 001863 - 0067。

县黄庄地方的内务府庄头，召集众庄头立下共同保护官渠的合同，如果有贪赇卖渠者，即举此合同，呈明内务府究治。到了四十八年，剧情又出现反转，内务府庄头吴丕业与理郡王门上的王府庄头应嗣舜一起，联合民人生员刘濬、贡生孟松年等人毁坏胡公渠，让民人报垦种稻，被另一位内务府庄头张锽仪状告至内务府。

十几年间，众位旗人庄头的立场纷纷发生转变，粗略一看，多少有些意料之外，但细读案件，又会觉得一切都在情理之中。

乾隆五十二年，庄头张锽仪将一众庄头、民人告上内务府之后，内务府、户部派出官员与地方官共同查勘此案，将所有相关人员一一审理。庄头吴丕业呈称，乾隆四十八年，民人程正国、程卜龙等找旗人庄头协商，认为"胡公旗渠四年一转，插稻闲空之年，令生等淤滩。逢旗圈种稻之年，滩内封渠不用，既无碍于旗圈，又不废弛民地，两相情愿，同立合约"，① 民人淤滩无碍于旗圈，旗民两便之事，诸位庄头颇为心动，与民人共立合约。乾隆五十一年，胡公渠被冲坏，情况更为急迫，吴丕业道出庄头的无奈之情：

> 去年（笔者注：乾隆五十一年）六月内，此渠（笔者注：胡公渠）冲坏，三百余步尽成河身，因工程浩大，实难修理，同央张锽仪指地内粮石，暂借钱文，秋成加利清还。再四央恳，（张锽仪）执一不允。庄头（笔者注：吴丕业等内务府庄头）等与伊家道，贫富不等，差务等第不一，实难与伊（张锽仪）比。并正有士民刘怀瑾等报垦无主官荒地四十余顷，无渠引水，故彼此通融，愿先帮小钱七百吊，公举妥人修筑渠霸书立，永使旗圈无碍，执拟炳存。此渠一年种稻，空闲三年，前任详内判有准民人空闲之年引

---

① 《为查办镶黄旗庄头张锽仪呈控吴丕业霸占直隶宣化县官渠一案抄单事致内务府等》，乾隆五十四年四月二十二日内务府来文，户部，中国第一历史档案馆藏，档案号：05-13-002-001863-0067。

· 45 ·

水淤滩，务使旗圈无碍，庄头等永保张锽仪官地水浆足用。等情。①

胡公渠供水困难，需要借助民人的力量共同修理，然后共同享用，是一直存在的现实状况。胡公渠原本有三道渠，乾隆三十八年，二渠、三渠被冲塌，只剩头渠一道，二、三渠下旗圈地亩，仍从头道渠进水引下灌溉，水量明显受限。五十一年六月，头道渠被冲坏，工程浩大，庄头们无法修理，央求张锽仪借钱，却遭到拒绝。民人刘怀瑾等正为自己的荒地无渠引水发愁，便跟众庄头协商，愿意出七百吊钱，帮助庄头修缮胡公渠，但也希望庄头能方便他引水。然而居住在保安州城内的庄头张锽仪及其父张培年因与参与此事的民人程正国有矛盾，不同意其他庄头与民人的合约，将众人（包括民人与旗人庄头）告到县衙：

> 底稿内有庄头张锽仪不在黄庄居住，吴世望等五家又寄书字相约锽仪共成盛举，不料锽仪之父张培年因与（程）正国有夺佃之隙，从中更议。
> ……
> 再查胡公头道旗渠所灌之田，惟吴世望、苏大濬地亩，最多皆以为毫无妨碍，张锽仪所灌之地田，不过顷余，岂反有碍。明系挟私废公，持势抗旨，若不呈词，行查会勘数十顷可垦之滩，竟废于豪强之手。②

---

① 《为查办镶黄旗庄头张锽仪呈控吴丕业霸占直隶宣化县官渠一案抄单事致内务府等》，乾隆五十四年四月二十二日内务府来文，户部，中国第一历史档案馆藏，档案号：05-13-002-001863-0067。

② 《为查办镶黄旗庄头张锽仪呈控吴丕业霸占直隶宣化县官渠一案抄单事致内务府等》，乾隆五十四年四月二十二日内务府来文，户部，中国第一历史档案馆藏，档案号：05-13-002-001863-0067。

在诸位旗人庄头和民人看来，胡公渠主要涉及吴世望、苏大潘的地亩，对张锽仪的影响不大，张锽仪、张培年不愿意共同签立合约，不完全是从旗地完粮的角度考虑，更多的是因为与民人程正国的私人恩怨。如果庄头与民人合作修渠，也允许民人适当地开淤滩地，将是一举两得、旗民两益之事。虽然最后官府判决不允许民人开淤滩地，但纷争过程明显体现了利益焦点不在于在旗或在民。

旗人与民人并不是二元对立的，纠纷的实质还是利益之争，旗人和旗地仅仅是该地区争水纠纷中的因素之一，却不是导致纠纷的决定性原因。这一点在讨论八旗人群和华北地方社会时，需要相当注意。由于清代八旗人群的特殊性，后人在理解旗人与民人时，常常会带着固有思维模式，习惯性地从旗、民二元性的角度去分析问题。事实证明，现实生活中，旗人也好，民人也罢，他们的身份虽然是一个重要的标签，但却不是人群行为的唯一准则，研究者不宜将所有问题做简单的二元化区分。①

（二）民间话语下的建庙立碑与中央档案中的官方介入

以民间力量为主体解决基层社会争水纠纷，是我们目前考察明清水资源与社会时最常见的叙述形态。已有学者关注到官方的影响，认为"以往的乡村纠纷'民间处理说'忽视了国家审判的作用，也没有注意到清代法律制度在表达与实践上的背离，（学者们）进而提出'中国乡村社会秩序是国家审判与民间调停同时进行、相互补充而形成的'"。②然而学者们所提及的官方，一般为州县地方官一级，"民间调解、州县

---

① 参见邱源媛《清代旗民分治下的民众应对》，《历史研究》2020 年第 6 期。
② 刘诗古：《清代内陆水域渔业捕捞秩序的建立及其演变——以江西鄱阳湖区为中心》，《近代史研究》2018 年第 3 期。该文分析了在水资源纠纷的处理方面，对于民间与国家所起到的作用，学术界存在的多种观点。

的官方调处以及介于民间和官方之间的半官方性质调处",[①] 在普遍的水资源纠纷中几乎见不到更为上层的官方力量。类似事件中是真的没有上层官方介入,还是缺乏此类史料,导致后人无法考察,这是我们需要慎重对待的问题。

就宣化府旗人与民人的争水纠纷而言,民间史料中,自顺康时期旗、民纠纷,到雍正五年当地生员叩阍告状,再到乾隆三十一年建庙立碑,一百余年的时间内,完成了纷争、解决、制定协议、立碑建庙的整体过程。这是我们较为熟悉的一套叙述模式,其背后蕴含"雨无妨碍,永息争端"之意,这也是老百姓美好的愿望,标志着圆满,后人常习惯性地以建庙立碑为时间节点,作为结束纠纷、建立民间用水体系的象征。该过程往往体现了民间不同势力之间的相互调和、妥协,最终形成某种用水秩序,凸显了基层社会内部机制自我转运的空间和能力。涉及官方层面的内容,该区域民间叙述中最重要的当数雍正五年的叩阍环节,在此基础上口北道、宣化府、保安州、宣化县、怀来县等协力解决了纠纷。碑文体现出"皇恩浩大"和地方官员两个面向,然而对中央层级的机构却几乎没有提及,在某种程度上忽略了官方介入的具体过程以及作用。

地方文献中不甚明显的官方介入过程,却可以在中央档案中找到详细记录。案件的具体细节,发生纠纷的时间、缘由,案件各方的人物姓名,办理案件的官方机构名称、官员姓名等均记录在案,真实地反映了当时状况的另一个侧面。以乾隆五十四年四月二十二日,关于查办镶黄旗庄头张锽仪呈控吴丕业霸占直隶宣化县官渠一案,户部发给内务府的

[①] 春杨:《清代民间纠纷调解的规则与秩序——以徽州私约为中心的解读》,《山东大学学报》(哲学社会科学版)2008年第2期。

咨文①为例，该档案共13500余字，述及康熙十九年，雍正年间，乾隆二十一年、三十七年、四十八年、五十二年的争水纠纷案件，涉及的官方机构和官员有：

内务府系统：内务府、内务府会计司。官员：内务府总管德保、内务府侍郎裘曰修、内务府委员嵩泰、内务府会计司员外郎赖图库

外八旗系统：厢白旗、厢蓝旗、正蓝旗满洲都统。八旗王公：裕亲王、理郡王、贝子宏

六部系统：户部、工部。官员：户部员外郎甘国枢、户部员外郎朱某某、工部员外郎阎承绍

直隶地方系统：直隶、口北道、宣化府、宣化县、怀来县、保安州。官员：兵部尚书、直隶总督部堂刘某某，直隶布政使富尼善，宣化县知县王秉正、宣化县知县黄某某

以上是档案中明确列出姓名的官员，还有不少官员仅有机构名称，无确切姓名。从这些信息中可以看到，争水案件涉及诸多机构，包括八旗系统的内务府、八旗都统衙门，六部系统下的户部、工部等中央层级的机构，以及直隶地方道、府、县各级部门。

同时，档案的行文还体现了案件如何在各个机构之间流转，以及各个机构对案件的真实介入：

查庄头张锽仪、吴丕业文所呈情节是否属实，本府（笔者注：内务府）碍难悬断，相应呈明，移咨户部，转行直隶总督，严饬

---

① 《为查办镶黄旗庄头张锽仪呈控吴丕业霸占直隶宣化县官渠一案抄单事致内务府等》，乾隆五十四年四月二十二日内务府来文，户部，中国第一历史档案馆藏，档案号：05-13-002-001863-0067。

· 49 ·

宣化县秉公办理，以息争讼，永断葛藤。

准户部咨会计司案呈，由堂抄出，侍郎裘、内务府总管德为本府原奏派员，会同庄头吴世望等控告生员孙礼等开荒断渠一案，遵旨会勘办理议覆。

查民人孙礼等报垦地十有余顷，既经奏准，令地方官丈明顷数，俱给各庄头垦种，除将原奏抄录粘单移咨户部，转行地方官，遵照原奏丈明顷数，并造具四至块段，印甘册结，咨报本府，以便炸①例勒交庄头吴世望、王光弟、吴绍琳分领垦种。

相应另开粘单行文厢白旗、厢蓝旗、正蓝旗满洲都统，转行知照各王、贝子门上，照依本司（笔者注：内务府会计司）所开粘单数目，余交该庄头苏大濬、应文煜、王崇候等将所报应行退出畦埂余地，及自行开垦成熟地亩，造具块段四至清册，咨报本府，以便出札委员会同地方官临地按册查明，分交与本府庄头吴世望、王光弟、吴绍琳等收领承种可也，计粘抄原奏一纸。

查庄头张锽仪、吴丕业二人所呈情节是否属实，相应移咨户部，转行直隶总督，严饬宣化县秉公办理，以息争讼，仍将如何办理之处申报。等因。

抄录原案，由府道咨请核转前来，本署（笔者注：直隶总督署）司复核无异，拟合据情具详呈请查核咨部（笔者注：户部），移咨内务府查照。等因。到本部堂（笔者注：直隶总督部堂）为此合咨贵部（笔者注：户部），烦请查照，移咨核办。等因。前来相应抄录，该督原咨移咨内务府查照办理，仍俟办结之日，咨覆本部（笔者注：直隶总督部堂）可也。②

---

① 应为"照"。
② 《为查办镶黄旗庄头张锽仪呈控吴丕业霸占直隶宣化县官渠一案抄单事致内务府等》，乾隆五十四年四月二十二日内务府来文，户部，中国第一历史档案馆藏，档案号：05-13-002-001863-0067。

这仅仅是一份档案，笔者在中国第一历史档案馆找到22件有关宣、保、怀地区洋河水域旗人与民人争抢水资源的档案，时间自乾隆八年至光绪十二年（1886），持续近150年之久。档案内容既展现了案件本身更多的细部环节，也体现出官方对于争水问题的介入和影响。

该地区的争水案件发生在旗人与民人之间，这是相较其他地区最大的不同之处。旗人归属八旗系统管理，府州县衙门不能单独干涉，旗人与民人之间发生纠纷，必然要涉及八旗系统，具体到本文案件即为内务府和八旗都统衙门。内务府、八旗都统衙门不能直接对接直隶地方机构，需要通过户部、工部等六部衙门传递各种信息、处理事务，这样的行政模式势必无法避开中央层级的机构。同时，清代旗人的特权性质使得争水纠纷大多以保护旗人利益而告终，即使是雍正五年民人叩阍一案，也是旗归旗渠、民归民渠，并没有影响旗人利益。乾隆五十二年，内务府庄头张锽仪控告吴丕业一案更为明显，诸位庄头已与民人达成一定协议，但内务府强势干预，不让破例，最终仍然是禁止民人开淤滩地。这样的状况与我们较为熟悉的明清乡村社会通过宗族、村落、同业团体等民间自律性组织自行解决问题，形成一系列国家"不在场"的社会规范、习惯秩序，官府尊重民间自治，对基层水利事务介入有限的情况存在一定差异。旗人的特殊性是讨论相关人群以及区域社会时不能够忽略的重要因素。

然而在充分考虑旗人、旗地特殊性的同时，也需要看到宣化地区的争水案件，即便在中央层级的内务府、八旗都统衙门、户部、工部等衙门干预如此之多的情况下，除了"皇恩浩大""奉旨""叩阍"等具体情况不甚明了的词汇之外，地方碑文与方志中均未记载中央层级的具体干预。无论是建庙立碑的呈现方式，还是碑文的叙述内容和模式，与其他地区的争水纠纷没有太大差异。

以往我们对地方水域社会的考察，普遍认为民间自我协调机制占据了主体性地位，或者说相当重要的位置，即便有官方介入，也大多为州县一层，官府起到调和、平息事态的作用，尊重地方已经形成的用水规则，不会强加干涉，在某种程度上"国家"是缺失的。宣化府旗、民争水案件档案中呈现的内务府强势干预，当然有一定的特殊性，然而从另一个角度来思考，当前在各个地方的水域史研究中，更多的是利用以各种形态存在的民间史料，诸如碑文石刻、地方志、水利志、族谱、传说、契约以及其他各类文书，无论民间史料如何形态众多、丰富，其编撰终究来源于同一个层面。而对于另一个层面，即官方编撰的档案资料，我们目前的挖掘和利用还远远不够，相关的官方档案大部分是民国之后的资料，能够利用的清代官方档案并不多。

这引发了笔者的思考，在地方社会的水资源利用、分配、纠纷等问题中，缺失的是"国家"还是官方档案？这不是本文能够回答的问题，但却是笔者希望提请研究者注意的地方。由于清代八旗制度的特殊性，旗人群体保留了相对较为完好、全面的官方档案史料，这是同时代其他群体所无法比拟的。旗人社会虽然有诸多特殊性，但依然是地方社会的组成部分之一，我们在强调其特殊性的同时，也需要关注并思考它给区域史、基层社会研究所提供的普遍性意义，旗人群体的丰富史料可以让我们对清代民间社会问题的思考有更多的维度。

提出问题是本文的主要用意，史学研究不仅需要多种类型的史料，更加需要编撰立场差异较大的史料。地方碑文、方志等民间文献，毫无疑问是史学研究的一大宝库，但由于近似的书写视角、编撰性质、体例和用途，存在大量程式化内容，呈现出相当的同质性。相对于民间文献，官方档案则是一束能够让研究者看到另一侧暗部的光源，完全不同的立场和侧重点导致了诸多差异化叙述。实际上，差异化的民间话语与官方叙述未必矛盾，而是水晶体在不同光源照射下映射出来的不同棱面。

近代中国的城市治理：以北京人力车夫问题为中心

杜丽红[*]

摘　要：近代中国在城市社会问题治理的过程中，逐步形成管制与治理相结合的方式。北京市政当局对人力车夫问题的治理表明，城市治理的基本路径是：一种社会现象所蕴含的社会性引起了普遍关注，经过专业学者的研究和专业话语的包装，成为一项带有公共性价值的社会问题。此类问题引起社会各界的关注后，成为政府不得不去面对和解决的现实性问题，社会治理出现，其与旧有的管理制度一起成为城市治理的方式。由于各种原因，此种城市治理未能取得效果，社会问题不仅未得到解决，反而有恶化之势。

关键词：城市治理　社会治理　政府管理　人力车夫

近年来，治理问题颇受学界重视，学者们关注较多的是乡村基层治理[①]

---

[*] 杜丽红，中山大学历史学系（珠海）教授。
[①]〔美〕杜赞奇：《文化、权力与国家：1900~1942年的华北农村》，王福明译，江苏人民出版社，2003；李怀印：《中国乡村治理之传统形式：河北省获鹿县之实例》，《中国乡村研究》第1辑，商务印书馆，2003；黄宗智：《集权的简约治理——中国以准官员和纠纷解决为主的半正式基层行政》，《开放时代》2008年第2期；张静：《基层政权：乡村制度诸问题》（增订本），上海人民出版社，2007；赵晓峰：《公私定律：村庄视域中的国家政权建设》，社会科学文献出版社，2013。

和当代治理转型问题①,对于近代中国城市治理问题的讨论仍有值得深入挖掘的空间。② 有学者提出:"把着眼点放在基层行政实践,而非仅仅局限于上层权力结构,也许我们更能真实地理解中国传统的国家权力的特质和统治者的治理理念。"③ 这一思路同样适用于城市治理研究。近代城市处于新旧交替之际,问题丛生,因此便产生了内涵丰富的治理实践,这有利于我们通过经验研究得出一些具有常识性的知识。较之乡村治理,城市治理有着更为丰富的内涵,蕴含着多重关系的互动。首先是学术与社会之间的互动,知识分子、社会团体与国家机构在社会问题的认知和知识建构方面建立起一种多元互动的关系,敏锐地将社会现象问题化,并提出解决方案,付诸实践。其次是国家与社会之间的互动,国家机构为达成城市治理的目标,采取不同的策略与社会组织、企业以及个人进行多元互动,尝试解决问题,实现有效的治理。人力车夫问题是20世纪前半期中国最严重的城市问题之一,其中蕴含着失业、贫困、落后等诸多社会性难题,④ 而北京又是人力车夫问题最严重的城市。因

---

① 马骏:《经济、社会变迁与国家重建:改革以来的中国》,《公共行政评论》2010年第1期;渠敬东:《项目制:一种新的国家治理体制》,《中国社会科学》2012年第5期;俞可平:《中国的治理改革(1978~2018)》,《武汉大学学报》(哲学社会科学版)2018年第3期;等等。

② 自党的十七大提出社会治理以来,学者们开始在城市史研究中采用"城市治理"的表述。如魏晓锴《近代中国城市治理的困境:1946年上海摊贩事件再探》,《史林》2017年第3期;顾强、章钊铭《从城市化到城市治理:晚清时期中国城市发展的历史逻辑》,《城市学刊》2020年第4期。在学习借鉴社会学、政治学领域对治理的理论探讨的基础上,本文所讨论的"城市治理"限制在保护弱势群体、维护社会公平,以及保障民生等方面。

③ 李怀印:《中国乡村治理之传统形式:河北省获鹿县之实例》,《中国乡村研究》第1辑,第68页。

④ 学界对民国时期各都市人力车夫问题的研究足以证明其普遍性和严重性。参见王印焕《民国时期的人力车夫分析》,《近代史研究》2000年第3期;马陵合《城市特殊群体社会救助制度的历史考察——以人力车夫为例的研究》,《近代史学刊》2007年;邵雍《1935年上海法租界人力车夫罢工初探》,《社会科学杂志》2009年第1期;严昌洪《马路上的对抗:民国时期人力车夫管理问题透视》,《湖北大学学报》(哲学社会科学版)2010年第2期;郑忠、王洋《城市边缘人:民国南京人力车夫群体探析》,《南京师大学报》(社会科学版)2012年第3期;熊月之《近代上海城市对于贫民的意义》,《史林》2018年第2期。

此，本文以近代北京人力车夫问题治理的实践过程为研究对象，将有助于我们更好地理解近代中国城市治理的内在机制和运作逻辑。[①]

在近代城市发展过程中出现的庞大弱势群体、受弱势特征困扰的人群，以及受到忽视和冷落的社会角落，均成为社会各界关注的对象。本文研究的人力车夫不同于一般意义上的老弱病残，其作为一个职业群体在城市生活中处于弱势地位，这在各方面都有显著特征，并日渐成为城市中不容忽视的社会问题。解决此类问题是城市治理的重要内容。当时，城市社会问题解决基本有两种途径：一是政府管制，通过规范化的方式解决；一是社会治理[②]，通过社会救济方式解决。这两种途径构成了城市治理的基本内涵，也是我们分析城市治理基本特性的切入点。本文不仅立足于地方社会理解问题出现的缘由，以及各种应对方案的出台，探究市政当局如何认识和处理城市治理的问题，而且立足于政府行动讨论城市治理之道，从国家与社会组织、国家与企业，以及国家与劳工之间的多重关系理解城市治理的复杂内涵。

近代北京人力车夫数量冠绝全国，社会影响深远。一方面，人力车作为落后交通方式，与现代交通方式产生冲突，成为城市不文明的标签；另一方面，人力车夫作为城市中随处可见的存在，俨然成为城市名片，受到社会各界的关注，不仅是社会学者研究的重要课题，更是困扰市政当局的社会难题。从本质上讲，人力车夫问题具有双重性。作为一种职业，人力车夫存在于且受制于一定的经济关系，反映出经济发展的实际状况，对其进行救济需要调节劳资关系，保护劳动者的权益，提供社会福利，但又不能超越经济状况，否则就是纸上谈兵。作为城市一

[①] 美国学者戴维·斯特兰（David Strand）在其专著中对20世纪20年代人力车夫参与北京政治的状况做了深入探究。与该书侧重于人力车夫的视角不同，本研究侧重于理解人力车夫问题的形成与治理。参见 David Strand, *Rickshaw Beijing: City People and Politics in the 1920s*（Berkeley, Los Angeles, London: University of California Press, 1989）。

[②] 此处的社会治理是一种小治理，"着眼于基本水平的保障，致力于兜底和拾遗补缺"。冯仕政：《社会治理与公共生活：从连结到团结》，《社会学研究》2021年第1期。

员，人力车夫存在于且受制于一定的社会关系，虽然其自身有对平等、道德和公民权的要求，但是在生存困境面前，其他追求往往被搁置一边。基于此，本文将围绕人力车夫何以成为社会问题、人力车夫问题的社会性何在，以及解决人力车夫问题的两种路径等内容展开论述，进而从实践层面阐释近代中国城市治理的基本内涵。

一　从社会现象到社会问题

北京城内尚未修筑马路时，无风三尺土，有雨一街泥，人们只有"轿车以代步，大车以载重"。[①] 在八国联军入侵北京前数月，北京城内出现了人力车，"最初为铁轮车，价值极昂，人皆以洋车呼之，有呼为东洋车者。彼时中上等社会之人，多以坐洋车为荣，是以车之赁价亦昂。近年胶皮车兴出，而继轮车无人再坐，竟归于无形之消灭矣"。[②] 人力车逐渐成为北京的主要交通工具。与此相应，人力车夫成为北京城内最常见的劳工。蒋梦麟先生曾感慨道："除了美丽的宫殿和宫内园苑之外，我们第一印象是北京城内似乎只有两个阶级：拉人力车和被人力车拉的。"[③] 新文化运动时期，受"劳工神圣"[④]和自由平等思潮的影响，知识分子们开始关注劳工，但他们很难接触到现代产业工人，所接触的是随处可见、招之即来的人力车夫，写起来得心应手。他们以初步的人道观点看待人力车，在把人力车视为近代文明产物的同时，挖掘出隐含其中的人与人之间的不平等因素。这样，人力车与人力

[①] 池泽汇等编《北平市工商业概况》，北平市社会局，1932，第637页。
[②] 敏：《车》，《晨报》1926年9月26日，第6版。有关人力车的出现还有一种说法，1886年北京城内有了人力车，1896年人力车出雇于市。参见吴平《农工衰败与人力车夫》，《劳工月刊》第5卷第2～3期，1936年，第115页。
[③] 蒋梦麟：《西潮·新潮》，岳麓书社，2000，第184页。
[④] 1918年11月16日，蔡元培先生在天安门庆祝协约国胜利的大会上发表了《劳工神圣》的演说，提出"劳工神圣"的口号，进而为时人所关注。

车夫问题开始作为关注底层人民的重要的社会现象进入文人视野。以人力车为题材的作品不断出现，体式从诗、小说到话剧等，不一而足。从1918年到1924年，新文学进入了表现人力车夫的阶段。① 但由于主观与客观两方面的限制，此时的作家并未深入人力车夫的生活，他们观察车夫的主要方式是"坐车"，观察所得便有相当的局限，较多集中于车夫生活某个较易看到的侧面，即辛劳与贫苦，较独特的一些也仅仅涉及车夫的品质，其他的则少有问津。

与此同时，以社会调查形式进行的人力车夫报道和研究时有出现。1915年，北京和上海人力车夫联合请愿，② 引发学者的关注。北京大学社会学教授陶履恭等所做的人力车夫调查，中译本发表在《南开思潮》，指出"人力车害多利少，且有损国家之元气，害社会之健全，并策以拯救之法"。③ 此后，关于人力车夫的讨论和报道相继出现在北京的报纸上。④ 1919年，有读者给《顺天时报》投稿表示："京师人力车之多，可见电车、火车之类不发达，可见工场实业不发达，可见四乡农民生活艰难，可见市民惮于行路。"⑤

表1显示，当时整个中国大城市都面临严重的社会问题，即全国各大都市都有数量非常可观的人力车夫。⑥ 1937年广州130万人口中，有人力车夫13000多人。⑦ 就数量而言，北京的人力车夫无疑是各城市中最多

---

① 代表作品：鲁迅《一件小事》、郁达夫《薄奠》、胡适《人力车夫》、沈尹默《人力车夫》、刘半农《车毯》等。
② 《北京人力车夫上海人力车夫合论》，《京报》1915年12月17日，第10版。
③ 陶履恭、黄钟：《北京人力车夫之情势》，《南开思潮》1917年第1期。
④ 李冰心：《人力车问题》，《民国日报》1919年10月6日，第8版；朱天一：《人力车问题》，《民国日报》1919年10月6~13日，第8版；疑始：《人力车夫生命问题》，《晨报》1920年9月7~12日，第7版；《北京的人力车》，《顺天时报》1924年5月12日，第2版。
⑤ 《京师人力车之多非好现象》，《顺天时报》1919年3月20日，第3版。
⑥ 蔡斌咸：《从农村破产所挤出来的人力车夫问题》，《东方杂志》第32卷第16期，1935年，第35页。
⑦ 董正之：《人力车夫生活》，《新运旬刊》第7期，1937年，第6页。

的。这种大规模存在的社会现象，引起了新兴社会学科研究者的兴趣。在他们的努力下，人力车夫从一种社会职业上升为值得关注的社会问题。

表1 中国主要城市人力车辆及人力车夫数目

单位：辆，人

地名	调查年份	车辆数	车夫数
北平	1934	54393	108786
上海	1935	24390	80649
南京	1934	10000	50000
天津	1930	20020	40040
汉口	1928	7100	14200
成都	1930	8000	14000
广州	1929	5000	10000

资料来源：谷士杰：《中国的人力车夫问题》，《劳动月刊》第5卷第4期，1936年，第2页。

自20世纪20年代起，随着社会调查的兴起，专门的社会调查人员加入关注人力车夫的队伍中，人力车夫问题逐渐成为学者们笔下的城市社会问题。这些社会学者受过专门的科学训练，掌握了西方社会调查的方法，以学术的方法展开社会问题专题研究。他们或在政府成立了专门社会调查所主持社会调查工作，或在大学从事相关学科教学科研。正是由于学者们对人力车夫的情况做了深入且详细的调查，人力车夫才从社会现象转变为言之有据的社会问题。1924年，步济时、许化廉、包立德、甘博等组织成立了北京社会调查社，专门实地考察北京社会情况。其中，李景汉专司调查人力车夫生活。[①] 此后，全国范围内人力车夫专题研究有：伍其锐等在岭南社会所主持的广州人力车夫调查，胡键民在四川大学主持的成都人力车夫生活状况调查，上海市社会局主持的上海市人力车夫生活状况调查等。各地学者通过调查，深入实践，使人力车夫这一城市社会的客观现象成为既量化又质化的社会问题。学术研究的

---

① 《人力车夫生活调查》，《京报》1925年4月18日，第7版。

成果相继发表在期刊杂志上，① 再通过报纸这种新闻传媒的转载和介绍，人力车夫问题得以成为广受社会各界关注的城市问题。

北京人力车夫问题有着鲜明的地域特色。其特别之处在于，20世纪前半期，北京城市面临极大转变，政治地位急剧下降，从帝都转变为一般大城市，承受着城市衰退的巨大挑战，尤其是出现了大量的失业人员。除此之外，在城市自身衰败过程中，北京还得承担整个华北区域经济衰退的压力，战乱、自然灾害导致流民大量涌入城市，增加了城市失业人口的数量，也成为人力车业发展源源不断的外来动力。在北京城市生活中，人力车占的分量越来越重，影响越来越广，成为各方关注的焦点。作为文化中心的北京，居住着大量的文人学者，日常生活中时常接触的人力车夫，自然而然成为他们笔下的主题，有关文章和研究相继问世。②

乘坐人力车是北京城市生活中必要的出行方式。曾有人感叹："在北京几乎不能不坐车。第一，北京的地方实在大。第二，在北京街上跑路是一种极大的冒险。你不能望着天，你不能望四周的风景，你得时时的留神你的脚下。要不然，你不是拌一交，就踏了一脚的矢橛。"③ 同时，北京城还是著名的旅游胜地，时人认为"北平是个'游览区'，天然的不欢迎'走车看花'——比走马看花还煞风景的勾当——的人

---

① 上海社会局：《上海之人力车夫》，《劳动月刊》第4卷第8期，1935年；蓝思勉：《专论：上海市的人力车夫问题》，《新人周刊》第1卷第49期，1935年；《南京的人力车夫》，《劳动季报》1934年第3期；《天津人力车夫生活一斑：一辆胶皮车须上九道捐》，《劳动季报》1935年第5期；言心哲：《南京人力车夫生活的分析》，国立中央大学，1935；蔡斌咸：《从农村破产所挤出来的人力车夫问题》，《东方杂志》第32卷第16期，1935年；谷士杰：《中国的人力车夫问题》，《劳工月刊》第5卷第4期，1936年。

② 李景汉：《北京人力车夫现状的调查》，《社会学杂志》第2卷第4号，1925年；卞默声：《北京人力车夫生活之研究》，《上海总商会月报》第6卷第10期，1926年；方善征：《北京人力车夫问题》，《现代评论》第3卷第65期，1926年；李景汉：《北京拉车的苦工》，《现代评论》第3卷第62期，1926年；江岩：《北平人力车夫的调查》，《地球》1930年第2期；张子明：《北平市人力车夫的调查》，《市政评论》第2卷第8期，1934年。

③ 西滢：《闲话》，《现代评论》第3卷第64期，1926年，第10页。

物",因为"汽车会把一切自然的美景都推到你的后面去。你不能吟味,你不能停留,你不能称心称意的欣赏。这正是猪八戒吃人参果的勾当"。① 而人力车"价廉而稳妥,不快不慢,恰到好处",只有坐在人力车上,才能细细游览北京。此外,乘坐人力车是身份和地位的象征,在人力车夫看来,"穿大褂的人不能走路,好像是北京的不成文宪法"。②

从1925年到1935年,北京城内的人力车数量不断增长。调查资料显示:1925年北京有人力车35000辆;③ 1932年有自用人力车4454辆,营业人力车39623辆,共计44077辆;④ 1933年登记自用人力车5182辆,营业人力车46538辆,共计41720辆;⑤ 1935年全市共有营业人力车41200辆,自用人力车3000辆,共计44200辆。⑥ 十年间共计增加了9200辆,增幅达26.29%。

由于人力车夫是分班营业的,"有拉半天的,有拉整天的。拉早半天的是从五六点钟到三四点钟。拉晚半天的是从下午三四点钟到半夜或早晨",⑦ 故而人力车夫数较车辆数多很多。1927年人力车夫至少有55000人,⑧ 1934年达到108786人,⑨ 1936年有12万人。⑩ 人力车夫多

---

① 郑振铎:《北平》,姜德明编《北京乎》,三联书店,1992,第259页。
② 西滢:《闲话》,《现代评论》第3卷第64期,1926年,第10页。
③ 《上海北京人力车业情形》,《中外经济周刊》第120期,1925年,第24页。另有资料显示,1924年北京有36500辆人力车。《北京人力车夫之现状》,《顺天时报》1924年4月17日,第7版。
④ 《北平人力车共四万四千辆》,《京报》1932年3月26日,第6版。
⑤ 《救济失业人力车夫会议记录》(1933年),北京市档案馆藏,档案号:J2-7-754-6。
⑥ 《社会局整顿人力车,全市存车限年终售出》,《华北日报》1935年9月28日,第6版。
⑦ 李景汉:《洋车夫的统计答西滢先生》,《现代评论》第3卷第66期,1926年,第8页。
⑧ 李景汉:《北京拉车的苦工》,《现代评论》第3卷第62期,1926年,第5页。
⑨ 谷士杰:《中国的人力车夫问题》,《劳工月刊》第5卷第4期,1936年,第2页。另有一说为8万人,参见《北平、天津等十处人力车夫数》,实业部中国经济年鉴编纂委员会编《中国经济年鉴》(1934年),商务印书馆,1934,第141~142页。
⑩ 国际劳工局中国分局局长程海峰在报告书中谓:"北平市有人力车夫12万人。"引自谷士杰《中国的人力车夫问题》,《劳工月刊》第5卷第4期,1936年,第3页。另外,北平市政府估算有人力车夫10万人。参见《平市救济人力车夫已拟具体办法》,《京报》1936年5月4日,第7版。

是家庭的经济支柱，经大略统计，每个车夫平均要供给两人的日常费用，依赖人力车夫生活的人数约为车夫人数的2倍。[①] 据此，我们推算出依赖人力车夫生活的人数和人力车所养活的人数，具体情况如表2所示。

表2　北京人力车夫状况统计

单位：人，%

年份	人力车夫数	依赖人力车夫为生人数	北京人口总数*	人力车夫占人口总数的百分比	依赖人力车夫为生人数占人口总数的百分比
1927	55000	165000	1317734	4.17	12.52
1934	108786	326358	1523040	7.14	21.43
1936	120000	360000	1533083	7.83	23.48

*参见韩光辉《北京历史人口地理》，北京大学出版社，1996，第134页。

从表2可看出，1927年至1936年，北京人力车夫数量不仅没有减少，反而呈现出直线上升的趋势，总数增长了1倍多。1927年，北京每25人中就有1位人力车夫，1934年每14人中就有1位人力车夫，1936年每13人中就有1位人力车夫。依赖人力车夫为生的人数更多，1927年每8人中就有1人依赖人力车夫为生，1934年差不多每5人中就有1人依靠人力车夫为生，1936年差不多每4人中就有1人依靠人力车夫为生。另据北平市社会局统计，1932年全市各业工厂共14057家，工人共148633人，从事其他社会服务业的有39350人，有职业人数为

---

① 《洋车夫福利会经常费决由市款项下开支》，《京报》1936年5月8日，第7版。上海人力车夫的情况也大致如此，公共租界"当有车夫四万人，此四万人连其家属，约共十四万人口"（《沪人力车夫调查》，《世界日报》1934年2月16日，第5版）。这一数据亦是根据当时人力车夫家庭的构成计算得出的，据调查，北京市人力车夫"平均每家的人口是五·四三（车夫亦在内）"（李景汉：《洋车夫的统计答西滢先生》，《现代评论》第3卷第66期，1926年，第8页），此处笔者根据最小数处理，实际上估计会更多。

187983人。① 若将人力车夫加上,有职业的人数为267983人,人力车夫占到29.85%,意味着北京市每3个有职业的人中就有1人是拉车的。

人力车夫虽人微言轻,但在城市中具有举足轻重的地位,不仅关系到近1/4城市人口的饭碗,而且承载着社会发展过程中弱势群体的生计。这一群体的出现和壮大,有着深刻的政治、经济和社会的肇因。首先,辛亥革命后,北京逐步走向衰败,旧有的市民难以维持生计,只好从事拉车行当。北京作为清王朝帝都,各省钱谷均辐集于此,供养官僚集团。清帝逊位后,前清旗人遂失所据,成为失业之人,典当已空,谋生无计,自然不得不趋于人力车夫之途。据估算,1922年,人力车夫籍贯为北京的占7/10以上,北京人中又6/10以上为旧时旗人,旗人约占人力车夫总数40%以上。旗人居多的原因在于,"民国以后,只发兵饷(旗兵),不放官俸,所以他们终年不入一文,逼的拉洋车的很多"。② 1926年的调查显示,人力车夫中籍贯北京的占比降为53%,31%为附城一带居民,9%为直隶人,5%为山东人,其余则为其他各省人。③ 自国民政府迁都南京,"把点好风水带走后,现在落得孤城兀立,除敦睦友邦的走运外,一切全不景气,市面萧条,日趋没落了"。④ 北京城市功能发生变化,供职于各衙门的闲散人员沦为失业人员,成为人力车夫的来源。

其次,20世纪二三十年代,中国广大农村面临严重经济危机,广大农民"备受生活之鞭的驱使,不得不背井离乡,投奔都市里,而赤手空拳的农民,又找不到相当的职业,因此除当兵外,只得拉车了"。⑤

---

① 实业部中国劳动年鉴编纂委员会编《二十二年中国劳动年鉴》,实业部劳工司,1934,第18~24页。
② 陈复言:《北京旗族的现在生活》,《晨报》1922年1月21日,第5版。
③ 卞默声:《北平人力车夫生活之研究》,《总商会月报》第6卷第10期,1926年,第5页。
④ 李景汉:《北京的穷相》,《现代评论》第二周年纪念增刊,1927年,第73页。
⑤ 蔡斌咸:《从农村破产所挤出来的人力车夫问题》,《东方杂志》第32卷第16期,1935年,第36页。

华北农村破产，经济恐慌，农民大量涌入都市谋生，加剧了都市失业的严重性。这些以农为业的外来人口，"工商都非所长，待雇既无人问津，亦惟干此无本钱之人力车夫营业"。① 因此，失业的人数不胜数，为了解决吃饭问题，"抄起洋车把作牛马走，既不用钻营，也不必有好亲戚，更谈不到亲日，全凭自己的气力来吃饭养家"。②

再次，北京城市生产事业不发达，缺乏足够的职位解决日益加剧的城市人口就业问题。20世纪二三十年代，北京的城市人口呈增长态势，1927年为1317734人，1936年为1533083人，十年间增长了215349人。③ 而这种人口增长在某种程度上主要依赖各地人口持续不断内聚迁移，即从周边地区迁入北京地区。④ 与此同时，北京越来越穷，且"缺少生产事业，除日唤穷困之商店外，工厂寥若晨星"。⑤ 存在的大多是手工业作坊式的工厂，大多采用的是师傅带徒弟的模式，使得一般人难以习得谋生的手艺。因此，一般贫苦的民众"不是为了作工而失业，或经商的陪累，或种地的不收成……是绝不会来干这种卖力气的职业的"。⑥

表3　北京工厂调查

单位：个，人

1924年		1926年		1929年	
工厂数	工人数	工厂数	工人数	工厂数	工人数
52	6714	58	7885	145	7045

资料来源：《北平市工商业》，《申报年鉴》（年刊），1933年，第81页。

① 其中"工役出身的18%，小贩出身的13%，游手好闲的有10%，军人出身的5%，其余都是失业的一般工徒"。张子明：《北平市人力车夫的调查》，《市政评论》第2卷第8期，1934年，第3~4页。
② 吞吐：《北平的洋车夫》，《北京一顾》，宇宙风社，1936，第160页。
③ 人口数参见表2。
④ 参见韩光辉《北京历史人口地理》，第147~151页。
⑤ 《限制人力车》，《京报》1935年4月3日，第6版。
⑥ 《为年青的小车夫们呼吁》，《世界日报》1933年10月29日，第10版。

综上所述，人力车夫是近代中国大都市不可忽视的一道风景。对很多车夫而言，拉车是一种谋生的方式，而且日渐成为其在城市生活中唯一的谋生方式。这种现象受到了关注社会的文人学者的注意，在他们浓墨重彩的描绘中，日渐增多的人力车夫被放大来研究，成为一个浓缩着野蛮、不平等、不自由等特性的严重社会问题。尤其是在学者们严肃的学术话语描述中，这一问题的实质衍生了很多超越现象本身的新内涵，人力车夫成为社会的弱势群体，其个性被时代社会问题的共性取代，成为需要救济的对象。

二　城市顽疾：社会性的挖掘

随着社会学者深入研究人力车夫现象，各类调查报告相继出炉，形成对人力车夫这一城市特殊群体的社会性认知。在此过程中，人力车夫原有的生活性的一面日渐消失，只留下了贫、苦、弱的社会属性，进而成为社会中需要被关照的弱势群体，吸引更多研究者投身相关问题的调查和研究。在此基础上，人力车夫进而成为20世纪二三十年代中国主要都市展开城市治理时的重要对象。

人力车夫作为北京的重要成员，带有浓厚的地方文化特色，承载着历史和现实的双重印记。在当时人看来，"北平最大的动人处是平民，决不是圣哲的学者或大学教授，而是拉洋车的苦力"，[1] 因为"大半的旅客，一到北平，首先接触的也是洋车夫"，[2] 人力车夫更是市民日常生活的重要组成部分。虽然"他们的品类之繁，难以数计；他们的生活之苦，难以形容"，但是他们有着自己的职业道德，"无论他怎样的汗流浃背，无论他怎样的筋疲力竭，他绝对不会以失和的态度向你强索

---

[1] 林语堂：《迷人的北平》，姜德明编《北京乎》，第515页。
[2] 老向：《难认识的北平》，《北京一顾》，第13页。

一个铜板；你若情愿多给他一两枚，他会由丹田里发出声音来，向你致诚挚的谢忱"。其中，最令人难以忘记的是北京人力车夫的幽默感，"有时他向你报告沦为车夫的惨史，或是声明八口待哺，车费无着的当儿，这是用一种坐在茶馆品茶的闲适与幽默的口调！难得他们怎么锻炼的"。① 他们在拉车时也会"很愉快地在路上闲谈，对于他人的不幸，也会发着戏谑和欢笑"，或是你在夜里"遇到衣服褴褛年老的洋车夫，他会带着幽默而闲雅的笑脸和宿命观，向你诉说他的贫穷和不幸的悲哀故事"。②

北京的人力车夫常常在街上赛车。一辆车要超过另一辆车，是有一定规则的，"要是不守那规则，那辆的洋车夫也许就得认为侮辱了他，并且激起他的愤怒和比赛的精神。这样比赛的结果，胜者固然得意万分，败者也不免垂头丧气了"。③ 有时"如果遇见一位漂亮的姑娘或一位洋人在前面车上，碰巧，你的车夫也是一位年轻力健的小伙子，他们赛起车来，那可有点危险"。④ 警察一般"不会干涉车夫的比赛，所以坐一辆新亮异常飞快地掠过别人的车子（尤其是女子的），脚下使劲踏着铃铛，这也是一件'出众'的地方！"⑤

北京的人力车夫工作时较为悠闲，比南方人更会享受生活，只要挣够了一天的钱，就不会再费力跑了。在上海，"越是天气不好，好像拉车的做的买卖越是多"，而北京就大不相同了，"大雨大雪天，北京街上往往绝了洋车的迹。炎夏赤日的底下，也常常可以看到洋车夫睡在树荫下，傲然的不理雇客的叫唤"，⑥ 因为"他们拉车，为的是生活，不是为了爱拉车。那么只要够了生活，何必拼命的做牛马？要是在大雨泥

---

① 老向：《难认识的北平》，《北京一顾》，第13页。
② 林语堂：《迷人的北平》，姜德明编《北京乎》，第515页。
③ 西滢：《闲话》，《现代评论》第3卷第64期，1926年，第10页。
④ 郑振铎：《北平》，姜德明编《北京乎》，第260页。
⑤ 徐訏：《北平的风度》，姜德明编《北京乎》，第376页。
⑥ 西滢：《闲话》，《现代评论》第3卷第64期，1926年，第10页。

泞中去受罪，何不饿一餐半餐呢？"① 这样一种生活态度，表现在另一方面就是爱笑乐，"就是在工作的时间，几个洋车夫会一面跑，一面笑着乐着。我们以前住的地方，附近有一个车厂。每到黄昏的时候，里面就有简单的音乐声，吹着唱着，哄堂的大笑着。他们好像真知道怎样享乐人生的"。② 街上常常看见"三五个车夫，坐在车把上谈天，喝茶抽烟卷，或是和附近的商人、老妈子闲聊"，如果你要雇这种车，"最好雇来回，要是一送，便得要重价，因为他们舍不得离开"。③

北京人力车夫虽然工作辛苦、生活艰难，处于社会的最底层，但仍具有乐观的精神和悠闲的生活态度。当然，这些特性很难显示人力车夫的社会性。社会学者通过专业调查，对人力车夫的营业方式、生活状况和文化程度等具体信息进行收集和整理，客观地呈现出人力车夫工作的艰苦、生活的贫穷和社会地位的低下，从而加深了人们对人力车夫社会性的认知，提炼出人力车夫问题的关键所在，进而从社会政策的角度探讨如何解决此类社会问题。在社会调查者的笔下，北京人力车夫工作和生活的状态翔实且活灵活现地呈现在大众面前，引起了强烈共鸣——人力车夫问题是一种病态的社会问题，人力车夫的工作性质是"牲畜式的劳动无穷的在踏践着人类"，④ 其"生活状况真与奴隶相若也"。⑤

首先，北京人力车夫有三种营业方式，一是拉包月的，一是拉牌儿车的，一是拉散车的，分别满足城市不同阶层的需求。第一类拉包月的，主要是主人家的自用人力车。根据当时车辆的数量，可推知此类人力车夫在1935年约有3000人，约占车夫总数的3%。他们经济收入稳

---

① 西滢：《闲话》，《现代评论》第3卷第64期，1926年，第11页。
② 西滢：《闲话》，《现代评论》第3卷第64期，1926年，第11页。
③ 《雇车常识》，《实报》1932年8月19日，第6版。
④ 蔡斌咸：《从农村破产所挤出来的人力车夫问题》，《东方杂志》第32卷第16期，1935年，第35页。
⑤ 陶孟和：《北平生活费之分析》，商务印书馆，1930，第73页。

定,"普通拉包月车,每月由十二三元至二十元",① 一般 "一月挣十八元钱",② 要是 "主人有饭局,还可以挣二毛车饭钱"。③ 拉包月的车夫主要为那些殷实家庭服务,即"给宅门和私人效力的"。他们"全是年青小伙子",衣着上有着特殊的要求,"不管主人给衣服或自己做,全穿的干净利索,铜板刀尺",穿着"白小褂,青裤子或蓝裤子",其主要工作 "不是送老爷上班与少爷上学,就是拉太太小姐去玩"。④ 他们的工作并不轻松,"主人要是忙一点,成天去会朋友,到处办事,也没有什么休息的",还 "总得走快一点,慢了主人就不要",同时"对于老爷太太少爷小姐,都得伺候,一点不对,就得挨骂,也许开除了"。⑤

第二类拉牌儿车的车夫专为洋人服务,车子主要由车夫本人购买。⑥ 这类人力车夫不仅要年轻,还要穿得漂亮,车也要新的,更重要的是会操一口极流利的英语,"条件缺一,人家洋雇主业不坐"。他们也 "会知己知彼,无一不迎合洋人的心理",拉着车在街上跑得飞快,"不要瞧谁坐在车上,一看拉的那种跑法,就可知道是拉洋人的了"。这一类人力车夫比其他的车夫都挣钱,但没有拉包月的生活安定,同时"不言而喻的也受外国人的气"。⑦

第三类是拉散车的,他们占人力车夫的大多数,一般拉的是向车厂租用的车。这类人力车夫人数众多,竞争激烈,同时还受到警察苛刻管

---

① 《北平的人力车夫棒子面难得一饱》,《北平晨报》1933 年 5 月 3 日,第 6 版。
② 《一个车夫少爷》,《实报》1932 年 7 月 13 日,第 6 版。
③ 《一个车夫少爷》,《实报》1932 年 7 月 13 日,第 6 版。当时二毛钱是笔不小的收入,普通人 "上一次酒馆,连吃饭,带喝酒,总共才用二毛来钱"。《雇车的心理》,《实报》1932 年 5 月 19 日,第 6 版。
④ 吞吐:《北平的洋车夫》,《北京一顾》,第 161 页。
⑤ 《一个车夫少爷》,《实报》1932 年 7 月 13 日,第 6 版。
⑥ "拉牌儿这个名词,不经解释,恐怕差不多就久住北平的也未必懂,这是专指在东交民巷里与北京饭店前边,买过牌子有资格拉洋人的。"吞吐:《北平的洋车夫》,《北京一顾》,第 161 页。
⑦ 吞吐:《北平的洋车夫》,《北京一顾》,第 161 页。

理。他们收入有限,"有时每天可以拉一元多,但有时每天仅拉二三角,除过交厂中'车份'(即车的租金而外)真是所剩无几,不足维持一日的生活"。① 他们还面临同行的竞争,"拼命的落价,你一毛拉我降到四十枚,这样每天最多的收入不过六七毛钱,甚至一天还挣不出来车份的呢"。因为他们拉的不是洋人,也不是有势力的座儿,常常被警察鞭打。"在东西火车站,娱乐场前,与重要街市,以及热闹场所,全有洋车夫不许过某地界的规定,可怜他们为了揽座,有时非要过界不可,警察就不客气地拿皮带抽打,好像有多大世仇似的。"这种种的压迫,使得"受尽了各种的虐待后,除年富力壮的年青小伙子,能过度的奔跑外,欲顾工人温饱与养家的,多数的不能如愿以偿。生活的维持,自然要比上述的两种困难的多了"。②

其次,人力车夫的工作非常不人道,工作时间长,几乎无休息日可言。根据社会调查,人力车夫在半年之内,"平均有174日度拉车之生活,甚至竟在半年内,不得一日休息",每日平均工作时间,日班为10小时,夜班为12小时。③ 人力车夫进行的是持久的体力劳动,其工作主要是奔跑于街市之间,不但要时时注意行人车马,而且会吸入污秽的尘土,终日暴露在风雨寒暑之中,汗透衣服也不能脱。更可怕的是如此强的劳动所带来的劳累问题,翻开当时的报纸,常常能看到人力车夫因过度疲劳昏厥甚至暴毙的新闻。如某天天气非常炎热,行人无不汗湿衣服,一位车夫"却在日光蒸蒸之下,用力飞驰,……人力车夫因用力过度,天气又热,唉哟一声,便摔倒在地,……口吐白沫,昏迷不醒"。④ 人力车夫工作不仅时间长,而

---

① 《北平的人力车夫棒子面难得一饱》,《北平晨报》1933年5月3日,第6版。
② 吞吐:《北平的洋车夫》,《北京一顾》,第162页。
③ 《平市劳动概况统计表》,《社会统计月刊》第2卷第4期,1939年4月。人力车夫的工作性质决定了他们每日外出工作时间既包括拉车时间,也包括休息、吃饭及等座的时间。因此,此处所讲的平均工作时间,并不是指其拉车时间。
④ 《昨日跑死一车夫》,《晨报》1922年6月13日,第7版。

且极为劳苦，但在他们看来，拉车才能得到一日三餐，才能养活家人，而且"拉车是件更容易挣钱的事；作别的苦工，收入是有限的；拉车多着一些变化与机会，不知道在什么时候与地点就会遇到一些多于希望的报酬"。①

最后，人力车夫收入低微，几乎全用于家人和自己的生活开支，没有什么节余，生活非常贫困。1927年，人力车夫"每人每日平均能赚钱五角四分，将车租除外，净赚四角"。② 按半年174个工作日计算，人力车夫半年平均收入为93.96元，平均净收入为69.6元；每个车夫半年平均车租费为24.79元，占其收入的26%；车夫生活费③平均为33元，占其收入的35%；车夫平均养家费用为36.66元，占其收入的39%。④ 车夫及其家人的生活费主要用于维持日常生活，"75%是饭食，9%是煤柴，8%是房租，5%是衣服，3%是煤油及杂费"。⑤ 有的车夫收入不足以供家庭生活，只好"倚赖家中子女之收入，亲友之馈赠，与社会之救济，以维持其家庭之生活"。⑥ 更有甚者，"则典当衣物或去借'印子钱'"。据统计，人力车夫"平均每家典当物件值八元，平均每家借债六元"。低廉的劳动收入和沉重的债务负担，使得人力车夫的生活非常贫困，"其妻室子女因债务压逼不得不逃入施粥厂或流入乞丐队伍"。⑦ 表4对人力车夫与工厂工人和校役的生活状况进行了比较，可以看到人力车夫在食品上的消费比例是最高的，衣住行等方面的消费比例最低，其生活水平之低可见一斑。

---

① 老舍：《骆驼祥子》，人民文学出版社，1962，第4页。
② 陶孟和：《北平生活费之分析》，第74页。
③ 车夫生活费指"车夫在家与在外之茶饭费，及其他本人应支出之衣服、房租等费"。
④ 陶孟和：《北平生活费之分析》，第75页。
⑤ 李景汉：《北京拉车的苦工》，《现代评论》第3卷第62期，1926年，第6页。
⑥ 陶孟和：《北平生活费之分析》，第80页。
⑦ 李景汉：《北京拉车的苦工》，《现代评论》第3卷第62期，1926年，第6页。

表4 北京市工厂工人、校役和人力车夫的生活状况比较

单位：%

	食品百分比	杂项百分比
工厂工人	38.0~63.9	15.9~31.0
校役	61.8~70.8	8.7~10.2
人力车夫	75.4~86.6	6.5~6.8

1927年，李景汉在对北京贫困状况的社会调查中指出，人力车夫属于贫穷阶级，其中又分为三个层次。第一层次是极贫阶段，包括"大多数的车夫，一百多种小贩，各种笨工及仆役"，月收入三四元至五六元。从吃的方面来讲，"四口之家每日仅能买杂和面（即玉米面）三四斤"，如遇收入减少，连这种标准都不能维持，"只好以窝窝头（以玉米面制成）为早餐，以白薯为晚餐"，"早早睡觉，耐至明晨"；收入更少时，则"买带砂灰色口小米（张家口产，每斤十五六枚）二斤，熬粥充饥"。除米面外，"买不起菜蔬，若有亦不过是腌水疙瘩几条或咸萝卜一块。盐是他们惟一的调味"，"连在年节想尝肉味也是等于妄想。彼等惟一的荤菜只有'洋粥'（为西人饭后余物由厨役卖给穷人，铜元四十枚可供全家饱餐一顿）"。第二层次主要是次贫阶级，收入较丰之年壮车夫，他们和"收入无定的各种工匠及伙计，一部分的巡警，典卖将尽的旗民，小贩与仆役"一样，收入"每月五六元至七八元"，主食一般为"小米，白薯，杂和面及洋粥"，此外还有"小米面（豆面与磨子面之混合食品，味较玉米面稍好，饱之时间亦较久）"、"黑面（极粗白面，每斤铜元二十四五枚）馒头"、"荞麦面条"、"玉米渣粥（玉米粒之硬壳部分）或杂面汤（豆面制成）"等。菜蔬方面，除"咸菜外尚有葱、蒜、辣椒、韭菜花及少许白菜"。调料方面，"除盐外每日可添几滴香油"。"见面是生日，吃饺子是年下"为他们传诵的俗语。第三层次是普

---

① 王子建：《中国劳工生活程度》，《社会科学杂志》第2卷第2期，1931年，第265页。

通工人阶级，主要是指拉包月和拉车牌儿的车夫，与之相当的包括"工资交稿之旧式手艺人，工厂及公共事业之工人，一部分店铺伙计及巡警"，平均每月收入十二三元，生活水平较高。吃的方面，"米面中能见白面和白米"，有一定的菜蔬开支，"有肉类及豆腐"。①

由于都市的历史积淀，北京城市人力车夫工的识字率较高。据实业部 1932 年的调查，北京市 8 万名人力车夫中，有 3.6 万人识字，占全体车夫的 45%。② 当然，这一现象并非北京独有，上海、成都等地均如此。上海市社会局的采样调查显示，受调查的 304 名车夫中，不识字的车夫占 51.98%，识字的占 48.02%。③ 成都对 378 名车夫的调查显示，只有 43% 的车夫不识字。④ 20 世纪 30 年代，南京国民政府教育部估计，"除去既识字者约 20%，其不识字者约 80%"。⑤ 与此相比较，各城市人力车夫的识字率较高，原因有如下两点。第一，是"他们现在住于都市的结果，因为都市为文化的中心，受教育的机会也较他处为多，所以就是车夫的文盲也特别地为少"。⑥ 北平市政府 1947 年统计，不识字者仅占全市人口的 41.56%。⑦ 第二，人力车夫的来源，"并不像一般人所想像的出身低贱，全是不识字和由乡下进到城里来的"。北京市的人力车夫，"有的是北京时代的政客，与前清的秀才举人，以及旗人的公子哥儿，为生活所迫，干这一行的"，他们"大多数人全认得字，除去少数愿在闲着休息的时候，打地摊赌博和聊天外，要以读小报为最普遍，他们常被发现在街头巷尾，停车路旁，十分潇洒地坐在车子水簸箕

---

① 李景汉：《北京的穷相》，《现代评论》第二周年纪念增刊，1927 年。
② 实业部中国劳动年鉴编纂委员会编《二十一年中国劳动年鉴》第 1 编，神州国光社，1933，第 238 页。
③ 上海市社会局：《上海市人力车夫生活状况调查报告书（一）》，《社会半月刊》第 1 卷第 1 期，1934 年，第 107 页。
④ 咏霓：《成都市的人力车夫》，《劳工月刊》第 4 卷第 3 期，1935 年，第 18 页。
⑤ 许公鉴：《民众教育论存》第 1 集，大夏大学，1936，第 194 页。
⑥ 咏霓：《成都市的人力车夫》，《劳工月刊》第 4 卷第 3 期，1935 年，第 18 页。
⑦ 北平市政府统计室编《北平市政统计手册》，北平市政府统计室，1947，第 16 页。

上，以小报作消遣，也许拿时局作为与雇主谈话的资料，这真不愧为北平号为'文化城'的特色"。① 当然，也不能太高估人力车夫的文化知识水平，他们只是能识字而已，却不能写。如调查所言，"能够识字的车夫虽然有百分之五七，但是能够写的却不多，他们多只能认识浅俗的一类文字，自然其中也有受过中等教育的，有能够著作的，其数可惜很少，处居那种生活情形中，一切才艺亦无应用之可能"。② 由于"据称能全认识者，大半亦未受过教育"，他们对车规路章的了解，"尽系经验较丰富之车夫，或大小包头逐渐训练而成，并非本人识字而阅悉者也"。③

深入调查之后，社会学者们普遍认为人力车夫问题非常复杂，是国家社会经济问题的缩影，反映的是整个社会经济失调、退化或畸形的发展。整个中国人力车夫有 50 万人左右，北京就占了 20% 以上，反映了华北地区社会经济的衰退。首先，人力车夫是农村经济破产的产物，其实质是贫困问题和社会失业问题。军阀混战，地主官僚的压榨和帝国主义者的层层剥削，使得华北地区经济陷于破产，农民大量涌入都市谋生，加深了都市失业的严重程度。此外，城市中停歇工厂的工人及一批被机械工业淘汰的手工业工人，亦唯干此无本钱之人力车夫营业。④ 人力车业是聚集在都市的大量劳动力谋求就业的重要路径，是城市市民和外来农民都可谋生的职业，关系到众多人口的生计问题。

其次，人力车夫问题是中国独有的特殊劳工问题。时代进步意味着用"畜力""风力""水力""电力"取代"人力"，电车及汽车取代人力车及牲畜力为大势所趋。欧美国家没有人力车夫，人力车夫是"牲

---

① 吞吐：《北平的洋车夫》，《北京一顾》，第 165 页。
② 咏蕖：《成都市的人力车夫》，《劳工月刊》第 4 卷第 3 期，1935 年，第 18 页。
③ 上海市社会局：《上海市人力车夫生活状况调查报告书（一）》，《社会半月刊》第 1 卷第 1 期，1934 年，第 107 页。
④ 张子明：《北平市人力车夫的调查》，《市政评论》第 2 卷第 8 期，1934 年，第 3~4 页。

畜式的劳动无穷的在踏践着人类"，在中国反而与日俱增。① 虽然不人道，但人力车夫问题实质上仍然是劳工问题。如黄开禄指出："依问题性质说，它并没有缺少任何劳工问题之要件：同是有劳资阶级的对立，同是受资方（车主）的压迫，同是入不敷出的生活，同是百万人数的问题，同是有罢工，同是有劳资纠纷的。"②

到 20 世纪 30 年代，人力车夫问题受到广泛关注，大家普遍认为这是一个复杂的社会问题，并形成了若干解决方案，大致分为三种。一种是政治解决方式，即以劳工运动谋求人力车夫权益。在北洋政府时期，北京市政当局非常担心人力车夫聚众闹事，禁止其结社。③ 北伐后，劳工运动成为各地人力车夫解决自身问题的途径，在国共两党的指导下，各界劳动者相继组织了工会，通过罢工和游行的方式争取自身权益。由此引发了 1929 年北京城市人力车夫暴乱，政治解决的方式被禁止。1931 年，中央训练部通咨各省市政府，"以各省劳力人力车夫虽为体力劳动者，但非基于雇佣关系，提供其劳力，且作业无定时，工作无定所，若组织工会，转足有影响其工作之处"。④ 一种是政府管理方式，即市政当局通过颁布劳工法令，规范人力车业，达到保护人力车夫的目的。一种是社会治理方式，将人力车夫视作救济对象，为人力车夫提供一些福利，以缓解其生存压力。有学者提出，应当将人力车夫问题作为社会经济问题系统地加以解决，或实现"车夫有其车"，减轻车租的剥削，⑤ 或救济农村，振兴工业，复兴市容，"使一班服业于农工商的人力车夫回到原职上去"，剩余的少数人力车夫由政府负责救济。⑥ 后两

---

① 张子明：《北平市人力车夫的调查》，《市政评论》第 2 卷第 8 期，1934 年，第 3 页。
② 黄开禄：《中国的劳工问题在那里（四）》，《独立评论》第 157 期，1935 年，第 13 页。
③ 《严防车夫集会结社》，《顺天时报》1922 年 12 月 8 日，第 7 版。
④ 杨放编《劳工法令解释汇编（续）：（二）工会法》，《劳工月刊》第 3 卷第 8 期，1934 年，第 3 页。
⑤ 蔡斌咸：《从农村破产所挤出来的人力车夫问题》，《东方杂志》第 32 卷第 16 期，1935 年，第 41 页。
⑥ 吴平：《农工衰败与人力车夫》，《劳工月刊》第 5 卷第 2~3 期，1936 年，第 130 页。

种成为北平市政当局解决人力车夫问题的方式，本文接下来将分别展开论述，进而深入讨论城市治理的基本思路。

三 规范：政府管理之道

20世纪，人力车成为北京城市公共交通工具，人力车业逐步发展壮大。为维持交通秩序，人力车出现不久，北京就制定了相应的管理制度，规范人力车业和人力车夫行为。清末，京师警察厅颁布《管理人力车规则》，当时人力车的含义更广些，"凡小车，用手推的、手拉的、脚踏的都是人力车"。[①] 北洋时期，当局颁布《管理东洋车条规》。1928年后，北平特别市政府先后公布了《北平特别市人力车管理规则》《人力车厂管理规则》等法规，形成了一套人力车的管理制度。

在30多年的时间里，这些法规虽几经修改，但主要内容大致相同，主要涉及市政当局对人力车的管理，以及人力车夫应遵守的规则。透过这些条文规定，可以分析出蕴藏其中的管理方式：政府通过建立车捐征收制度和人力车登记制度，直接管理车厂，车厂则通过租赁关系控制人力车夫。这种管理方式使政府主管部门不与人力车夫直接发生关系，由车主对人力车夫进行控制和管理，并负责向其教授道路交通规则。在这种管理模式中，政府是委托方，车厂是管理方，委托方将人力车管理的目标，即收取税收和管理车夫，"发包"给管理方，车厂被赋予管理人力车夫和自由经营的权力。实际上，政府将管理人力车夫的所有控制权都交给了车厂，这是一种完全委托的联邦制治理模式。[②] 在这种治理模式下，政府实际将规范的责任让渡给了企业，当政府发生变革，要履行

[①] 《管理人力车规则》，《清末北京城市管理法规》，燕山出版社，1996，第49页。
[②] 联邦制治理模式指的是一种松散的治理，管理者实际上扮演着委托方角色，只负责形式检查验收。周雪光、练宏：《中国政府的治理模式：一个"控制权"理论》，《社会学研究》2012年第5期。

一定的规范职责时，主要通过修改法规的方式，让旧有模式中的管理方承担变革的责任和义务。

南京国民政府时期，中央和地方的行政职能发生了较大变化，冲击了人力车旧有管理模式，引起两方面的重大变化。第一种变化是北京地方行政机构变迁，人力车的管理机构从警察局变成了社会局。社会局的管理范围包括农工商业、劳动行政和公益慈善救济，从单纯的车行管理转向了多种关系的管理。不仅车行作为企业归社会局管理，而且车行的劳工事务独立出来，也归社会局管理。在这种背景下，政府既要充当企业的管理者，又要充当企业与劳工之间的协调者。社会局履行劳工救济职能，规范人力车夫从业资格和条件，不仅会引起人力车夫的反感，而且得不到人力车业的配合。因此，在新体制下政府对车业和车夫的规范，不过是在旧有管理模式基础上的调适。第二种变化是中央层面劳工政策的推行。南京国民政府的劳工政策由激进转变为和缓，确定了工人运动不能妨害工业的发展，而工业的发展又不能损害劳工利益的原则。在中央政府推行劳动法律和劳动行政的背景下，北京市政当局要解决人力车夫问题，须遵照中央的命令行事，势必对人力车业旧有秩序造成冲击，引发车主与政府围绕法规进行博弈。因此，政府在通过管理解决人力车夫问题的过程中，实际上是以选择性治理的方式对旧有体制进行某种调适，以符合上级的要求和社会实情，并不在意是否真的可以保护车夫的权益。

自清末以来，北京确立了严格的人力车登记、领照制度，对每辆车建立起监控数据。人力车车主或车厂必须每年到车辆管理部门进行登记，方可在北京市内通行。登记的主要内容包括：车主姓名、籍贯、职业、住址或车厂名称、地址，制造厂名称，车身颜色，车外形（圆箱、方箱或多棱箱），自用或营业。登记之后，车辆管理部门在指定时间和地点对人力车进行检验，检验的主要内容包括：车辆是否与登记各项相符合，车身各部及车篷、车垫是否完备、坚实、清洁，车上是否装有车灯，车上是否有警号，等等。人力车检验合格后，管理部门在车内钉上钢印，并发放验车证、行车执照和号牌，表明该车取得了在北京市内通行的资格。如没有上述证件而在北京市内通行的人力车，将会受到相应的处罚：若未经登记私自在北京市内通行的，将处以3元以上5元以下罚金；若未经检验私自在北京市内通行的，将处以1元以上3元以下罚金。同时，实行人力车年检制度，每年重新检验一次。行车执照的有效期为1年，期满后应到管理部门更换新照。①

这种制度确定了人力车业各方的责权关系，人力车作为车主的财产被严格登记在册，受到政府的保护，车主负有维护和保养车辆的责任，而车夫只是作为雇佣工人从事劳动而已。同时，这一制度有利于市政当局征收车捐。虽然人力车漏捐情况很严重，"在社会局登记者有五万辆之多，而在财政局纳捐者，尚不足四万辆"，②但北平市社会局调查人员发现，人力车在全市各种车辆中是漏捐最少的，"以本局每月在街面查车时之经验，殊少发现有人力车漏捐者"。③

此外，这一制度使得市政当局能对人力车的数量进行控制。1935年9月，北平市社会局为"维持人力车夫生计，及纠正人力车营造过剩"，给车业公会发布了"社会局第6655号指令"，提出整顿人力车办法，决定"全市现有之营业人力车41200辆，自用人力车3000辆不准再增外"，各种洋车行所存的车辆如年底卖出，则发给车牌。第二年全市"人力车仅有4.8万辆，并计划每年将破旧者，减少2000辆，5年后剩余3.8万辆"，其中"营业人力车为3.5万辆"，即不再增，"以期减少车辆，提高车价，而予人力车以保障"。④但这种办法遭到车主的

---

① 《北平市人力车夫管理规则》，北平市政府参事室编《北平市市政法规汇编》第9类，北平市政府参事室，1934。
② 《平市社会局一年来设施之回顾》，《市政评论》第3卷第1~2期，1935年，第3页。
③ 鄂玉成：《北平市车捐征收实况》，《市政评论》第3卷第5期，1935年，第11页。
④ 《社会局整顿人力车，全市存车限年终售出》，《华北日报》1935年9月28日，第6版。

抵制，"故未履行登记，并推代表请愿，均无结果"。社会局除对车商极力解释外，还将"为首之马某送公安局讯办"，后有数十家车厂前往登记，问题才得到解决。① 虽然现在还缺乏资料判断此次控制车辆数量的行动是否有效，但可以看到登记制度是政府管理的重要路径。

1929年后，北平市政当局开始介入人力车的营运管理，不仅试图通过制定人力车价目表，减少因讨价还价而发生的争执，而且试图规定人力车车租，减轻人力车夫的负担。北京市人力车营业人数众多，常常因为计较车价而发生争执，甚至酿成刑事案件。为减少此类争端，1929年4月，北平特别市政府专门发布第1419号训令，要求社会局制定人力车价目表，"于市内各冲要地点制定一种木牌，按照现在生活程度及道路距离远近标明价额，以期减少争端，兼顾劳动者之生计，其因特别情形有须临时增加事项亦应分别规定"。②

根据此命令，社会局立即派员进行调查，认为"平市地方辽阔，闾巷繁多，若必一一为之规定，不但筹划虽周，且恐施行不易"，决定先对繁盛地区进行调查，根据道路的远近，划定东、南、西、北、中5路，分段酌拟价目，更为求旅客之便利，免车夫之争执起见，特别制定了东、西两车站至各大旅社价目表作为标准。所拟定"价目均经派员实地调查，参酌平市生活程度而定，并均询人力车夫工会意见，该工会亦深表赞同"。对于这项建议，市政府第602号指令指出，"呈悉查所拟人力车标准价目表尚属妥协，应如所拟办理，惟遇狂风大雪祈寒盛暑以及岁时佳节纪念日等，倘无例外之规定，恐不免发生争执，转滋纷扰，该局于布告时应特加声明，或分别规定，以资救济"。③

---

① 《人力车厂登记办法已解决》，《华北日报》1937年1月6日，第6版。
② 《北平特别市社会局关于拟定人力车价、改善人力车夫待遇问题的呈文及北平特别市政府的指令》（1929年5月），北京市档案馆藏，档案号：J2-4-18。
③ 《北平特别市社会局关于拟定人力车价、改善人力车夫待遇问题的呈文及北平特别市政府的指令》（1929年5月），北京市档案馆藏，档案号：J2-4-18。

北平市政府试图通过制定人力车价目表，来解决因车价引起的车夫与顾客的争执，同时兼顾人力车夫的生计问题。政府此举是试图用行政权力对纯粹由市场定价的人力车价进行干预，但该设想高估了政府的力量，且没有看到市场的复杂性。实际上，当时在技术上也不具备进行定价的条件。交通费用的定价标准一般是依据道路的远近，而道路的远近须依赖计价器这样的工具来测量，在没有合适计量工具的时代，难以制定出人力车价目表。由于政府力量和技术条件的限制，制订人力车价目表的计划最终未能实现。

如前所述，人力车夫的收入中，车租占 26%，也就是说，车夫每日收入的 1/4 要交给车主。当时每日车租为 2 角的人力车价格一般为四五十元。① 据此数据计算，人力车夫每年平均交给车主的租金有 49.58 元之多，足以购买一辆新车。每辆车的寿命一般为三四年，而车主可以从车夫身上取得的租金则在 150 元至 200 元，其利润之丰厚与高利贷相差无几。车主的盘剥是车夫贫困的重要原因，北平市政当局也将此作为解决人力车夫贫困问题的着力点，推行了一些针对性措施。

为了便于市政府监督车厂遵守规定，在几年时间里，北平市政当局几次改变策略，从提出调查、规定人力车车租，到以法规的形式将人力车车租固定下来，再到将人力车车租与人力车登记、检验制度结合起来。1929 年，社会局在讨论如何改善人力车夫待遇时，提出规定人力车车租。当时，每辆人力车每月须纳捐铜元 60 枚，此外领取车牌亦须纳费 4 角。此项费用虽然由车厂或车的所有者负担，但按租税转嫁原理，实际出资的仍然是贫苦的人力车夫。因此，"如果不限制车租而徒议减捐，终使资本家减轻义务，于车夫不生影响"。基于上述认识，市政当局为减轻车夫负担，决定调查并规定人力车车租。人力车多由车厂厂主出租，主要分为日赁、夜赁、日夜赁三种方式，租价根据人力车的

---

① 定一：《北京人力车夫问题》，《晨报》1927 年 6 月 22 日，第 6 版。

新旧而异。社会局和公安局合作对车租进行调查，并规定人力车租的标准，"务使一般车主不得任意涨租以期减少车夫负担"。

1934年12月12日，《北平市人力车厂管理规则》公布，第10条对人力车车租做了明确的规定。每季由社会局对人力车进行检验，根据人力车身的优劣，将人力车的租额分为甲、乙、丙三等，填入登记书附表内，车厂不得任意更改，"以免滥收车租，而有过为剥削人力车夫利益之弊"。人力车车租等级标准为：甲等，每辆每天租额81~100枚铜元；乙等，每辆每天租额61~80枚铜元；丙等，每辆每天租额60枚铜元以下。① 这一规定旨在减轻人力车夫的负担。然而，我们很难看到其具体执行效果。不过，可以想到的是，这一触及车主根本利益的改革必然受到坚决抵制，减少车租更像是一场法规方面的文字游戏，很难达到为人力车夫减负的效果。

作为地方政府，北平市政当局还有一项重要任务，就是保证中央的劳工政策能够在北京落地。1927年国民政府迁都南京后，就设立了劳工局，1928年春将劳工局合并为工商部之劳工司。1931年1月，农矿、工商两部合并为实业部，将之改为实业部劳工司，作为负责劳工管理的最高行政机关。地方上的劳工事务则由各地的社会局负责。从各劳工行政机关所从事的工作来看，主要是采取各种措施执行劳工法规，将劳工事务完全纳入政府的管辖之下，由政府推行和指导各项改良工作。② 对北平社会局而言，保护劳工合法利益和劳资合作只是出于中央劳工部门的压力，其所作所为也不过是一些官样文章，仅仅在限制人力车夫年龄

---

① 《平市人力车厂定期开始登记》，《京报》1936年9月6日，第6版。
② 各级劳工行政部门负责的劳工事业主要有："（1）派员赴各地调查劳工工作状况，并视察各地工会情形；（2）继续改组各地工会，并举行工会登记；（3）完成劳资争议处理机关；（4）制定工厂会议方案；（5）制定工厂区域，并派员赴各区域如上海、天津、汉口、广州、无锡、青岛等处检查；（6）督促各地工厂工会，实施劳工教育；（7）制定劳工储蓄办法；（8）实施团体协约法；（9）参加国际劳工会议；（10）修改劳工法规；（11）研究工人作工效力，指导改良；（12）举办劳工统计。"骆传华：《今日中国劳工问题》，上海青年协会书局，1933，第121~123页。

和身体状况方面加强了规定和检查。

　　为维护城市形象，北平市政当局对人力车夫的年龄、身体状况及衣着一直都有具体的要求，但并未得到真正执行。北洋时期，京师警察厅制定了车夫的从业规范，"（一）年不满18岁或在50岁以上者；（二）身体素弱者；（三）患传染病或恶疮者；（四）披发或不剪除者；（五）盛暑严寒不戴帽者；（六）裸体赤足者；（七）衣服破不蔽体者"，① 不得充当车夫。1928年11月，北平特别市政府颁布《北平特别市人力车管理规则》，细化人力车夫从业资格及其应当遵守的职业操守，其内容有：充当人力车夫者，其年龄必须在18岁至50岁，而身体羸弱及患病者不能充当；人力车夫在拉车时，要注意自己的穿着，不能"赤背、赤足及未剪发或衣服不蔽体"；必须随身携带行车执照和财政局捐照，以备检查。此外，人力车夫应当服从警察的指挥，遵守交通规则：行车时必须靠左行驶，不准在人行便道上通行；在转弯及繁盛地方不准快行或两车并行；后车欲越过前车应鸣警号；无必要时不准乱鸣警号；救火车、病院车经过时须让其先行；晚间行车必须燃灯；空车不准在重要交通口久停；在停车场中应顺序排列；一车不准载乘两人，但10岁以下幼童不在此限。人力车夫还必须遵守一定的职业道德，不准争拉座客，不准侮慢讹索乘客；乘客有非常事故（如急病、暴死之类）或形迹可疑及携带违禁物品者，应即告知警察；乘客遗留物件应即送交警察保存招领。在车夫们看来，政府制定的这些管理规则有的根本无法执行，有的则希望能够变通执行。如规定一车不准载两人，车夫认为"我国人女性身体瘦弱较小"，应灵活变通，不予干涉；再如夏天特别炎热，很难做到不赤背。②

　　南京国民政府时期，北平市社会局为了履行劳工行政的责任，也为

---

　　① 《修正车夫规则》，《晨钟》1918年3月15日，第6版。
　　② 《人力车夫代表上工部局书》，《申报》1934年7月26日，第4张，第15版。

了改善对人力车夫的不人道之处，在限制人力车夫年龄方面做了一些工作。1928年，北平特别市政府第1419号、1421号训令，要求限制人力车夫年龄。当时，"在街上，我们居然会看见十几岁的小孩子，拉着二三十岁的大人，小孩子快快的跑，呼呼的喘着气，坐在车上的人，到是很坦然，并不觉得怎样"。① 社会局调查认为，"迩来因市面萧条，穷民日益增多，一般无知父母因贪图近利常使未成年之儿童出外拉车，于国民保健上及人道上极属不合，且近日国民政府所拟订之工厂法对童工年龄亦加以相当之限制，人力车夫亦属劳工之一，似宜对市内十三岁以下之人力车夫禁其拉车，严加取缔，以重人道，而彰法制"。② 事实上，当时的贫苦家庭中，小孩子长到十二三岁时，"当然不愿他留在家中白白的吃一碗饭，除去作些小本的经营以外，拉车这种营生也会叫他干的，因为他如果拉车买卖好，不但为他一个人是个糊口之计，就是全家也能由他赡养"。③ 北京的人力车夫，"亦不乏老年的"，可坐的人并不是特别多，因"若要坐着一位老头儿拉的车，比乡下的老牛还要慢，就有一种如坐针毡的焦灼"。④ 针对此种情况，社会局召开会议指出，《北平特别市人力车管理规则》第13条第3款规定年龄在18岁以下50岁以上者不准拉车，同条第4款规定身体羸弱及患病者不准拉车，"是于国民保健上及人道上久经注重，拟请由府令知公安、公用两局，转知区署及稽查人员，对于原条文切实执行，不得姑息因循致违法意"。⑤ 车夫们则认为这种规定不符合实际，因车夫"俱系贫苦者，缘身体素乏营养，非特年事较大者难言强健，即年少之车夫，亦未易合

---

① 《为年青的小车夫们呼吁》，《世界日报》1933年10月29日，第10版。
② 《北平特别市社会局关于拟定人力车价、改善人力车夫待遇问题的呈文及北平特别市政府的指令》（1929年5月），北京市档案馆藏，档案号：J2-4-18。
③ 《为年青的小车夫们呼吁》，《世界日报》1933年10月29日，第10版。
④ 吞吐：《北平的洋车夫》，《北京一顾》，第162页。
⑤ 《北平特别市社会局关于拟定人力车价、改善人力车夫待遇问题的呈文及北平特别市政府的指令》（1929年5月），北京市档案馆藏，档案号：J2-4-18。

格",而且患病与否又难以判断,车夫们认为"其所以能拉车者,因车轮系属打气橡皮,又行驶于平坦柏油之路,举重若轻,得以便宜从事"。①

此后,社会局改变策略,从租车的角度限制人力车夫年龄,把执行法规的责任推给了车厂。1936年修正的《北平市人力车厂管理规则》第12条规定,"人力车厂对于18岁以下50岁以上之人,不得租给车辆"。②可想而知,车厂根本不会认真执行这样的规定,毕竟年龄很难查证,可以随便填写,所谓年龄限制不过流于形式而已。

最后要指出的是,作为城市中的一员,人力车夫不单是被管理者,政府还号召他们承担一定的市民责任,协助警察办案。1934年,北平市公安局长余晋龢发布《人民报告办法》,要求人力车夫承担起市民责任,协助警察工作,以"扩充警察视听、官民合作、维持安宁"。人力车夫们被要求"救护人民,或发觉案件,或有拾遗情事",立即"向附近岗警或本管派出所口头报告,但须确实,不得稍涉虚伪"。需要当面对质时,"务即随同警察前往,以资考证。若不愿当场出面者,但酌量情形办理"。如果"因报告而得捕获盗贼,或被破重要案件,或救助人命等事者",经由"本段巡官报告,署转报公安局,分别情形酌予奖励,以资激励",但不得"挟从、幌词、陷害",否则将分别予以惩罚。③

此外,政府还号召人力车夫参加向前线运送物资的工作。1933年中日赤峰战役中,中国军队退守赤峰、凌源一线,由于"前后方运输车辆现时仍不敷用",军队要求北平市公安局"迅急代征人力车一千辆,交经理总监部使用"。公安局向全体人力车夫发出动员,指出"国难期间,国民为救国自救起见,理应有财者输财,无财者输力",现在

---

① 《人力车夫代表上工部局书》,《申报》1934年7月26日,第4张,第15版。
② 《平市人力车厂定期开始登记》,《京报》1936年11月23日,第6版。
③ 《人力车夫及汽车夫补助警察工作有奖励》,《世界日报》1934年2月3日,第8版。

"本市人力车夫有了输力报国的机会,日应认定输力报国为一已必须尽的责任了",并给出了"每人每日工资八角,路费2元,安家费2元"的待遇,属"既能以报国,又得超过平时之报酬"。自征雇起始,虽有若干车夫应雇异常踊跃,"然多数则避匿不出,造成四城殊少人力车停留街巷口之现象,不但征雇手续上陡增极大困难,而且市象萧条冷落,亦令全市治安情形遭受不良之影响,效果并不好"。最后,军队仅仅在北平城内雇得洋车492辆,还不到要求的一半。[1]

自人力车运营之日起,北京就建立了一套人力车管理制度,将人力车厂、车夫都纳入其中。政府对于人力车夫并非放任自流,国家将车夫管理"发包"给车厂,由其代管,从而形成了一种松散的治理,其着眼点在于社会治安、税收、市容市貌。在这套制度之下,政府不可能真正解决人力车夫问题,只能在制定车租、管制车价、限制车夫年龄等方面做些工作,进行符合中央要求和回应社会舆论要求的规范调适,效果非常有限。社会局这一部门兼具管理和救济的职能,不仅对人力车夫进行了规范,还就人力车夫问题从社会治理层面提出了解决方案,也就是从解决弱势群体和弱势特征等社会意义上的问题出发,对人力车夫进行救济,从而避免问题的恶化。这种对人力车夫问题的分途办理,展现了城市治理的新变化。

四 救济:社会治理之道

20世纪上半叶,贫穷问题成为北京城市的主要问题,被称为"一切社会病态的总源"。1931年,北平的贫民总数占全市人口的12.1%,达到118442人,而绝大部分的人力车夫都属于这一阶层。[2] 为维持社会

---

[1] 《关于本市征雇人力车鲍局长讲话》,《公安日报》1933年3月5日,第1版。
[2] 林颂河:《统计数字下的北平》,《社会科学杂志》第2卷第3期,1931年,第411页。

的正常运作，稳定社会秩序，政府和社会各界对贫困问题给予了很大关注，出现各种救济形式。最初，并没有针对人力车夫的专项救济，他们只是作为贫民中的一员接受社会的救济，主要方式是传统的开设粥厂、施放米面、施放棉衣等。据估计，每年北京救济贫民所用不下五六十万元。1922 年，公私团体设粥厂不下 50 处，每日到粥厂领粥者不下 7 万人。办理粥厂的人云，"每日每厂约有一千人"。除施放米面外，各公私救济机关每年施放棉衣十余万套，私人施舍米面、棉衣及钱文者亦甚众。1923 年，"北城有公私慈善团体或机关 227 处，南城 149 处，合计 376 处，其中专为救济贫民者不下五十余处。即以粥厂筹备处于民国九年设立 37 处，用洋 27 万，放赈衣 40300 套"。① 事实上，1930 年北平市设立的私立慈善团体和公立救济机关约有 22 处，每年收容贫民 7000人左右，其中只有 7 处长期收容贫苦人民，数量颇为有限，且救济的对象是妇幼病弱等群体，没有针对具有劳动能力的贫民进行专门救助。②然而，进入 20 世纪 30 年代，当人力车夫的贫穷问题成为整个中国大城市的严重社会问题时，各地社会局不得不采取措施救济人力车夫，以缓解城市矛盾，平息社会舆论的压力。

为解决人力车夫问题，北平市政当局大致采取了三种救济方式：一种是服务性救济，改善人力车夫的工作条件；一种是政策性救济，缓解现代交通方式对人力车夫生计的冲击；一种是组织性救济，改善人力车夫的生存状况。在北平，为人力车夫设立休息所、提供饮水一直是市政管理部门的职责，③ 在上海，这则是由人力车车主承担的责任。北洋时期，北平市政当局就开始为人力车夫提供休息、暂避风雨和饮水的地点，以改善人力车夫的工作条件。然而，人力车夫休息所因管理不善、

---

① 李景汉：《北京的穷相》，《现代评论》第二周年纪念增刊，1927 年，第 76 页。
② 林颂河：《统计数字下的北平》，《社会科学杂志》第 2 卷第 3 期，1931 年，第 412 ~ 413 页。
③ 《救济人力车夫施诊给药今日开始》，《申报》1934 年 7 月 1 日，第 4 张，第 16 版。

维修不及时，或被挪作他用，而不得不被时常整顿。

早在1918年，在京人士就组织建筑人力车夫休息所筹款会，在平安电影园约梅兰芳演剧筹款，为人力车夫建立休息所；1919年农历九月十七日，再次在新明大戏院演剧募集善款，作为建筑之用，梅兰芳等名家悉数登场。① 1920年，为救济人力车夫，京都市政公所计划在市内各处设立11处人力车夫休息所，② 1921年建成9处。③ 北平特别市成立后，设有人力车夫休息所18处。1931年2月，新成立的社会局将其接收。这些休息所分布在鼓楼、东四南、猪市大街、西四丁字街、护国寺街西口、东车站、花市西口、宣外大街、天桥南、北新华街、新街口、德胜门、后门西、交道口、金鱼胡同、王府井大街、西车站及崇外大街。每处雇有看守人1名，由社会局负责每月向其发放工饷7元、煤火费3元3角及杂费8角，共计11元1角。人力车夫休息所"各处家具比较旧"，社会局添置了"印刷品及报纸，并张贴劝导车夫之标语，以增智识，而端品行"。④

到1935年，人力车夫休息所已挪作他用。据社会局调查，有9处出租作为平民食堂，其租金成为社会局的经济收入。后社会局奉市政府命令将其全部取回，仍将其作为人力车夫休息所，并分别派定夫役看守。然而，此时的人力车夫休息所"历年甚久，风雨折磨，均已破旧，设置通衢，实与观瞻有碍"，社会局"拟一律加以修缮以资整顿"，并向市政府请示。市政府派员调查，指出休息所"或因地点不宜，或因揽招不便，或为贫民堆积什物，或供小儿群集嬉戏，或中设铺店，或门锁吾人，以致车夫入所憩息，形同虚设"，认为人力车夫休息所不能实

---

① 《建筑人力车夫休息所筹款会启事》，《顺天时报》1919年11月8日，第3版。
② 《人力车夫休息所》，《京报》1920年11月14日，第6版。
③ 《人力车夫休息所一览》，《顺天时报》1921年3月5日，第7版。
④ 《北平特别市社会局关于拟定人力车价、改善人力车夫待遇问题的呈文及北平特别市政府的指令》（1929年5月），北京市档案馆藏，档案号：J2-4-18。

现其本来目的，"自应变更方式，另行改造务使车夫得受实益，交通不生妨碍"，因此决定废除人力车夫休息所，由公安局"查明交通繁盛便利及与车夫休息无碍市容地点"，并"会同工务局依照办法，切实勘估，应需工料价目一并呈卷"，酌量分别设置停车罩棚。原有的人力车夫休息所由社会局转交公安局管理，以备应用。①

1936年5月，社会局勘定的休息所共计40余处，"计有东西车站，北海公园，东西华门，前门，西直门等"，其中以"临时罩棚占最多数，固定铁柱铅罩次之"，全部经费"定为一万元"。② 6月，社会局拟定了建造人力车夫休息所罩棚计划，"在全市各冲要处所，现行建筑固定罩棚6处，临时休息所19处"，估计建筑费用"共计需银六千三百五十余元"。③ 8月，总计"建木棚及休息所24处，用款二千六百余元"。④ 另外，自治监理处接收了18处人力车夫休息所，"改作公共阅报所"。⑤ 1937年，社会局决定重新恢复人力车夫休息所，收回其中的一部分，并另行增建若干处，以供人力车夫"奔驰劳困乏后休息，及暂避风雨之用"。⑥

人力车夫每日体力消耗多，需要及时补充水分。除了人力车夫休息所和停车罩棚提供饮水外，北平市社会局还设法为人力车夫免费提供流动茶水。1936年5月，社会局在奉市政府命令办理人力车夫救济时，制定了巡回送茶车的计划。除在人力车夫休息所及停车罩棚已设有的茶缸外，社会局计划在各次要地带分设茶缸数十处，以便人力车夫随时随处均可取得饮料。为求经济迅速、收效最大起见，计划采用汽车巡回递送的方式，专设"汽车夫二人，一司机，一司茶，兼洗涤茶具，依各

---

① 《人力车夫休息所一律取消》，《京报》1935年4月3日，第6版。
② 《人力车夫福利会明日开成立会》，《华北日报》1936年5月5日，第6版。
③ 《人力车夫休息所将先建二十五处》，《华北日报》1936年6月19日，第6版。
④ 《救济人力车夫：举办人力车厂登记》，《华北日报》1936年8月16日，第6版。
⑤ 《平市救济人力车夫已拟具体办法》，《京报》1936年5月4日，第6版。
⑥ 《本市将设人力车夫救济问题研究会》，《华北日报》1937年1月6日，第6版。

休息所及饮茶处分布情形,划定路线,巡回递送"。采用"两吨至两吨半"的载重汽车 1 辆作为送茶汽车,车身后部设置容量为"半吨至四分之三吨"的锅炉 1 具,车身中部设置容量在"一吨以上"的水箱 1 个,水箱上部存放煤,车的尾部设置茶缸 1 只,"用链茶碗于固定地位,以便汽车停止时,洋车夫随便取领"。在煤箱左边设置一装洗池,用于"洗涤饮具"。所用茶碗由竹筒制成,其传热较慢,且不易摔破。所有的茶缸、茶碗,"每日由汽车携至一定地点消毒一次,以重卫生"。[①] 此种措施虽不能彻底改善人力车夫的工作条件,但为人力车夫饮水提供了一定的便利。

为救济人力车夫,北平市政当局还采取政策性措施,缓解现代交通工具对其生计的冲击。20 世纪 30 年代,北平城内同时存在三种客运交通工具,即人力车、电车和公共汽车。电车和公共汽车作为现代交通工具,具有速度快、票价低廉的优点,对人力车夫的生计造成威胁,故而他们将电车和公共汽车视作大敌,不但举行联合请愿,要求市政府停开公共汽车,还聚众砸毁电车。任何现代化事物的推行都必须与当时的社会条件相适应,因此,虽然时人已经认识到了"二十世纪的今日已是电的世界,这十九世纪所遗留的人力车,无论在科学或人道的观点上说,早应在被淘汰之列",[②] 但为了城市的稳定,政府必须对人力车夫进行救济。北平市政当局在此问题上面临两难的处境,努力采取措施调解两者之间的冲突。

在中国的城市中,北京的公共汽车事业起步较晚。1921 年 6 月 30 日,北京电车股份有限公司正式成立;1924 年 12 月 18 日,电车正式投入运行。到 1929 年,全市共有电车线路 6 条,"第一路为红牌车,从天桥至西直门;第二路为黄牌车,从天桥至北新桥;第三路为蓝牌车,从

[①] 《平市救济人力车夫已拟具体办法》,《京报》1936 年 5 月 4 日,第 6 版。
[②] 唐应晨:《公共汽车的举办之后》,《市政评论》第 3 卷第 15 期,1935 年,第 5 页。

东四至西四；第四路白牌车，从北新桥至太平仓；第五路为绿牌车，从崇文门至宣武门；第六路粉牌车，从崇文门外至和平门外"。① 1935年8月，公共汽车开始运营，共开设了7路公共汽车，"第一路为红牌车，由东四至西四；第二路为黄牌车，由珠市口至鼓楼；第三路为黄红牌车，由鼓楼至珠市口；第四路为蓝牌车，由天坛至交道口；第五路为蓝红牌车，由交道口至天坛；第六路为白牌车，由东华门过西直门直抵香山；第七路为白红牌车，由香山至东华门经阜成门"。② 电车线路和公共汽车线路经过的地区为市内较为繁华区域，人流量较大，对人力车夫的生意有很大的影响。1930年，北平市电车公司每日售出的车票约6万张，意味着每日约有6万人次乘坐电车，③ 相应的，人力车夫的生意也就减少了。电车和公共汽车的发展威胁着人力车夫生计，其对电车和公共汽车的敌意日增。对北平市政当局而言，平衡公共汽车与人力车夫之间的矛盾是其不得不面对的难题。

1924年电车公司创立时，商会就以电车营业必导致多数人力车夫失业为理由，向该公司索取救济人力车夫失业基金6万元。1928年8月，成立贫民工厂基金委员会，以商会所得电车公司救济基金3万元，设立贫民工厂，救济失业工人。然而，贫民工厂仅能容纳201人，远远不能解决人力车夫失业问题。④

1929年5月，因为长途汽车危及人力车夫的生存，人力车夫工会"愤愤皆抱定与汽车势不两立之决心"到市政府请愿，提出限制长途汽车的要求，并希望得到政府的救济。自从长途汽车开行后，"车辆日渐增多，且车价极廉，乘客踊跃，而人力车夫之乘客日渐减少，甚至每日

---

① 李福海：《北京电车史话》，中国人民政治协商会议、北京市委员会、文史资料委员会编《文史资料选编》第13辑，北京出版社，1982，第166页。
② 《市营汽车计分七路》，《京报》1935年6月26日，第6版。
③ 此数据系根据北平市电车公司《营业统计表三》推算而得，详见北平市政府工务局编印《北平市政府工务局十九年份工务特刊》，1931，第142页。
④ 《贫民工厂地毯部概况》，《京报》1932年11月30日，第6版。

无一次坐客者"。虽然长途汽车能便利交通且符合社会的进步，但也应当顾及民生，使人力车夫能够勉强地生活下去。人力车夫工会希望政府对长途汽车经营者施加压力，通过缩短长途汽车的行车时间、提高汽车票价、减少汽车数目以及不许汽车中途拉客来增加乘坐人力车的人数，从而减缓人力车夫的生存压力。[1] 受此影响，北平的长途汽车调整了开行次数。[2] 除请愿外，还发生了暴力毁车行为。有轨电车自修建之始，就遭到了人力车夫的反对。通车后，"人力车只能钻胡同和在没有电车通行的街道兜揽车座"，[3] 人力车夫的生意受到严重威胁，因而对电车极为不满。1929年11月22日，北平发生了数千人力车夫砸毁电车的大暴动。[4] 事件发生后，市政当局逮捕了领导暴动的人力车工会领导人，以"肆行暴动，扰乱社会治安"罪，判处死刑，并勒令人力车工会停止活动。受此事件影响，政府在处理公共汽车与人力车时，不得不注意到车夫的生计问题。

此后，北平市政当局提出的"市营公共汽车"的原则和"维持人力车营业"的对策之间本身就存在悖论。一方面，公共汽车"乃是为便利市民，构成交通上一种普遍的工具"，那么"今市府举办之公共汽车，应力求合理，既以不以营利为目的，则票价亦当谋求低廉"，如果这样的话，那么"公共汽车于人力车之营业冲突，实在所难免"，而"平市赖以拉人力车为生的四万八千余苦力，势必因公共汽车底驶行，而营业恶化，无以谋生"。另一方面，如果提高公共汽车车价，就违背了推行市营公共汽车的动机，即"半为便利市民交通，半为便利游客"，绝不应因其他原因提高车价，从而"有背公共汽车之主旨"。面

---

[1] 《北平特别市社会局关于拟定人力车价、改善人力车夫待遇问题的呈文及北平特别市政府的指令》（1929年5月），北京市档案馆藏，档案号：J2-4-18。
[2] 《公共汽车的向导》，《市政评论》第3卷第19期，1935年，第23页。
[3] 李福海：《人力车工人砸电车事件始末》，《文史资料选编》第13辑，第179页。
[4] 参见杜丽红《南京国民政府初期北平工潮与国民党的蜕变》，《近代史研究》2016年第5期。

对难以调和的矛盾，北平市政府做出消极的对策，决定"在人力车可达之处，力求避免公共汽车行驶"，公共汽车的"票价绝对较高于电车与人力车价，以维持人力车营业"。为了便利市民与游客，北平市"应该到处有公共汽车可乘"，以节省时间和金钱。为了解决人力车夫的生存问题，只好采取提高公共汽车之票价的对策，但其"不过是一种暂时的过渡办法"。① 1932年市政当局审议饶用鸿创办北平市环城汽车路的报告时指出，"其规定路线，包括甚广，苟准开行，恐本市失业人力车夫势必加增，既有关于本市治安，且亦难免劳资之纠纷"。② 这表明市政当局考虑公交事业时，将人力车夫问题视为重点，以其失业将影响治安作为决策的基本出发点。

随着人力车夫问题的恶化，市政当局甚至采取临时措施，停止公共汽车行驶。1935年11月21日，北平市第1、2路公共汽车停驶，市政府发表声明指出，其目的之一是救济人力车夫。当时北平市人力车夫不下10万人，自公共汽车在市内营业后，人力车夫的营业大受影响，贫民的生计日益陷于窘迫。公共汽车开办之初，民众就有颇多的反对意见，"为顾全贫民生计，故不得不令公共汽车停驶"。③ 市政当局处于两难的境地，即在建立现代交通方式的同时，必须顾及数量庞大的人力车夫的生计问题。但从长远来看，公共汽车的扩充是主流。到了1936年，公共汽车管理处就提出了扩充营业的计划，一方面"筹划路线拓展业务"，即"筹办城内名胜古迹游览路线"、"筹办搬场及运货汽车"及"创办殡仪及婚车"等三项业务；另一方面"继续划定四郊路线"，包括东华门至通州、东华门至清河、东华门至丰台及东华门至清华门等

---

① 唐应晨：《公共汽车的举办之后》，《市政评论》第3卷第15期，1935年，第5~6页。
② 《核议饶用鸿创办北平市环城汽车路之经过情形》（1932年8月），北京市档案馆藏，档案号：J2-7-75。
③ 《北平市府发表公共汽车停驶原因》，《京报》1935年11月22日，第6版。

七点。①

公共交通业的发展是近代城市不可阻挡的趋势，饱受诟病的人力车业虽然迟滞了公共交通的发展，但未能阻挡历史发展的滚滚车轮。到1947年6月，北平城内电车已经增至10路，有的从单轨改成双轨，所设站台增加，将整个内外城的主要街道连接起来。此外，每日乘坐电车或公共汽车的居民有144730人次，是1930年的241.22%。②

20世纪30年代，人力车夫救济会成为市政建设趋势，北平市仿效其他城市，采取组织性救济形式，即成立专门的救济组织主持互助性救济。社会局设立人力车夫福利会，为车夫们提供适当的社会救济，改善他们的生活状况。较早成立人力车夫互助组织的是杭州市。1929年冬，杭州市政府"鉴于杭市人力车夫之众多，终日奔驰，苦无适当娱乐处所，实深堪悯"，遵照"前工商部颁发之职工俱乐部计划大纲"，并"会同党政警商各机关派员组织委员会"，创设了杭州市人力车职工俱乐部，办理有关人力车职工及车夫娱乐与福利事宜。③ 1934年6月，上海公共租界工部局"为改良车夫生活，促进社会安宁"，④ 组设了人力车夫互助会⑤，创办了车夫子弟学校、车夫日夜学校、寄宿舍、诊疗所、雨淋澡等。⑥

1936年5月，北平市政府决定组织人力车夫福利会，计划办理八项事务：（1）创办日夜学校，为人力车夫提供免费教育；（2）创办人力车夫诊疗所，免费（或略收费）供给医药；（3）为人力车夫专门设立洗浴室；（4）为人力车夫设立书报室；（5）为人力车夫设立游艺室；（6）为

---

① 《公共汽车扩充营业》，《华北日报》1936年5月31日，第6版。
② 北平市政府统计室编《北平市政统计手册》，第96~97页。
③ 杭州市政府秘书处编《杭州市政府十周年纪念特刊（民国二十六年）》，《近代中国史料丛刊三编》第75辑，台北：文海出版社，第22~23页。
④ 《人力车夫互助会定期放映教育电影》，《申报》1935年2月23日，第4张，第16版。
⑤ 有的地方称之为"互济会"，有的地方称之为"互助会"，其内涵基本一致。
⑥ 《人力车夫互助会定期放映教育电影》，《申报》1935年2月23日，第4张，第16版。

人力车夫提供简易宿舍；（7）设法为其家属介绍工作，增加人力车夫家庭经济收入；（8）计划由福利会统筹设立基金，对生病和死亡的人力车夫进行救济，目的在于"期死有所归，生有所养"。① 6日，人力车夫福利会在社会局成立，规定加入人力车夫福利会的车夫，每月须缴纳会费1角，由财政局收捐处代办，会员可以免费治病。当会员登记满1万人时，才着手正式运行。② 此后，登记改由车厂代办。③

北平人力车夫福利会的主要工作，与杭州的人力车职工俱乐部和上海的人力车夫互助会的工作类似，包括提高人力车夫的文化程度，为其子女提供受教育的机会，提供免费医疗，提供低廉的住宿，提供沐浴条件，以及为其提供一定的救济等内容。这种状况显示出当时各地市政当局在人力车夫问题上的某种共识，基本上采取社会治理的方式，即以社会救济的方式，提高车夫社会经济地位，培养他们成为合格的城市居民，使其具有一定的公共性。从中可以看到，市政当局在考虑救济时，是从现代城市发展的角度给人力车夫提出要求，即不光要救济他们的吃穿，还要考虑满足其全面发展的要求，不仅让其本人接受教育，还让他们的子女接受教育。除了基础知识教育外，还注意进行现代公民知识教育，为其播放电影，宣传现代的卫生知识、科学知识等。在这些宣传活动中，人力车夫的观念受到现代知识的影响，一些新的生活知识逐步进入他们的思想，有利于其接受新的生活观念，融入城市生活之中。

另外，当时的市政人员也看到了人力车夫问题不光是个人收入的问题，还关系到更复杂的家庭和社会福利问题。事实上，"一个车夫是年轻力壮的人，又没有家室之累，每天的进款只要养活他一人，而且一年到头不害病，不发生意外事故，就是每天挣一百枚铜子，也很过去了"，但他们还有一定的家庭责任，"或是有不得动的老父老母靠他养

---

① 《平市救济人力车夫已拟具体办法》，《京报》1936年5月4日，第6版。
② 《平市人力车夫福利会今日在社会局成立》，《京报》1936年5月6日，第6版。
③ 《登记决由车厂代办》，《京报》1936年5月12日，第6版。

膳的，或是有妻室儿女不能自谋生活的"，"而且本人也有因风寒暑湿不能工作的时候，加之以生育死亡种种人事的变故"。① 因此，救济工作注意到人力车夫所面临的各种问题，较为重视看病一项，以减轻他们的看病负担，还注重为家庭成员提供就业机会或受教育机会，以减轻车夫的负担，增加家庭的收入等。

人力车夫互助的经费从何而来呢？北平市政府指出人力车夫福利会的经常费用，包括人力车夫休息所、停车罩棚、巡回送茶车、日夜学校以及会内少数办事职员等开支，全部由市政府划拨，"将来并将实行列入市行政费预算项下，绝对不合洋车夫担负分文"。人力车夫福利会设有基金，首先由社会局以募捐方式或其他办法筹集数万元，作为福利会基金的起始资金，"俟基金集有成数，即交托妥实银行代为经营保管"。基金利息用于人力车夫救济事业，对遇有生死疾病、意外事件的人力车夫加以抚恤。经过一段时间，再由车夫每人每月缴纳公积金1角，并入基金内，这样不但使福利会的基金不断得到补充，福利会基础逐步得以巩固，而且使人力车夫逐步由"被动的救济"转为"自动的互助"。② 究其实质，市政当局是希望成立一个组织，促使人力车夫进行互助，而不是由市政当局对其进行救济，其运作的模式是市场化的，政府并不为其承担风险。

北平人力车夫福利会方案尚未正式推行，就因抗战而终止了。不过，上海的例子反映出这种互助形式的救济很难发挥出效用。上海公共租界工部局认为，它与人力车夫互助会之间"没有直接的法律责任，但可以说在道义上是有责任的"，其方针是"始终不和这个互助会发生过份密切的关系"。③ 而互助会的保险金额高达4万元，④ 引起"各保险

---

① 方善征：《北京人力车夫问题》，《现代评论》第3卷第65期，1926年，第6页。
② 《洋车夫福利会经常费决由市款项下开支》，《京报》1936年5月8日，第6版。
③ 上海市档案馆编《工部局董事会会议录》第27册，上海古籍出版社，2001，第482页。
④ 《纳税会请工部局速解决人力车夫互助会》，《申报》1935年8月30日，第4张，第13版。

· 93 ·

商家，竞争甚烈"，互助会方面须"先订立标准条件，然后再由各公司投标应保"。① 公共租界纳税华人会向工部局致函指出，人力车夫互助会存在许多的积弊，慈善事业"均未实行，徒立虚名，毫无实惠"，车夫受惠甚少。② 可见，当时的互助会虽然有很好的计划，但难以真正落到实处，反而是百弊丛生。

面对复杂的人力车夫问题，市政当局除了改进管理之外，也因地制宜地采取了救济措施。无论是修筑休息所，还是政策扶持和建立互助组织，均不同于政府管理，而是可称之为社会治理③的方式，旨在改善城市弱势人群的工作条件和生活状况。然而，这些形式的社会治理并未发挥出效力，人力车夫问题不仅未得到解决，反而较之前更为严重。其原因有以下两点：一是人力车夫问题根植于社会经济中，不彻底扭转社会经济衰退，只通过社会救济很难解决问题；二是市政当局的救济以政府为主，未能倾听人力车夫的意见，充分释放群众社会性，也未能对人力车夫进行有效的组织和教育，提高救济的公共性，只是官样文章，解决不了问题。

结　论

在某种程度上，近代北京城市人力车夫问题的出现及政府的解决实践，为我们提供了近代中国城市治理的内在路径和逻辑，即社会现象—社会问题—社会治理。具体而言，就是一种社会现象所蕴含的社会性引起了关注，经过专业学者的研究，经过专业话语的包装，成为一项带有

---

① 《车夫互助会理事会议纪要》，《申报》1935年10月18日，第3张，第12版。
② 《纳税会请工部局速解决人力车夫互助会》，《申报》1935年8月30日，第4张，第13版。
③ 社会治理涉及的问题非常广泛和复杂，而学术界对社会治理始终缺乏一个兼具统摄性和简约性、能够纲举目张地引领和指导实践的理论阐述。冯仕政：《社会治理与公共生活：从连结到团结》，《社会学研究》2021年第1期。

公共性价值的社会问题，引起社会各界的关注后，又成为政府不得不去面对和解决的现实性问题，于是社会治理诞生，与旧有的管理制度一起成为城市治理的方式。在社会学者的研究中，城市中人力车夫增多的现象成为日渐严重的社会问题，不仅有碍观瞻，威胁着城市的稳定和发展，而且关系到社会发展的公平和正义。具体而言，人力车夫问题有两个面相：一是劳动问题，涉及被剥削的状况，如何维系一种有效的劳资关系，维护一个行业的利益和发展，国家通过制定管理规则和制度解决；一是社会问题，也就是所谓的贫、苦、病的问题，政府采用救济的方式，通过互救或自救的办法加以缓解。这可能是近代城市治理的一大特色，社会治理出现，与国家管理分途而为，以兼顾管理和救济两种责任。

这种城市治理存在内在矛盾，也就是传统管理与社会治理之间未能形成有效机制，问题不仅未解决，反而更加严重。城市社会问题的解决，必须依赖隐藏于现象和过程背后的制度。旧有管理机构和法规的作用不可小觑，可能最终决定城市治理的成败。随着政府机构履行慈善救济职能并推行劳工保护政策，保障人力车夫权利成为政府的职责，必然给旧有的治理模式带来挑战，打破旧有的结构性问题，会遇到种种阻挠，并得到意想不到的结果，引发的矛盾可能比解决的问题还要复杂。在这种背景下，北平市政当局采取了折中的办法，既强化管理，也强化救济，双管齐下，分途办理。当然，这种表面强化、实际打擦边球的做法，并未取得什么效果，在生存问题大于一切的情况下，所谓城市治理基本无解，只能是点缀而已，最终沦为一种应付中央和民意的官样文章。

近代中国城市治理具有鲜明的地域特征，反映了城市在区域社会中的地位和作用。作为北京就业人数众多的职业，人力车行业就业门槛低，主要吸引的是北京城内失业的居民和周边地区的农民。北京城市与华北地区的农村之间并不是良性互动的城乡关系。理论上讲，城市与乡村的关系应当是互相促进的，都市用工业制造品去换取乡村的粮食和工业原料，城乡之间商业繁荣，双方居民的生活水平得到提高。然而，如费孝通先生指出的那样，中国都市的发达似乎并没有促进乡村的繁荣，相反，都市兴起和乡村衰落在近百年来像是一件事的两面。近代城市的发达，不是靠城乡之间的良性互动，而是通过现代交通系统将海外粮食运到各个城市，取代了农村的粮食销售，同时将大量的工业制品倾销农村，取代手工业，从而造成都市破产和乡村原始化。① 在这种城乡发展相背离、脱节的趋势下，城市很难为乡村的发展提供机会，更发挥不出经济集聚的功能，容纳大量劳动力的涌入。农村破产后农民涌入城市，并非城市产业发展带来的劳动力聚集，其结果只能是加剧城市失业问题。此外，华北破产，农民最主要的流向并非平津两大都市，而是机会更多的东北地区，以一种跨区域的流动代替了乡村向城市的流动。冀鲁豫三省农民，以受水旱、兵匪等灾特重，背井离乡，扶老携幼，移往东北各地，另觅生路。据南满铁路调查课估计，1923~1930年，关内人民移入东三省者约500万人，其中以徙自山东者为最多，河北及河南次之。② 九一八事变之后，华北破产农民流向东北的趋势减弱，相应地进入城市避战乱和谋生的人数增加。加之此时华北经济衰败加剧，③北平的人力车夫人数日渐增加，人力车夫问题非但不见减轻，反而更加严重。

近代中国城市治理出现了社会治理形式，成为政府管理的补充。在人力车行业中，国家管理一直存在，其追求的目标是秩序和税收，即如何将行业和从业者纳入一套社会秩序中，并从中获得稳定的财政收入。进入20世纪二三十年代，在国家管理基础上出现了城市治理的另外一

---

① 费孝通：《乡村·市镇·都市》，《团结》第1卷第2期，1947年，第12~13页。
② 何廉：《东三省之内地移民研究》，《经济统计季刊》第1卷第2期，1932年，第224、235页。
③ 学者田文彬指出："近年来华北经济已由慢性的衰落变为急性的危机。"参见田文彬《现阶段的华北经济》，《当代》第1卷第1期，1934年，第13页。

种形式——社会治理，其目的是克服明显的不公，弥合社会阶层之间的差距，从而避免出现巨大的社会矛盾和冲突。通过国家管理建立基本秩序，通过社会治理解决角落的问题，两种方式共同作用，从而达到有效管理城市、社会共同发展的目标。当然，国家管理的漏洞可能就是社会治理不良的原因，不从根本上改变国家管理的不良，很难达到善治的目标。在此过程中，社会学者发挥了重要作用，他们发现并研究城市社会现象，进而提出解决之道，在某种程度上改变了过去城市治理的模式。在城市中，不像乡村治理那样，在一个熟人社会，采取一种代理人制度、宗族组织或士绅自治组织的方式就可以解决问题。更重要的是，城市的社会问题与乡村的社会问题，在规模、影响和层次上都天差地别，需要采取基于公共性且有组织的方式才能予以解决，通过传统组织的调适和裁判已经不能够解决复杂的城市社会问题，而近代中国城市无论政府还是社会的组织水平都是很低的，没办法适应城市治理组织水平的要求。

近代中国城市治理虽然是局限于具体城市空间的治理，但在社会学者的努力下，城市社会问题具有共性，且解决之道都是相似的，各个城市治理形成了一种互相借鉴的机制。民国时期，政治上的不统一造成了松散的中央与地方关系，未能形成城市治理的统一模式，但各地在城市治理认识上的相似性，使得各城市遵循的治理理念是一致的。因此，虽然各个城市分别自主进行城市治理，但近代城市治理转型仍然具有很强的公共性，因彼此背后遵循的理性逻辑和公共性目标是一致的。这恰恰体现出社会研究与城市治理之间的互动，社会对弱势群体的关注，对城市发展均衡的关注，对如何展开社会建设的讨论，都在某种程度上影响了市政当局的行政。至于效果如何，则受制于具体的社会背景和经济条件，以及市政当局举措的恰当性。

最后，需指出的是，城市社会问题的解决可能最终依靠的并非政府管理和社会治理，而是技术的改进。人力车依靠人力的弊端为大家所诟病，通过技术改良以三轮车取代人力车，这一问题也就得到了某种程度的解决。早在1920年就有人提出应当改良人力车，将其与自行车结合起来。① 1923年，王少兰等组建脚踏三轮车公司，不过因为"所需成本甚大，创造伊始，拆阅堪虞"，故而申请了专利保护，获得内务部五年专利权。② 到20世纪40年代，三轮车逐渐取代人力车，人力车夫的苦也相应减轻。1946年10月8日，交通部、社会部发布了禁止人力车实施要点及各省市人力车夫安置就业办法要点，规定分十期禁止人力车。11月，上海实行了三轮车取代人力车的政策，"凡本届应予淘汰之人力车，均得由其车主依照本局规定标准，改制后座单人三轮车，改领牌照"。③

---

① 《我对于改良人力车的意见》，《晨报》1920年11月5日，第7版。
② 《将有脚踏三轮车出现》，《晨报》1923年8月7日，第6版。
③ 《上海市公用局公报》第129号，《上海市政府公报》第5卷第15期，1946年11月，第311页。

近代华北区域研究述论

崔 馨　张君仪[*]

摘　要：近代华北是区域史研究重要的代表性区域，半个世纪以来，该领域涌现出一系列相关的研究成果。在此基础上，本文拟从经济与政治这两条脉络出发，在区域史研究方法和问题意识的指导下，对近代华北转型过程中出现的农村经济、区域发展与重构、国家权力与社会治理和华北革命这四大问题，分别展开专题述论。希图以此厘清其学术脉络，并提出华北区域史研究未来的发展方向。

关键词：近代华北　区域史　农村经济　国家权力　社会治理　华北革命

20世纪上半叶以来，区域理论成为国际史学界关注的重点。[①] 改革开放后，受此影响，中国经济史学者也开始关注区域，他们认为中国是一个经济发展很不均衡的大一统社会，各个地区的经济长期处

---

[*] 崔馨、张君仪，中山大学历史学系（珠海）硕士研究生。
[①] 区域史研究起源于20世纪二三十年代的西方（欧美）学术界，国内学界普遍认为法国年鉴学派是区域史研究的源头。对此，戴一峰进一步梳理、探讨了区域史研究产生、传播和演化的一系列进程，认为"区域观念及其理论在20世纪上半叶开始在欧美形成并传播，但直到第二次世界大战后才得于流行并确立其学术地位；当代欧美区域史研究实际上有两个不同源头——来自本学科的新史学（尤其是年鉴学派）和来自其他学科的区域研究——因而产生了不同的影响"。戴一峰：《区域史研究的困惑：方法论与范畴论》，《天津社会科学》2010年第1期。

于高与低、快与慢、发达与不发达等不同水平之上，而每个区域又无不按照自己的特点在中国历史的总进程中发挥各自独特的作用。①鉴于这一格局，区域就成了中国史学界重要的研究对象。与此同时，学者们也达成了一定的共识，即区域史研究有其自身特性，区域史不是地方史，不推崇地方化，同时也不推崇彻底的区域化取向的研究。20世纪80年代以来，国内外涌现出一大批区域史研究成果，区域史研究的两种基本要素也逐步成型：需要研究者既有整体史的追求，能够把区域放到更宏大的视域中去认识，又要有明确的问题意识，能够呈现出精彩的个案分析，并引起其他学科学者的共鸣。②

华北在近代区域研究中受到了学者们的高度关注，其原因大致有三：一是华北区域拱卫京师，处于清帝国权力的核心地带，在自然环境、交通网络、国家权力、基层治理等方面天然地与其他区域有着明显的区别；二是近代华北是中国传统社会向现代转型过程中变化最为剧烈的区域之一；三是近代华北区域研究有丰富的史料基

---

① 从翰香：《从区域经济的角度看清末民初华北平原冀鲁豫三省的农村》，《中国经济史研究》1988年第2期。
② 区域之所以成为学界关注的重点，关键因素之一就在于学者们有志于透过区域研究来考察整体中国历史的变迁。从翰香认为中国是一个经济发展很不均衡的大一统社会，各个地区又各有不同，因此分区考察是描绘中国这个大一统社会总体的必备的基础研究。唐力行等认为只有把一个个区域社会的历史研究透了，才能从中央和地方相互作用的角度出发，把整体中国史的研究推到一个新的高度。而后，针对区域史研究乃至学术研究过程中出现的碎片化现象，王先明又进一步提出区域史并不是研究主题的地方化，而是要从整体上探讨影响一定区域内的历史进程的力量及其原因或区域发展共性特征的一种视野或方法。刘志伟在访谈中也表示要有一种整体史的眼光，把区域放到更宏大的超越国家的视野里去认识。在此基础上，龙先琼认为进行整体思考的关键是要在宏观社会历史事件的框架中突出区域史研究的"问题"意识。《区域史研究》的创刊词中也对区域史研究者提出一定要具有强烈的问题意识以及整体历史感的期望。从翰香：《从区域经济的角度看清末民初华北平原冀鲁豫三省的农村》，《中国经济史研究》1988年第2期；唐力行等：《论题：区域史研究的理论与实践》，《历史教学问题》2004年第5期；王先明：《"区域化"取向与近代史研究》，《学术月刊》2006年第3期；刘志伟、孙歌：《在历史中寻找中国：关于区域史研究认识论的对话》，东方出版中心，2016；龙先琼：《区域史研究省思》，《广西民族大学学报》（哲学社会科学版）2013年第2期。

础。什么是华北区域呢？每个学者都有自己心目中的华北，他们从不同学科的角度出发，从不同的领域着手，提出了不同的定义，至今尚未形成统一的看法。本文所指的"华北"，是站在前人的肩膀上，结合现今华北区域研究成果较为集中的地区及省份，参考经济区域和行政区划的概念所界定出来的，其范围指京津地区以及河北、河南、山东、山西四省。此范围内的华北区域地势平坦，土壤肥沃，自给自足的小农经济尤为发达，但在汹涌澎湃的近代历史浪潮中，华北农村经济不得不在艰难中发展。新式交通网络的构建为区域发展注入了一丝活力，然而，随着一批交通枢纽城市的崛起，也有一批传统城市悄无声息地衰败。正是在这一重构期内，面对经济发展的不平衡、社会发展的极化、列强的侵略，无论是在中央还是地方，国家权力都未能很好地弥合这一矛盾。反叛与斗争的精神由此衍生，从义和团运动到清末民变再到中共革命，革命的种子在这里生根、发芽、壮大，革命成为华北区域经久不衰的主题。

基于上述区域发展的内在逻辑，我们拟从经济与政治这两条脉络出发，对近代华北转型过程中出现的农村经济、区域发展与重构、国家权力与社会治理和华北革命这四大问题，分别展开专题述论。相较于前人学者的总结与展望，[①] 笔者更侧重于强调区域史研究方法和问题意识的指导，从整体史的视角对近代华北区域研究进行梳理，旨在更好地探究华北区域研究的基本理路和发展脉络。

一 农村经济

中国是一个古老的农业国家，农业是国民经济的根本，因而农村经

---

① 张利民在《近代华北区域史研究现状与展望》一文中，已经对华北区域史研究做过初步的总结，并提出了不足与展望。参见张利民《近代华北区域史研究现状与展望》，《河北广播电视大学学报》2011 年第 3 期。

济一直都是中国经济史研究最重要的问题之一。华北地区拥有广袤的平原,农垦历史悠久,是中国农业文明的发祥地之一,农村经济居于主要地位。鸦片战争以后,随着通商口岸的开放,经济作物的大范围种植成为该地区的一大特色,华北农村商品经济得到了较为迅速的发展。由此,在华北地区,农村经济有着与其他地区不同的特征,是我们理解华北区域的首要基础,围绕该地区农村经济发展与否的探讨,也一直是国内外学界争论的焦点之一。

海外学者素来将农民、农业、农村问题看作理解中国问题的关键钥匙。马若孟(Ramon Hawley Myers)主要利用日本南满铁路株式会社(以下简称"满铁")于1939年至1943年对华北地区进行田野调查所形成的报告、中国政府各阶段的农情统计以及卜凯(John Lossing Buck)的《中国土地利用》等资料,考察1890年至1949年华北地区的农民经济,开创了近代中国农村区域研究和综合研究的模式。[1] 其《中国农民经济:河北和山东的农民发展(1890~1949)》一书围绕土地问题展开论述,基于对河北省顺义乡沙井村、栾城县寺北柴村、山东省历城县冷水沟村和恩县后夏寨村这四个村庄土地、资本、土地所有制、劳动力、借贷、农民的收入和储蓄、土地继承、村的领导权和组织、村和县的财政等方面的研究。[2] 马若孟指出,除了长期歉收和战争期间,农民的生活水平基本上没有下降,他们会运用有限的资源使收入最大化,是有理性的、精于算计的,而在这之前,研究中国农业和农民问题的中外学者大多数都认为农民是被剥削的一个群体。农村和集镇的商业活动是马若孟关注的另一个方面,他认为从晚清直到第二次世界大战前,农村不仅为不断扩大的城市经济提供了劳动力,还向城市输送了粮食和工业用作物。与此同时,也有更多的集镇、乡村和农户依赖发展中的市场经济。

---

[1] 参见郑起东《转型期的华北农村社会》,上海书店出版社,2004,第1页。

[2] Ramon Hawley Myers, *The Chinese Peasant Economy*:*Agricultural Development in Hopei and Shantung, 1890–1949*, California:Wadsworth Publishing, 1980.

虽然由于政府的不作为、传统农业技术变革缓慢和战争频繁爆发等因素，农村经济在城镇生活的对比下显得较为落后，但总的来说这一时期华北农村经济的发展是值得肯定的。

在史料主体几乎一样的情况下，黄宗智（Philip C. C. Huang）进一步查阅了清代的刑部档案和宝坻县的户房档案，将华北农村社会经济的变化趋势追溯到了清代前期。在研究方法上，则是将当时研究农业经济的三大传统——马克思主义学派、实体主义学派和形式主义学派结合在一起，对华北的乡村社会和农村经济做了一个多维度的勾勒，逐步完善了其过密化（内卷化）理论。《华北的小农经济与社会变迁》一书以华北社会的内在变迁为线索，以自然村为对象，重点聚焦于经济内卷与社会分化问题，试图从中窥探出农村与国家政权之间关系的变化。[1] 黄宗智认为，华北平原旱涝灾害频仍、人口高密度集中的生态环境从某种程度上决定了该地区的社会经济结构。他从生产关系出发，将20世纪30年代的农村社会分为经营式农场与家庭式农场，指出虽然经营式农场比家庭式农场更为赚钱、更有效率，但家庭式农场仍占据主要地位。这一现象可以追溯到清代前期小农经济的发展，即使后来面对外国经济的侵略、世界市场的需求，也只不过是沿着其已经存在的道路而加速内卷化和商品化。与此同时，国家政权渗入自然村庄，而自耕农与贫农占比不同的村庄反应也不同，不过不论何种反应，都使20世纪华北村庄与国家政权的关系紧张起来，为我们研究中国革命的形成提供了一个结构性的视角。

关于华北农村经济的汉学研究，以上述两位学者为代表，形成了两种对比鲜明的观点。前者深受理性小农学派的影响，认为尽管面对的环境不同，但农民会不约而同地利用有限资源去追求利润的最大化。后者则融合

---

[1] Philip C. C. Huang, *The Peasant Economy and Social Change in North China*, California: Stanford University Press, 1985. 〔美〕黄宗智：《华北的小农经济与社会变迁》，中华书局，1986。

了多流派的观点,认为不同阶级因其阶级基础不同,利润导向也会有一定差异。进入20世纪90年代,同出于加州学派的彭慕兰(Pomeranz Kenneth)以有别于以上两人的视角,特别突出了政治因素对经济选择的影响。在《腹地的构建——华北内地的国家、社会和经济(1853~1937)》一书中,他运用法国年鉴学派所倡导的方法,将"黄运"在1853~1937年的环境史、社会史和经济史结合起来研究,[①] 使我们认识到华北地区的衰落有其深刻的历史背景。彭慕兰所谓的"黄运",指的是由黄河和大运河的中部交汇处所形成的一个具有相似环境、经济和政治的区域。他认为,面对帝国主义的威胁,政府在自强逻辑的主导下做出了相对"错误"的反应,采取了一种"重商主义"的战略,将投资和精力集中在沿海地区,从而导致了"黄运"的衰落和农民生存状况的恶化。沿海地区的不断发展与腹地环境的不断恶化被形象地凸显,腹地的农民既承受着更残酷的压榨,又承受着巨大的服务衰退之苦,最终成为现代化的牺牲品。

相对于国外对华北区域农业生产、农村经济和农民生活的关注,国内学术界虽然早在20世纪二三十年代就掀起了农村调查的热潮,但直至20世纪80年代对于此类问题的研究依旧显得薄弱。这一局面在国家哲学社会科学"七五重点研究项目指南"第一次提出要对长江三角洲、珠江三角洲和华北平原三个区域的近代农村分别进行专题研究后有所转变,从翰香主持的国家社科基金项目"中国农村社会经济研究——华北平原"就是在这种背景下展开的。从翰香先生具有深厚的经济学和历史学素养,主张经济史研究必须建立在充分的实证研究基础之上,从而实现经济学理论与历史学方法的完美结合。在此治学方法的指导下,该项目取得了一系列在国内外学术界有较大影响的成果。《近代冀鲁豫乡村》[②] 一书应运而生,成为学术界公认的中国近代乡村史的经典著

---

① Pomeranz Kenneth, *The Making of a Hinterland: State, Society, and Economy in Inland North China, 1853 - 1937*, Berkeley and Los Angeles: University of California Press, 1993.
② 从翰香主编《近代冀鲁豫乡村》,中国社会科学出版社,1995。

作。该书从社会经济史的角度，考察了华北乡村的社会结构、市镇、农业和手工业，以及田赋和徭役的演变与发展，其研究方法注重宏观研究与微观研究的结合、动态研究与静态研究的结合、定量分析与定性分析的结合，其最大特点在于抓住了近代华北农村社会巨大变革这一条主线。① 在史料方面，则更为丰富地运用了档案、方志、中外文研究成果及大量社会调查等资料，力求全面系统地进行深入研究，为后辈学人理解华北农村的经济结构、经济关系及其变化趋势打下了深厚的基础。可以说，现今对于华北农村经济社会的主要研究思路与脉络，都集中或脱胎于从翰香主编的这本书。

徐秀丽对华北地区农业生产力问题的集中讨论为我们深入了解该地区农村经济做了基础性铺垫。在此之前，对农业生产力水平的研究，一直是经济史学科中的薄弱环节。② 徐秀丽从自然环境入手，考察了华北地区的光热资源、水资源、土地资源及其利用情况，重点分析了农地灌溉的发展，点明了灌溉在该地区农业生产中的重要地位和起到的积极作用。③ 与此同时，根据1914~1920年的《农商统计表》、立法院统计处的全国农业概况调查以及30年代以后中央农业实验所农情报告系统的选点调查等资料，徐秀丽指出了铂金斯和尾上悦三对中国粮食产量推算方式的缺陷，认为近代以来华北地区的粮食作物结构在向合理化方向变化，且粮食总产和亩产虽在19世纪中后期由于战乱和灾害有所下降，但在19世纪末已恢复到太平天国前的水平，并继续有所发展，到20世纪30年代，其水平已与清代盛世时期不相上下。21世纪初，徐秀丽再次对华北地区人均粮食产量、人均口粮、农业劳动生产率进行了细化研究并拓展了原有观点。她指出，要对近代华北农业生产水平进行综合性评价，还需有长时段的历史关怀，重新对乾嘉盛世的农业生产状况和人

---

① 参见郑起东《转型期的华北农村社会》，第2页。
② 从翰香主编《近代冀鲁豫乡村》，第15页。
③ 徐秀丽：《近代河北省农地灌溉的发展》，《近代史研究》1993年第2期。

民生活水平进行回顾。由此可以发现,传统农业危机并不始于近代,而是有其历史根源。近代农业生产力固然是进步的,但传统农业的效能低下,农民仍为维持最低限度的生活而挣扎,也是显著的事实。①

　　土地是农业的生产要素之一,而华北的土地买卖市场是较为自由的,这是研究其农业生产关系的重要前提。在此前提下,史建云对近代华北平原的自耕农经济和租佃制度、农业劳动力市场、手工业市场等方面进行了一系列的爬梳。租佃制度贯穿于传统中国社会,是中国封建地主制经济的重要生产关系之一。② 就租佃制度本身而言,史建云通过分析河北、山东、河南三省的地租形态、地域分布和比重、租佃期限、土地经营状况等内容,揭示了近代租佃制度的特征,即华北农村的主佃之间是相对平等的,并不是革命叙事中所定义的剥削与被剥削的关系,而是较为单纯的经济契约关系。就租佃关系中的双方而言,史建云一方面对一般佃农和佃富农的土地经营状况、地租形态及其带来的各种负担进行了详细说明,③ 另一方面考察了地主阶级的土地兼并、土地经营方式及工商业活动。④ 租佃制度的重要性不言而喻,但华北地区一直是自耕农经济最发达的地方。通过对政府机关的统计,对科研机构和大学的调查,对各种社会团体的调查,对私人著述和地方志等百余种资料中涉及该地区地权分配状况、雇佣劳动力情况的分析,史建云认为在近代,直到1937年之前,华北平原的农村一直以自耕农经济为主要农业经营方式,租佃关系虽占有一定比重,但绝不是占统治地位的生产关系。⑤ 史

---

① 徐秀丽:《近代华北平原的粮食产量和农业劳动生产率估计》,中国社会科学院近代史研究所青年学术论坛会议论文,北京,2000年6月,第178页。
② 史建云:《近代华北平原地租形态研究——近代华北平原租佃关系探索之一》,《近代史研究》1997年第3期。
③ 史建云:《近代华北平原佃农的土地经营及地租负担——近代华北平原租佃关系探索之二》,《近代史研究》1998年第6期。
④ 史建云:《近代华北平原地主经济的发展趋向》,近代中国的城市·乡村·民间文化——首届中国近代社会史国际学术研讨会会议论文,青岛,2005年8月。
⑤ 史建云:《近代华北平原自耕农初探》,《中国经济史研究》1994年第1期。

志宏主要依据1958年第二次无锡、保定农村经济调查所得河北省清苑县四个村庄的农户资料与数据进行个案分析，对20世纪三四十年代华北平原农村的土地分配及其变化趋势、地权变动方式进行了更为微观的讨论分析，说明在这一时期，土地分配和地权变动均存在分散化的倾向；通过对这四个村庄土地租佃的习俗、地租形式及地租率、雇佣劳动力及其工资水平等方面的分析，对20世纪三四十年代华北平原农村的租佃关系和雇佣关系做了较详细的考察，说明在这一时期，租佃关系在这个地区是不普遍的，多数地主没有将土地出租，而是雇工经营。[1] 自耕农经济更多的是与封建剥削的主要方式——租佃制相对立，从而成为有利于资本主义发展的因素。[2]

如果说土地问题是华北农村经济的核心，那么手工业则是华北农业经济的一面镜子。在此基础上，近代以来，随着对外贸易的扩大和商品经济的发展，华北地区的农村手工业进入了一个新的发展时期。在20世纪80年代之前，学界一直强调的是近代家庭手工业的解体和衰败。史建云以棉纺织业为重点分析对象，对其他几种农村手工业的兴衰历程也有一定的涉及，从商品生产的扩大、生产力的进步、社会分工三个方面肯定了近代农村手工业是推动社会进步的因素。这对黄宗智商品化的手工业"是资本主义发展的障碍"的观点自然是一个极有力的反驳。[3]

农村市场与金融调剂亦是农村经济维系和运转的重要力量。乔志强、龚关着眼于近代华北集市的变迁及其复杂的变迁原因，认为近代以来不论是集市中的商品结构，还是参与集市活动的主体结构都有所改变，而华北集市在19世纪70年代以前走过一段缓慢发展的历程后，由于社会动荡不安，自然灾害频繁，鸦片泛滥，农业生产专业化、商品化

---

[1] 史志宏：《20世纪三四十年代华北平原农村的租佃关系和雇佣关系——以河北省清苑县4村为例》，《中国经济史研究》2003年第1期。
[2] 史建云：《近代华北平原自耕农初探》，《中国经济史研究》1994年第1期。
[3] 参见郑起东《1998年中国近代经济史研究述评》，《文史哲》1999年第3期。

等诸多因素的影响而转向萧条、衰败，没能抓住近代化这一契机。① 从翰香主要关注"市镇的勃兴"，对冀、鲁、豫三省 300 多个县的发展状况做了考察，并在此基础上对集镇密度、集镇类型、经济结构及其与集镇密集区城乡社会的关系做了粗略分析，认为 19 世纪末至 20 世纪 30 年代是华北平原市镇勃兴的时代，且归根结底是因为农村经济实力的增强。在这种新的经济形势下，农村的市场结构也随之发生变化，但由于资本积累不足以及外国列强侵略等因素的影响，华北农村经济在向前发展时，经常表现出挣扎状态。② 无论如何，华北农村经济在 20 世纪前半期还是有一定发展的，农民与市场的关系是越来越紧密的。慈鸿飞就商品和资本两个方面专门探讨了清末以来该地区农村市场的相关情况，认为通过对农产品长距离贸易、地方农村市场贸易和资本市场的研究，可以充分证明，20 世纪前半期华北地区的农村市场有很大发展，且其扩大程度远远超出前人已做出的论断。③ 由此，慈鸿飞得出了十分乐观的结论，即 20 世纪上半叶华北农村经济已经具备了一般形态的自由资本主义市场经济的特征。市场的蓬勃发展使金融调剂越来越不容忽视。其中借贷关系是一种历史悠久的社会经济关系。李金铮在《借贷关系与乡村变动——民国时期华北乡村借贷之研究》④ 一书中通过对乡村借贷的基本状况进行量化分析，确立了高利贷在农民借贷中占据统治地位，进而研究了民间互助借贷组织——钱会，最后以合作社为中心论述了近代华北农民借贷关系的转型及其困难。李金铮以华北农村为研究对象，将借贷关系置于民国历史变迁的格局中，填补了学术空白，建立了

---

① 乔志强、龚关：《近代华北集市变迁略论》，《山西大学学报》（哲学社会科学版）1993 年第 4 期。
② 从翰香：《从区域经济的角度看清末民初华北平原冀鲁豫三省的农村》，《中国经济史研究》1988 年第 2 期。
③ 慈鸿飞：《20 世纪前期华北地区的农村商品市场与资本市场》，《中国社会科学》1998 年第 1 期。
④ 李金铮：《借贷关系与乡村变动——民国时期华北乡村借贷之研究》，河北大学出版社，2000。

民国时期中国乡村借贷关系的研究构架，并以此为切入口描摹出了华北农村金融变动的历史面貌。

农民的生活水平是农业生产力和生产关系的集中反映，同时也是农业劳动力再生产的直接标志，值得花大力气去研究。[①] 郑起东的《转型期的华北农村社会》一书细致地考察了清政府时期、北洋政府时期、国民政府时期华北地区的田赋和徭役制度，将之作为窥探农民生活的一扇窗户，试图进一步探究近代国家与农民关系。郑起东认为，虽然近代以来国家对农村征派的绝对量和相对量在不断增加，但征收制度逐步实现了货币化、制度化和标准化，封建等级标准也被废除。他指出，影响农民生活水平的最主要因素并非简单的赋役负担过重，而须从更深层的政治和经济大环境进行考虑。于是，郑起东采取实证分析和定量分析的研究方法，从收支与净利润和利润率、收支与消费结构和消费水平以及农民生活方式的演变入手，多方面展示了近代华北农户的生活状态，说明近代华北农业经济有所发展，农民生活有所改善。尽管这种发展和改善是非常有限的，尚不足以改变近代华北农业和农民生活落后的基本面貌，但它能说明近代华北经济的转型和社会的转型是同步进行的。[②]

近年来，在上述研究思路与脉络细分化趋势进一步凸显的情况下，也有一些综合分析华北区域农村经济性质及其发展的著作。李金铮的《传统与变迁：近代华北乡村的经济与社会》一书将近代华北置于中国农村的整体之中，努力挖掘社会经济诸方面的内在联系，寻求时空的特性与共性，呈现传统、现代与革命之间的连续、断裂与张力。[③] 李金铮最大限度地利用了《定县社会概况调查》，以冀中定县为例看近代华北乡村经济，从定县的人地关系、租佃关系、手工业、金融调剂、集市交

---

① 王玉茹、李进霞：《近代中国农民生活水平分析》，《南开经济研究》2008年第1期。
② 郑起东：《转型期的华北农村社会》，第4页。
③ 李金铮：《传统与变迁：近代华北乡村的经济与社会》，人民出版社，2014。

易、生活水平等方面出发，以小见大，说明了华北农村经济在社会变迁的过程中，其发展状况不能简单地用好与不好来概括，需要辩证地来看待。苑书义等的《艰难的转轨历程——近代华北经济与社会发展研究》一书以清末民初以来河北、山西和内蒙古的社会经济变迁为中心，综合考察了这几个地区的自然环境、地主制经济与小农经济、农业生产技术状况、农村社区等方面，不仅在地域范围上弥补了以往对华北"小区"类型研究的不足，还揭示了近代华北经济与社会发展的不平衡，说明了近代华北发展变革的艰难曲折。①

总的来说，对于近代华北区域农村经济的研究，学界历来有两种观点，以时间分界，20 世纪 80 年代以前主要认为近代华北农村经济日益衰退，80 年代以后则多认为该地区农村经济有所发展、有所改善。有学者认为，学界对于华北农村经济的研究在方法上可能还存在如下问题：没有把区域研究和全国研究结合起来；没有把短时段的研究和长时段的研究结合起来；没有把个别研究和综合研究结合起来。②

二 区域发展与重构

华北区域是近代中国转型过程中变化最为剧烈的区域之一，这毋庸赘述，以现代化的铁路、港口为中心形成的近代交通体系对华北区域结构的重塑具有重大影响，尤其值得关注。19 世纪中叶以前，华北区域传统的运输系统以水路和驿路为主，沿线天然分布着一些集镇；19 世纪末至抗日战争前，在内需、外需的双重推动下，以铁路为代表的西方先进运载工具最先在华北地区出现。从光绪七年（1881）第一条自办铁路唐胥铁路通车，到后来京汉、津浦、正太、北宁、胶济、京绥、陇

---

① 苑书义、任恒俊、董丛林：《艰难的转轨历程——近代华北经济与社会发展研究》，人民出版社，1997。
② 郑起东：《整体史观与近代中国农村经济研究》，《中国经济史研究》2013 年第 3 期。

海等铁路建成，江沛认为："近代交通体系的确立，在推动华北区域经济日趋近代化的同时，也因近代工业与贸易发展以城市为核心且极度依赖交通体系的特点而成长，许多城市因交通枢纽的地位而迅速崛起，因位于交通体系的节点上而成为区域经贸中心、中级或终端市场，交通体系得以以新兴城市为结点向腹地延展。"①

近代铁路对于华北区域经济结构的影响是学者们关注的焦点。张瑞德的《平汉铁路与华北的经济发展（1905～1937）》一书便是这一领域的率先之作。他首先从经济学的角度对平汉铁路营运收支状况以及影响营运的因素进行了分析，继而论述了铁路与华北商业发展、农业发展、赈灾、移民以及华北工矿业发展间的关系，认为平汉铁路对华北的经济贡献虽无法和西欧、美国的铁路相比，但是仍有重要作用，在一定程度上缓解了华北的农业危机。② 近年来，南开大学、复旦大学以及各地社科院的学者围绕"交通变革与区域社会转型"的论题，致力于研究以铁路和港口为核心的现代交通体系如何影响华北区域发展。在此基础上，一大批考察铁路与沿线地区的个案研究成为热点。

天津开埠通商后，进出口贸易逐渐繁荣，商品集散量迅速增加，天津及其腹地与世界市场的联系也越发紧密。直隶省署和府治的所在地本是保定，清末移至天津，失去政治功能后的保定仍因邻近河道，可船运直达天津口岸而兴盛不衰。正太、京汉铁路的通车，导致货物运输方式发生变化，各类商品运销时多以铁路代替船运，保定转运业地位急速下滑，城市也走向衰落。与之相对应，光绪三十一年（1905）以前，石家庄只是隶属于直隶省获鹿县的小村庄，随着京汉铁路和正太铁路的通车，石家庄一跃成为两大铁路的交会点，沟通了华北、东北区域，成为

---

① 江沛：《近代交通体系初步形成与华北城市变动（1881～1937）》，《民国研究》2011年第2期。
② 张瑞德：《平汉铁路与华北的经济发展（1905～1937）》，台北："中研院"近代史研究所，1987年。

近代华北铁路交通网的枢纽之一。《铁路与石家庄城市的崛起（1905~1937）》[1] 一文在考察了石家庄地理位置及环境资源之后，具体展示了在以煤、铁、棉花为大宗货物的转运需求下该城市人流与物流的集聚效应。货栈、棉花公司、煤店、粮店、大兴纱厂、炼焦厂等各类工商业迅速繁荣，就业需求量大，外来人口日益增长，街市也随之扩展。在直隶境内，和石家庄崛起情形相似的还有唐山。然而，与石家庄的转运地位不同，唐山是随着京奉（北宁）铁路的通行而逐步成长起来的一个典型的资源型城镇。《京奉（北宁）铁路与资源型城镇唐山的近代变动》一文回顾了自开平煤矿开设以来，铁路的修建及其附属企业或事业的创办。铁路与煤矿资源的交互作用，为唐山的水泥、陶瓷、纺织、机械等相关工业提供了难得的机遇和巨大的动力，最终使唐山由一个荒僻村庄迅速崛起为新兴城镇，由此奠定了其在中国近代工业化进程中的重要地位。[2]《铁路与华北市镇经济近代化之间关系的再审视——以杨柳青镇为例》一文指出，杨柳青镇境内虽有铁路运输、轮船航运和公路运输方式，但这些交通方式，尤其是铁路，对1937年前该地区的发展并无太大的助推力，与上述两类市镇迥然不同。[3] 由此，提醒我们在探讨区域社会变迁时，不仅要考察交通与工商业发展、人口增长和街市扩充，还必须重视分析市镇的交通、区位及其与中心城市之间的关系。

受自然地理条件的限制，山西水运极少，陆路交通也欠发达。未筑铁路之前，山西主要依靠驿道与外界交流，以骡马驴车为主要运输工具。[4] 20世纪初，正太、京绥、同蒲这三条铁路线相继在山西境内通

---

[1] 江沛、熊亚平：《铁路与石家庄城市的崛起（1905~1937）》，《近代史研究》2005年第3期。
[2] 江沛、李海滨：《京奉（北宁）铁路与资源型城镇唐山的近代变动》，《历史教学》（下半月刊）2015年第5期。
[3] 熊亚平：《铁路与华北市镇经济近代化之间关系的再审视——以杨柳青镇为例》，《理论与现代化》2013年第5期。
[4] 江沛、李丽娜：《铁路与山西城镇的变动（1907~1937）》，《民国档案》2007年第2期。

车，使得山西的社会经济发生了不小的变化。李丽娜以大同作为切入点，发现铁路运输让这座城市与东部沿海通商口岸联系日益紧密。一方面，外来工业品和洋货经京绥路向大同市场销售；另一方面，通商口岸对土货的大规模需求也提高了大同及周边农村高粱、小米、麦豆、羊毛等产品的商品化程度，输出量也迅速增长。大同铁路运输业和工商业的不断发展，使大同形成了明显的人流与物流的聚集效应，人口增长迅速，阶级阶层变动明显，城市布局也发生相应变化。① 榆次、太原、阳泉等地区的兴起与大同情形相似，同为铁路枢纽的这几个城市，承担了粮食、棉花、煤炭、皮毛、药材、铁器、食盐等货物转运外销，得到了长足的发展，取代了平遥、太谷、忻县等地区原有的经济地位。由此，从宏观角度来看，山西南北驿路沿线形成了几个经济中心，分别是以盐业为主的运城经济中心，以金融业、服务业为主的平（遥）—太（原）经济中心，以煤铁、丝织业为主的潞泽经济中心，以茶马互市为主的大同经济中心。② 铁路的通行缩短了山西与沿海商埠的距离，使其得以以港口城市为依托，向内延伸，在原有经济区域的基础上进一步强化特色产业，从而加快了近代化的脚步。

河南省位于黄河中下游地区，属中国内陆省份，在近代交通网络形成之前，处于一种相对封闭的状态。③ 19世纪末至1937年，京汉铁路、道清铁路、陇海铁路这三条铁路在河南境内与近代公路以及传统水运一起，构成了近代河南交通网络的基本框架。刘晖的《略论铁路与民国时期河南省植棉业的现代转型》一文，探讨了铁路与河南棉业发展的内在关系。④ 他通过构建图表发现，从全省范围来看，河南棉花种植的

---

① 李丽娜：《京绥铁路与大同城市近代化进程（1914～1937）》，《山西师大学报》（社会科学版）2006年第4期。
② 李丽娜：《铁路与山西经济结构的变动（1907～1937）》，《中国社会经济史研究》2013年第4期。
③ 刘晖：《略论铁路与民国时期河南省植棉业的现代转型》，《历史教学》2009年第8期。
④ 刘晖：《略论铁路与民国时期河南省植棉业的现代转型》，《历史教学》2009年第8期。

主要区域分布在西部的陇海铁路与北部的平汉铁路附近,呈现出区域化的特征。铁路的修建不仅推动了河南植棉的区域化趋向,同时,由于种植棉花的收益比一般农作物要高出许多,吸引了大量农村劳动力,棉花种植结构由传统中棉向现代美棉转变,植棉专业化程度也有显著提高。交通运输状况的改善,大大缩短了河南到达天津、烟台、青岛、上海等口岸城市的时间,促进了河南商品市场的流通,商品化逐渐成为棉花生产的主流。马义平的《铁路与近代河南的棉业发展(1906~1937)》一文不仅具体描摹了河南棉花运销的路线变化,还考察了由铁路带动的轧花、花行、打包等棉花集散行业的兴起,并进一步指出近代棉业在河南勃兴的根本原因是那里存在一个庞大的棉花消费市场。① 因此,对于铁路与河南棉业及其区域的发展关系还需多角度地看待。在河南,不仅是棉花,还有烟草、芝麻等农业经济作物以及以煤铁为主的工矿业因铁路运输而输出量大增,成为近代该地区经济结构演变的动因。对此,马义平的《近代铁路与中原地区农业经济发展探究——以1906~1937年间河南农业经济作物种植及贸易为例》② 和《铁路与1912~1937年间的豫北工矿业发展》③ 两篇文章均有涉及。

在胶济铁路修建之前,大运河的开通促进了济宁、临清、聊城、德州等鲁西运河沿岸城市的兴起,济南、周村、潍县等鲁中城市也因官路交通的便利而实现了快速发展。1904年胶济铁路全线通车,1912年津浦铁路全线通车,这两条铁路在济南交会,代替了原有的运输方式,再加上水利失修,运河沿岸城镇衰落,山东传统的西强东弱的经济格局由此开始转变。董建霞的《胶济铁路的修建与近代山东经济格局的重构》

---

① 马义平:《铁路与近代河南的棉业发展(1906~1937)》,《中国历史地理论丛》2010年第1期。
② 马义平:《近代铁路与中原地区农业经济发展探究——以1906~1937年间河南农业经济作物种植及贸易为例》,《郑州大学学报》(哲学社会科学版)2010年第2期。
③ 马义平:《铁路与1912~1937年间的豫北工矿业发展》,《史学月刊》2010年第4期。

一文从市场的角度考察了青岛、烟台、济南等沿线地区城市的崛起。①江沛、徐倩倩的《港口、铁路与近代青岛城市变动（1898~1937）》一文则聚焦于港口城市青岛，港路运输体系的构建使得青岛工商业飞速发展，并加强了与山东内地最大的货物集散地济南的联系，形成了济南—青岛双核结构，成为影响山东区域经济空间布局的主导因素。由此，他们提出应当重视港口与胶济铁路的联动效应在青岛运输业乃至胶东半岛经济发展转型中的重要作用。②

从这些个案研究中可以看出，学界探讨的重点主要集中于铁路、港口等交通方式与沿线地区工商业、农业产业化及城市化之间的关系。在个案研究如火如荼的同时，当然也不乏将视野扩大到整个华北区域进行综合性探讨的佳作。

吴宝晓的《清末华北铁路与经济变迁》一文认为，清末以来，京奉、京汉、京张、正太和津浦铁路的修建构成了华北铁路网络，对该地区经济产生了双重影响。现代交通工具的移植和采用效果复杂，既有积极作用，又在短期内对某些地区、某些行业产生了负面冲击。③郭锦超的《近代天津和华北地区经济互动的系统研究（1880年代~1930年代）》一文认为，天津开埠后便很快取代了北京华北经济中心的地位，其中有一个不容忽视的外部因素，那就是交通运输方式的变革。天津是华北最大的港口，以其为中心的铁路运输系统与传统河运相互补充，使得天津与华北腹地之间的交通进一步改善，经济辐射能力进一步加强，从而带动了整个华北地区的经济发展。④樊如森的《天津与北方经济现代化（1860~1937）》一书在论及近代天津如何带动北方经济现代化转

---

① 董建霞：《胶济铁路的修建与近代山东经济格局的重构》，《理论学刊》2013年第10期。
② 江沛、徐倩倩：《港口、铁路与近代青岛城市变动（1898~1937）》，《安徽史学》2010年第1期。
③ 吴宝晓：《清末华北铁路与经济变迁》，《历史档案》2001年第3期。
④ 郭锦超：《近代天津和华北地区经济互动的系统研究（1880年代~1930年代）》，博士学位论文，南开大学，2004。

型时,将以天津为中心,以大连、青岛为两翼的环渤海港口以及铁路的兴修视为天津陆路运输的新纪元和港口延展腹地的关键。[1] 吴松弟、樊如森等的《港口—腹地与北方的经济变迁(1840~1949)》一书则紧紧抓住港口—腹地这一影响近代化空间进程的关键因素,运用经济地理学的方法论述了华北港口城市及其腹地的交通网络和市场发展之间的关系。[2] 熊亚平的《华北铁路沿线集镇的"差异化发展"(1881~1937)》一书突破了以往研究中常采用的"铁路与集镇发展"的单一视角,采用个案研究和量化分析相结合的研究方法,把集镇分为交通运输枢纽型集镇、工矿业型集镇、工商业型集镇,不仅将其置于近代以来华北工业化、城镇化进程和城镇体系变动中进行考察,还将铁路沿线集镇与非铁路沿线集镇进行比较,微观与宏观相结合,展现了铁路对华北社会变迁影响的整体态势。[3]《铁路与华北乡村社会变迁(1880~1937)》一书则首先探讨了清政府铁路政策的变化与华北区域近代交通体系的重组,随后阐述了铁路与工矿业的发展、城乡市场体系的重构、乡村产业结构的变迁、市镇的兴衰等几个方面的联系,试图以此描摹出华北乡村社会变迁的脉络。[4] 其中,利用不同时期各县市的地图来考察铁路与工商业区域、市镇中心地带变迁之间的关系,当是此书在研究方法上的一个亮点,大有可观。

华北区域发展和重构是一个十分漫长、复杂的过程,且至今仍在继续,以港口—铁路为核心的现代交通体系作为其动力催生出了区域内诸多地区经济"二元对立"的独特形态:一大批城市因处于交通枢纽的地位而迅速崛起,相对的,某些传统城市也因此衰落。

---

[1] 樊如森:《天津与北方经济现代化(1860~1937)》,东方出版中心,2007。
[2] 吴松弟、樊如森等:《港口—腹地与北方的经济变迁(1840~1949)》,浙江大学出版社,2011。
[3] 熊亚平:《华北铁路沿线集镇的"差异化发展"(1881~1937)》,社会科学文献出版社,2018。
[4] 熊亚平:《铁路与华北乡村社会变迁(1880~1937)》,人民出版社,2011。

由此，交通方式的变革可视为近代华北区域社会转型最重要的标志之一。然而，华北区域发展的历史性变革不可能是一蹴而就的，其内部动力也并非单一直线型的。随着现代交通体系的形成，该区域内其他网络，例如市场、国家权力、社会文化等也在不断被构建与重塑。因此，在重视交通体系作用的同时，也应将这些网络一并纳入，进行综合的考量与定位。

三 国家权力与社会治理

国家权力在华北区域中存在感极强，它涉及公共工程、社会治安、征税、慈善、救灾、治理等方方面面。因此，伴随经济现代化之阵痛，华北区域国家与社会互动也日益深化。华北区域国家与社会治理研究，自20世纪70年代社会史研究盛行以来，海内外学界便形成了以乡村治理、农业税收、文化信仰、水利系统等为讨论核心的研究领域。欧美和日本学者以满铁惯行调查报告为主要参考资料并辅以实地考察，其研究基本上以宏观的理论构建为主，主要讨论地方精英、税收、文化等问题。国内学者在田野考察的同时，收集了碑刻、渠册、契约文书和民事诉讼、村史、家史等民间资料，既强调宏观把握，也注重微观研究，主要关注水利、土地、族群等研究。

20世纪70年代以后，以中国农村社会为出发点，深入探讨中国内部的变化动力与形态结构，并力主由多学科协作研究的"中国中心观"（China-centered approach），逐渐取代传统的"冲击－回应"模式（impact-response model），成为美国中国近代史研究的主流。改革开放以后，海外学者对中国的研究增多且不断深入，其新颖的研究方法和研究理论为华北区域史研究开创了新的局面。这些研究集中探讨华北社会结构，呈现出两种趋势，一是从宏观研究转向微观研究，二是从政治经济视角转向社会文化视角。

村庄与国家、士绅的三角关系以及农村社会变迁形式是宏观华北区域史研究的一个重要课题。黄宗智在《华北的小农经济与社会变迁》中以冀—鲁西北33座村庄为重点研究对象,既突出了华北地区的整体特色,又注重对区域内的精细考察。作者全面地分析了20世纪上半叶华北乡村的农业内卷化与社会分化现象,在华北小农经济结构的基础上,说明了在国家政权渗入的情况下农业内卷化与社会分化对旧有乡村社会与政治结构的影响。在华北村庄结构的研究方法上,黄宗智批判威廉·施坚雅(G. William Skinner)企图纠正人类学主流派只注重小团体而忽略村庄与外界的联系的实体主义倾向,对中国传统的乡绅社会范式提出质疑,还分析了日本实体主义学派的村庄共同体概念对学术界的重要作用。可以说,黄宗智摆脱了传统的国家和士绅二元分析模式,提出了分析经济结构的同时,以国家、士绅和自然村内部势力的三角构架来考察自然村的政治结构。曼素恩(Susan Mann)认为:"他的模型将精英社会体系与乡村平民的'农业世界'分离开来,为我们提供了一种思考中国社会的新方法——一种替代主导该领域研究数十年的乡绅社会范式的方法。"[①] 从作者的论述中,华北农村紧密内聚的自然村和松散的村庄对于国家政权等外来压力所做的反应,是因其不同的内部机构而异的,因此在分析国家与地方的矛盾时应区别看待。根据农民与经济体制的关系来区分农民的政治行为,可以使我们更加清楚地认识到清朝灭亡以及后来中国共产党革命取得胜利的原因,符合民众的利益是维护政治统治的必然要素。

国家政权的扩张对华北乡村社会权力结构所产生的影响同样值得关注。杜赞奇(Duara Prasenjit)在《文化、权力与国家:1900~1942年的华北农村》中除利用满铁调查报告外,还辅以政府报告、法令汇编、

[①] Susan Mann, "Review: The Peasant Economy and Social Change in North China," *The Journal of Asian Studies* 45 (1986): 572, 574.

地方志书等材料，试图以国民政府统治时期为例，通过分析"国家政权内卷化"来进一步探讨"国家政权建设"这一概念。杜赞奇否定了施坚雅和黄宗智关于"农村封闭性"的观点，提出了"文化的权力网络"（cultural nexus of power）这一概念。他认为每个人生活在不同的关系圈，如宗教、宗族、婚姻等，这些关系圈与自然村的界线或重合或交叉。在文化权力网络的基础上，杜赞奇提出了"经纪模型"的概念，保护型经纪"代表社区的利益，并保护自己的社区免遭国家政权的侵犯"，赢利型经纪"视乡民为榨取利润的对象"。[1] 两种经纪形式有时相互对立，有时纵横交错甚至重叠，构成了清末乡村社会的经纪统治。进入20世纪后，国家权力的扩大及深入极大地侵蚀了地方权威的基础，赢利型经纪的收税模式导致了国家政权的内卷化。文化网络下的乡村精英作用逐渐丧失，从而导致乡村领袖从乡村政权中抽离出来。该书虽然提供了诸多启发性观点，但仍有瑕疵。其一，国家决策战略、地方领导人的目标以及公共和私人权力之间的平衡因交通而产生很大差异，研究中所涉及的六个村庄在地理位置上均存在特殊性，即都靠近铁路。因此，这些村庄不够典型，不足以代表华北农村。其二，作者过于注重提取作为国家决策的指标，而忽视了国家部署资源的能力，省级财政收入数据可能掩盖了核心区和内陆区之间的差异以及社会导致的收入分配效率低下问题。[2]

将华北区域内地区与地区的互动以及国家与华北社会之间的互动放在近代中国国家构建进程中讨论，是彭慕兰《腹地的构建——华北内地的国家、社会和经济（1853~1937）》所致力实现的目标，该书被称

---

[1] Duara Prasenjit, *Culture, Power, and the State: Rural North China, 1900 - 1942*, Stanford: Stanford University Press, 1988. 〔美〕杜赞奇:《文化、权力与国家：1900~1942年的华北农村》，王福明译，江苏人民出版社，2003，第2~3页。

[2] Kenneth Pomeranz, "Review: Culture, Power, and the State: Rural North China, 1900 - 1942," *Agricultural History* 63 (1989): 108 - 110.

为"运用'经济人类学'和'经济社会学'来分析中国国家服务等问题的典范之作"。① 在研究过程中，作者充分借鉴和吸收了其他学者如施坚雅、黄宗智、杜赞奇和裴宜理等的观点，与既往研究进行了对话，并对以往的研究做出了有价值的补充和修正，扩大了原有理论的适用弹性。以黄河治理为例，作者试图说明治水过程体现了杜赞奇所说的"国家内卷化"，认为华北的腹地承受着国家的压榨、财政税收的膨胀以及更多的义务，最终巧妙地将问题归结为国家构建与市场构建的相互依存关系上。作者认为，大约从19世纪末开始，国家政权摆脱了早期儒家的家长式作风，即将资源从富裕地区重新分配给贫困地区，例如将粮食转移到贫困地区。清政府将更多的精力放在必须保护自己的主权和资源不受更强大的帝国主义国家的掠夺之上，具有"重商主义"民族国家的特点。在空间上，这导致早先用于贫困地区福利补贴的资源被转移到经济和军事竞争最激烈的沿海和核心地区的国家建设上。学界对于此书有着极高的评价，中国社会科学院近代史所谢维认为，随着经济的变化，政治和社会方面也出现了重要变化，即城市中"官、绅、商三位一体的组合更加紧密"，而在乡村"则发生了一个从正绅主导到土豪劣绅称霸的变化"。国家注意力的转移使得城市变成主导，从经济上控制农村，从政治上领导农村。但鲁西南乡村精英的权力主要源自村庄，因此乡村精英的权力仍根深蒂固。于是，城乡差别越来越大，矛盾日趋尖锐。②

在华北的社会史研究中，旗人是不可忽视的一个群体。旗人是清入关后存在于华北近畿地区的一个特殊群体，清廷设立了一整套独立于传统中原农村地区的制度和机构来管理旗人社会。在清入主中原以后，八

---

① 马俊亚：《国家服务调配与地区性社会生态的演变——评彭慕兰著〈腹地的构建——华北内地的国家、社会和经济（1853~1937）〉》，《历史研究》2005年第3期。
② 谢维：《从乡土中国到"两个"中国——读彭慕兰〈腹地的构建——华北内地的国家、社会和经济（1853~1937）〉》，《史学月刊》2010年第7期。

旗成为一种封闭且排外的统治机构，八旗成员与生俱来的身份，确立了其保持民族特质的特征和职能。八旗系统中的各类人群在华北尤其是畿辅地区以京城为圆心层层分布，形成了"旗人"与"民人"交错居住的格局。"旗"与"民"是清代最根本的人群分野，二者在管理体制、人群构成、社会属性等方面区别甚大，国家权力在两个社会中的渗透方式也截然不同。八旗与州县、旗人与民人，两种制度、两个群体并存于同一时空，既相互隔绝和对立，又相互交错和渗透，在各种矛盾冲突中共生共存，构成了清代华北区域社会独特的历史景观。定宜庄、邱源媛所著《近畿五百里：清代畿辅地区的旗地与庄头》打破了以往以土地制度和租佃关系为核心的旗地研究，将思路扩展至国家统治、社会分化的层面，从更高的视野俯瞰清代王朝统治的复杂性。该书以梳理清代庄园制度为主线，采用官方史料、民间文献与口述访谈等多重资料，通过探讨庄园的建立、形成，庄园人丁来源、从属机构、管理体制、缴纳赋税、身份地位等问题，选取具有代表性的案例进行分析，对畿辅地区旗人群体的多样性、旗人社会的内部分化等问题进行了讨论。[①] 近畿旗地的存在对于清朝统治者来说，有其财政目的，也包含强烈的政治意图。清朝统治者在近畿五百里范围内实行圈地，将圈占的土地变为国家所有的旗地与庄园，为管理这些归入八旗的土地和人口，清廷设立了一整套不同于传统中原农村地区的八旗庄园制度和机构。在这套八旗管理机构统治下的庄园人口，日久遂成为介于八旗旗人和民人（以汉族为主）之间的一个边缘人群，他们有着特殊的生活方式和族群认同。

随着国内外学术的交流和发展，华北区域史研究日益受到国内学界关注。20世纪90年代后期，区域社会史研究呈现持续稳定的发展态势。国内的研究偏向于整体史研究，社会史研究者从探讨社会史的概

[①] 定宜庄、邱源媛：《近畿五百里：清代畿辅地区的旗地与庄头》，中国社会科学出版社，2016。

念、范畴和理论方法出发，进而深入对社会构成、社会生活和社会问题等领域的探讨。《近代华北农村社会变迁》是山西大学中国社会史研究中心有关中国社会史研究的著作，由乔志强教授主编，是国内华北区域社会史研究的经典之作。乔志强教授认为，社会史至少有三个主要特征，即"注重总体史的研究""提倡'自下向上看的历史'（'底层的历史'）""运用跨学科的方法"。[1] 可以说，《近代华北农村社会变迁》就是在这种社会史理念的指导下写就的。该书把社会近代化作为社会史研究的基本线索，内容从人口、家庭、宗族、社区、阶级阶层等社会构成，到物质生活、精神生活、人际关系等社会运行，从农村基层政权、地方自治等社会功能，到灾荒、匪患等社会问题，可谓华北社会研究的百科全书。书中指出，从地域社会史研究的角度出发，中国近代化按不同地域可以大致分为沿海型、中部型、内地型、边缘型这几种类型，华北近代农村社会变迁属于内地型的社会近代化。因此，近代华北农村社会变迁具有被动性、迟滞性、不平衡性、复合性四大特征。[2] 该书在涉及华北农村国家治理方面，重在研究政权（包括行政管理）、法律、武装、道德、信仰、舆论等控制手段的运用与效果，在研究过程中注重农村社会研究与城市社会研究的结合，把时间和空间上的研究相结合。

水资源短缺是华北地区的固有难题，因此水资源的利用与管理是华北区域史研究的一个重点。山西大学中国社会史研究中心素有重视地方文献资料搜集的学统，又致力于深入农村与基层，在行龙教授带领下，山西的田野考察逐渐向常规化发展。该中心搜集了山西水利碑刻与渠册资料、晋商专题档案、灾荒档案，以及长治市张庄村、花塔村和太原市郊剪子湾村等基层资料档案并进行详细整理，出版了《近代山西社会研究——走向田野与社会》[3] 一书。书中涉

---

[1] 乔志强主编《近代华北农村社会变迁》，人民出版社，1998，第7页。
[2] 乔志强主编《近代华北农村社会变迁》，第1037页。
[3] 行龙主编《近代山西社会研究——走向田野与社会》，中国社会科学出版社，2002。

中国社会史研究中的诸多基础性问题，并探究了近代华北地域社会研究的理论与方法。该书具有浓厚的地域特色，对山西近代人口问题、水资源问题、灾荒问题、民教冲突问题等进行了分析，被学界称为社会史研究"新整体史"的代表作，是社会史研究走向本土化的标志性成果之一。

华北的生态环境与社会结构之间的对应关系，也是华北区域生态史研究探究的主题。由于进行宏观的地区生态史研究的条件尚未具备，王建革在《传统社会末期华北的生态与社会》一书中选择在生态史个案的基础上初步勾画生态社会历史的轮廓，以滏阳河流域的水利为对象，对国家领导下的乡村水利社会进行了考察。在材料上，该书主要使用了满铁资料、《中国农村惯行调查》、卜凯的调查资料等。该书以生态环境与乡村社会为主题，考察从明代中后期到20世纪50年代华北环境的变迁，同时试图探明河流治理与中央政府权力的关系。水资源关系需要诉诸社会组织，因此各种社会管理体制应运而生。在华北平原上存在三种水资源管理方式，分别是"中央集权对河道管理"、"政府直接管理灌溉事务"以及"乡村社会完成水利管理"。[1] 具体到滏阳河，其治理不仅涉及政府的动员与维护，其上下游地区的争水斗争也交织着县与县、府与府之间的斗争，可见河流治理往往是跨地域的政治性事务。常建华教授认为此书"使华北平原从清代到民国时期的农业技术、生态环境以及乡村社会诸方面的研究达到了一个相当高的水平"。[2]

研究中国的传统国家与社会的关系，不能照搬欧美诸国与日本的国家与社会关系模式及其理论，必须形成本土研究模式。祁建民的《自治与他治：近代华北农村的社会和水利秩序》一书是关于其华北农村社会和水利社会史研究的论文合集。[3] 该书利用满铁调查资料和其他调

---

[1] 王建革：《传统社会末期华北的生态与社会》，三联书店，2009，第1页。
[2] 常建华：《新时期中国社会史学》，天津人民出版社，2018，第280页。
[3] 祁建民：《自治与他治：近代华北农村的社会和水利秩序》，商务印书馆，2020。

查资料并结合实地考察，系统地梳理出华北农村社会结构的演变，对近代以来华北农村社会结构的演变做了初步的架构。该书从水利史的角度探讨农村水利管理与国家权力之间的关系，对华北农村中的社会，包括宗族、村落、信仰、互助等与国家的关系进行了深入分析，从中国的历史实际出发，阐明中国式传统国家与社会关系的特质及其在近代的转型。

在探究国家制度"自上而下"宏观架构的同时，其在农村社会的具体贯彻和变化同样引发学界的关注，由此有关农村社会的微观史研究呼之欲出。进入 21 世纪后，华北区域社会史研究从宏观层面转向微观层面，学者们更加注重考察历史的局部与细节，如从某种人物、某种制度、某个村落进行研究，从而展现出华北区域的一致性与多样性。当然，虽然这些研究主体有"地域化""地方化"的趋向，但以小见大，它们仍然能够揭示整个华北区域的共性，甚至反映整个中国的共性。

传统的儒家思想和科举考试是地方精英与国家连接的重要渠道，对基层士绅及基层社会有着根深蒂固的影响。沈艾娣的专著《梦醒子：一位华北村庄士绅的生平（1857~1942）》从一个基层士绅的日记入手，通过对山西举人刘大鹏的日记进行剖析，归纳出传统理念在中国近代社会的嬗变过程，进而映射出时代变迁过程中民众的生活和观念的流变。[①] 该书不仅全面地展现了普通人的生活状态以及同时代人们的思想世界，还使我们更加实际地看到了国家与基层士绅的命运勾连。从更深的层面讲，该书透析了中国现代化变迁过程中国家政权的机会主义行为，以及由此造成的城乡社会分野，堪称微观史研究的经典范例。

王先明认为，华北的乡绅阶层与乡村变革虽具有区域特征，但本质上是超越村落和区域特性的宏观问题。他在《变动时代的乡绅——乡

[①] Henrietta Harrison, *The Man Awakened from Dreams: One Man's Life in a North China Village, 1857–1942*, California: Stanford University Press, 2005. 〔英〕沈艾娣：《梦醒子：一位华北村庄士绅的生平（1857~1942）》，赵妍杰译，北京大学出版社，2013。

绅与乡村社会结构变迁（1901～1945）》一书中以乡绅为切入点，系统地考察了清末以来尤其是民国时期的乡制变革和乡绅变迁。① 从制度变迁视角而言，20世纪之初地方自治的政制变革导致了后来乡村政体的反复更迭，科举的废除更是引起了新旧学制在乡间的冲突以及传统乡绅阶层内在构成要素的变动。作者指出，民国时期的乡村绅士在权力变动的过程中逐渐蜕变、分化甚至消亡，随着绅士的离村和基层政权日益痞化，乡村社会陷入日趋崩溃的境地，并成为酝酿社会革命的温床。

李怀印同样关注国家典章制度在基层社会的运行情况和产生的实效。《华北村治——晚清和民国时期的国家与乡村》一书利用河北省获鹿县的衙门档案，从两大部分讨论和评估"现代国家建设"（state-making）在地方村社中的实效。书的前半部分考察了村社服务和田赋征收方面的一些内生性制度的实际运行情况，后半部分探讨了1900年后由于实施全国性的行政制度及现代化措施而在乡村中发生的变化。② 该书"摈弃了传统的纠缠于统治者和被统治者关系的研究视角，以生态因素为切入点，来考察生态因素对当地居民生存策略的影响。……在这里，国家和乡村之间更多的是一种互相依赖的关系，而不是互相对立。因此，在社会运行上，作者又超越了国家社会二元对立的传统观点"。③

除了沧州县，其实华北其他村庄的文化也具有各自的特性。哈佛大学亚洲中心出版了姜士彬（David Johnson）《景观与祭祀：华北乡村生活的仪式基础》（也译作《盛景与献祭》）一书。该书综合运用人类学、历史学、历史地理学、民俗学等的研究方法，对1949年以前华北部分村庄（包括山西南部、东北部，特别是山西东南部以及邻近的部分河

---

① 王先明：《变动时代的乡绅——乡绅与乡村社会结构变迁（1901～1945）》，人民出版社，2009。
② 〔美〕李怀印：《华北村治——晚清和民国时期的国家与乡村》，王士皓、岁有生译，中华书局，2008。
③ 岁有生：《生态环境与社会运行——〈华北村治〉解读》，《清史研究》2009年第2期。

北的村庄）节庆与宗教祭祀活动中的仪式及其社会文化意义进行研究，是一部有关中国华北农村以仪式为特征的乡村基层文化微观史。书中的核心观点是仪式的自足，即山西及中国北方大部分村落的仪式是自给的，因此发展出与他处全然不相关的仪式高度自治的实体，从而导致了各个地区的独特性和华北区域仪式的多样性。[1] 何剑叶认为："他向读者揭示了村落联盟这样的独特的中国农村基层单位在相对独立于国家和地方政府，以及精英文化的影响下，如何创造、保存和发展属于自己的村庄仪式文化，使其成为自足性的存在。可以说，他的'社'的概念与施坚雅的'市集'、孔飞力（Philip Kuhn）的'团练'触及乡村中国生活的最重要的三个方面：仪式文化、经济贸易和军事防卫，成为研究中国乡村社会的三个互相关联的研究。"[2]

伴随着从政治经济史转向社会文化史，从宏观研究转向微观研究这两种趋势，学者们从税收、地方精英、文化仪式等方面对华北的社会结构以及国家对华北农村的社会治理进行研究，反映出国家与社会、上层统治者与下层民众之间的关系和互动，体现了中央对地方社会和乡村秩序的控制。但国家对华北地区的控制是有限的，不合理的控制和地方本身社会矛盾的堆积反而成为华北地域爆发革命的导火索。

四　华北革命

近代意义上的革命可分为民族革命和民主革命。民族革命是推翻帝国主义压迫、争取民族独立的革命；民主革命是推翻封建主义压迫、争取民主权利的革命。近代外国列强的侵略和国家权力的无序统治，导致

---

[1] David Johnson, *Spectacle and Sacrifice: The Ritual Foundations of Village Life in North China*, Cambridge: Harvard University Asia Center, 2009.

[2] 何剑叶：《姜士彬〈景观与祭祀：华北乡村生活的仪式基础〉》，程洪、马小鹤主编《当代海外中国研究》第1辑，上海社会科学院出版社，2010，第284页。

革命成为影响华北历史进程的一个重要因素，民族革命和民主革命兼而有之。海内外对于华北革命的研究集中在地方叛乱、农民运动、共产主义革命等方面，从政策、经济、宗教或民间信仰、社会生态等方面对革命进行分析。但目前学者对华北的革命史研究存在一个不足，即多从革命史而非区域史的视角出发研究华北革命。

义和团运动无疑是晚清对华北影响最大的一次农民运动。得益于义和团相关史料的整理出版以及国内、国际学界讨论的推动，义和团研究涌现出了一批优秀成果。从研究的趋势看，学者们不再仅仅从阶级斗争的角度研究义和团运动，还逐渐萌发了对华北区域内的生态环境、社会结构、宗教活动等进行探讨的区域史研究视角。总体而言，既有的研究以义和团运动为目标，能部分地注意到华北区域社会对运动产生的推动作用，但往往忽视华北区域史中一大重要课题，即从义和团运动的发展窥探华北区域社会形态的生成与变动。

山东大学的路遥教授专注于义和团运动的研究，他与程歗合著的《义和团运动史研究》是义和团运动研究的重要成果之一。他们认为，除了从阶级斗争角度分析义和团运动的成因，还应从社会史角度，即文化传统、历史契机、斗争主体的成熟程度、各种社会力量间的关系以及地域特点等方面进行考察，这是与区域史研究目标相契合的。义和团运动的组织源流十分复杂，因此作者把义和团组织的形式看作一个动态的过程，对山东义和团初起时的主要民间组织如大刀会、义和拳、乡团等进行分类研究。他们得出的结论是，义和团运动从初始阶段就没有统一的领导和组织，山东腹地和直、东交界的多种会社团门相互交融，在义和团运动中起主导作用的是带有教门信仰的拳会刀社。[①] 此后，路遥主编的《义和拳运动起源探索》将义和团研究的视角进一步移向区域，聚焦于直、东交界的几个县在直隶威县辖区内形成的被称为"飞地"的村

---

① 路遥、程歗：《义和团运动史研究》，齐鲁书社，1988。

落群。该书指出，义和团运动是义和拳运动的延续和发展。长期活动在山东、直隶交界地区的义和拳不仅为义和团运动提供了名号、组织方式和斗争目标，而且有自己特有的思想和思维方式，有流行较广的具有民族特色的拳术和大批会众。无论是山东还是直隶的官员，都曾企图把它变成合法的民团组织。[1] 作者通过具体深入的考察和分析，不但揭示了直、东交界地区在义和团运动中的重要地位，而且就义和团的起源和出现原因提出了富有说服力的见解，为往后的义和团运动研究奠定了基调。

海外的义和团研究深受生态论的影响，学者们倾向于从华北的地理位置和地理环境来考察义和团运动的起源和动因。周锡瑞的《义和团运动的起源》分析了孕育义和团运动的地理环境、社会构成和经济条件等因素，认为义和团运动实际上是一场大规模的"巫教运动"，它更多的是传播一些特定的"巫术手法"，而不是受任何一个中国武术团体的动员。[2] 周锡瑞认为，很难从白莲教或其他与之同名的武术团体中找到义和团的起源，因此义和团与各宗教组织的本质大不相同。"义和拳是由当地刀枪不入和降神附体的传统仪式混合而成，并不是白莲派的一个分支。"周锡瑞致力于分析社会结构，特别是经济结构和组织形式之间的联系，提出"将西南部与地主制度、社区团结和土匪活动联系在一起，而西北部则以其社区软弱和相对平等的社会为特征。在这两个地区，士绅的领导能力都很弱，这使得义和团运动的各种社会实践成为可能"。[3] 周锡瑞的研究初步具备了华北区域史的视角，能够从华北地区自身的条件出发来讨论历史事件，并最终回归到解释华北区域特殊性这一着眼点上。

---

[1] 路遥主编《义和拳运动起源探索》，山东大学出版社，1990。

[2] Joseph W. Esherick, *The Origins of the Boxer Uprising*, Berkeley and Los Angeles: University of California Press, 1987. 〔美〕周锡瑞:《义和团运动的起源》，张俊义、王栋译，江苏人民出版社，1998。

[3] Philip A. Kuhn, "Review: The Origins of the Boxer Uprising," *The Journal of Asian Studies* 47 (1988): 592.

狄德满在周锡瑞的基础上进一步把义和团的起源定位到山东地区既有的传统竞争型暴力之上。《华北的暴力和恐慌：义和团运动前夕基督教传播和社会冲突》利用基督教各传教团体档案特别是天主教圣言会与耶稣会藏档、传教士著述和日志，以及天主教各代牧区修会、教士与教廷及其母国政府间的往来信函等资料，从更深层次的角度探讨了义和团运动的起源。该书的焦点放在对具有高度复杂性的地方环境的细致描述上，"探索外国传教士和他们的传教地皈依者是如何在华北平原这个根深蒂固充斥着暴力文化的地区开展工作的"。[1] 作者认为，义和团运动起源于山东与邻省交界的三个边缘地区，与该地农村地区长期存在的派系冲突、盗匪活动、教门斗争等暴力冲突尤为相关，强调应从华北内部环境考察义和团运动爆发的历史根源。该研究的重要贡献在于，不仅运用政治学中的地缘政治学理论来分析义和团的原发性组织，还补充了外国传教士对于华北区域的深刻影响，从内而外地透视华北社会环境背景和运动发展的动因。

义和团运动是各地民变的序曲，各地的民变是义和团运动的延续。蒲乐安（Roxann Prazniak）的《骆驼王的故事》采用"自下而上"的视角，通过叙述清末发生在山东莱阳、直隶遵化、四川威远、广东连州和江苏川沙等地的民变，揭示了清末民间社会所蕴含的潜能及其如何被民间秘密结社等势力激发出来的历程。[2] 她指出，后义和团时代的民变是一种多因素且跨地域的乡村危机，无一不是乡村民众对清末新政的暴力回应。新政是在缺乏与基层民众沟通的情况下实施的，因此引起了远离政治中心的基层民众与政府的尖锐对立，具有整体性特征。但各地的民变形势又不尽相同，因此作者采用个案研究来分析各地民变的特殊

---

[1] 〔德〕狄德满：《华北的暴力和恐慌：义和团运动前夕基督教传播和社会冲突》，崔华杰译，江苏人民出版社，2011，第2页。
[2] Roxann Prazniak, *Of Camel Kings and Other Things: Rural Rebels Against Modernity in Late Imperial China*, Lanham: Rowman and Littlefield Publishers, 1999.

性。发生在华北的民变多以灾荒和秘密结社为背景,以乡绅等社会精英的税收剥削为导火索。在山东莱阳的民变例子中,作者分析了安分守己的民众如何在自身利益受损的情况下走上与政府对抗的道路;作者又以直隶遵化骆驼王的例子揭示一直作为政府对立面的土匪是如何介入并操纵民变的。可以说,各地的民变以地域为基础,从不同的社会背景和自身的角度提出抗争,显示出民变的区域性特色。

中共领导的革命是近代华北革命史的一部分,是近代中国革命演进和发展的一个必然结果。国民政府无法处理好村庄动员过程中产生的税收不公、官员腐败等问题,导致了民众的不满情绪,中共发动革命势在必行。与地方性农民革命不同的是,共产党领导的革命更加积极、主动地应对问题,并尝试设计一种具有共产主义性质的社会机制,形成一套融合阶级路线的综合动员模式。学者们从中共在乡村社会开展的一系列革命和改革,诸如生存斗争、土地改革、减租减息等探讨中共革命史的具体实践,但在实际过程中对于中共政策的华北地域特色的研究尚不够深入。简言之,华北的革命研究致力于探索革命在区域内的发展,而不是区域内的革命;也就是说,研究的落脚点在于革命,而不是区域。尽管如此,由于中共领导的革命政策是从华北社会的实际情况出发制定的,因此这部分研究仍有助于加深我们对华北区域的理解。

瑞典学者嘉图所著《走向革命——华北的战争、社会变革和中国共产党(1937~1945)》以党领导下的敌后根据地最为集中的华北地区为着眼点,探讨了党的经济、政治政策与抗战军事任务的有机联系,并从中寻找抗日战争和解放战争获得胜利的内在原因。[1] 作者运用了包括中共文件档案、报刊、资料集等在内的材料,通过分析华北根据地的经济政策与军事行动的关系,回答了农村社会的改变如何成为1937年至

---

[1] 〔瑞典〕达格芬·嘉图:《走向革命——华北的战争、社会变革和中国共产党(1937~1945)》,杨建立等译,中共党史资料出版社,1987。

1945年中共在湖北敌后急剧地、大规模地扩张的条件，以及它如何使各阶级的力量均势发生实质性变化的问题。虽然党的纲领影响的范围仅仅局限在党控制下的小范围地区，但乡村中发生的是质变。随着乡村变化的加深，中共最终获得了统治权。

作为对"告别革命论"的回应，李金铮认为"不仅不能削弱中国革命史研究，而且应该加大革命史研究的力度"，[①] 并且从中共革命史研究的角度提出了"新革命史"。近年来，随着"新革命史"的提出，一波革命史研究成果也逐渐涌现。

与以往中共党史、中共组织史研究侧重制度条文而忽略实际运作的情形不同，李里峰的《革命政党与乡村社会：抗战时期中国共产党的组织形态研究》将关注重点从制度层面转向了实践层面、运作层面。作者以山东抗日根据地为中心，以各级党内文件为基本资料，综合运用历史学、政治学、社会学的理论和方法，侧重探讨与党组织相关的各种实践问题，展现抗战时期中国共产党的组织形态，揭示了共产党与乡村社会之间的互动关系。[②] 之所以选取山东，是因为战时山东根据地是中共唯一一个基本完整地建立在原省级行政区域内的政权，中共党组织在山东较国民党有更高的主导权。以山东根据地为中心对抗战时期中国共产党的组织形态进行探讨，有助于我们更加透彻地了解党员群体和干部群体的社会构成、新党员的吸纳机制、干部类型及其相互关系、基层组织的状况和效能、组织纪律的制定与实施等问题，对我们理解后来党的整风运动、审查机制具有重要作用。

此外，李里峰从共产党的乡村革命入手，对华北地区的土地改革运动展开全面、深入的历史学和政治学分析。他的《土地改革与华北乡

---

① 李金铮：《向"新革命史"转型：中共革命史研究方法的反思与突破》，《中共党史研究》2010年第1期。
② 李里峰：《革命政党与乡村社会：抗战时期中国共产党的组织形态研究》，《近代史研究》2012年第3期。

村权力变迁：一项政治史的考察》一书对于深化既有的土地改革史有两点重要贡献：一是兼顾国家视角与乡村视角的探讨，二是兼顾制度（政策）层面与实践（运作）层面的考察。他将研究范围设定在相对宽泛的华北地区，将重点考察范围放在施坚雅区域体系理论中的华北地区（以河北、山东二省为主）。在聚焦村庄基层的行动者（agent）要素进行微观描述的同时，也注重"在分析中共土地政策的演变与执行、国家与乡村社会关系之重构等宏观问题时，力图着眼于华北乃至全国的普遍情形，对土改背后的制度（institution）和结构（structure）要素作一般性分析"。[①] 通过分析，作者对"运动式治理"模式进行了反思：一方面群众运动可以帮助党和国家在短时间内有效地动员以贯彻国家意志；另一方面，这种动员和治理很难纳入常规化、制度化的轨道，只能以接连不断的新运动来维系，从而导致了社会变革的动力与社会运行的常态之间固化的矛盾。

农民参军是中共革命史的一个经典命题，华北农民参军更具有特殊的政治、经济、心理因素。李金铮的《"理"、"利"、"力"：农民参军与中共土地改革之关系考（1946～1949）——以冀中、北岳、冀南三个地区为例》对1946～1949年华北解放区冀中、北岳、冀南三个地区进行了实证研究，为土地革命对农民参军的正面作用提供了事实依据和基本解释。[②] 作者提出，一些农民接受了土改报恩和保卫果实之"理"而自愿参军，这是同一时期国民党以及历史上的其他政权几乎未曾有过的，但也不可过于夸大。农民参军主要是其他因素导致的，一是为了索要各种私"利"，有些地方干部甚至迎合并利用农民的这一特性，被动

[①] 李里峰：《土地改革与华北乡村权力变迁：一项政治史的考察》，江苏人民出版社，2018，第17页。

[②] 李金铮：《"理"、"利"、"力"：农民参军与中共土地改革之关系考（1946～1949）——以冀中、北岳、冀南三个地区为例》，《中央研究院近代史研究所集刊》第93期，2016年，第87～134页。

地满足其要求；二是受外部强"力"的作用而参军。有统计数据表明，两种情况各占新兵总数的三分之一乃至接近一半。总之，中共革命策略与民间传统的互动所形成的"理""利""力"三个方面的合力，解释了华北农民参军的心态和行为，这正是中共华北革命复杂性、艰巨性的真实反映。

在新革命史理论的指导下，学者们更加注重从中国近现代社会进程之中探究华北革命问题。岳谦厚《边区的革命（1937~1949）——华北及陕甘宁根据地社会史论》以大量原始资料为依据，对边区的政权建设、社会经济、土改及妇女解放进行了全面探讨。① 该书尽力避免先前中国革命史和中共党史中普遍存在的宏大叙事倾向和价值预判"偏向"，以"新革命史"的视角和逻辑手法，通过对各种新史料的多重比对和缜密分析，使边区革命进程中的各种主客观因素清晰地呈现出来，并形成一个大致可视的"全相"。

抗战时期，中共面对纷繁复杂的战争局势，权衡利弊，在国民政府、日本军队和地方力量之间寻求自己的生存和发展空间，实现政治、军事目标利益的最大化。中共向华北的深入，是打破地域、资源的局限并寻求生存、发展路径的重要举措。黄道炫在《抗战初期中共武装在华北的进入和发展——兼谈抗战初期的中共财政》一文中选取河北、河南、山西等地作为研究对象，动态地呈现出抗战过程中中共在各地域寻求生存发展的具体路径。此外，通过对中共的财政进行分析，可看出中共基础性支持的状况。他指出，"共产党在华北各根据地中，仍然是以武装为大部分地区发展的绝对要素，统一战线和群众运动则是辅助武力进取的利器"。② 中共在抗战初期对华北战场的发展和对华北民众的

---

① 岳谦厚：《边区的革命（1937~1949）——华北及陕甘宁根据地社会史论》，社会科学文献出版社，2014。
② 黄道炫：《抗战初期中共武装在华北的进入和发展——兼谈抗战初期的中共财政》，《近代史研究》2014年第3期。

维护，为日后与日军、国民党方面对抗奠定了基础。

在抗战的过程中，中共开展了多种形式的对日作战，其中以地道斗争的形式最为突出。探究地道斗争的开展条件，是了解中共生存、运作、抵抗方式的一个良好切入点。华北地区是地道战争的发源地，对其进行研究有助于了解中共军政运作的特质。黄道炫在《敌意——抗战时期冀中地区的地道和地道斗争》中对冀中地区的地道战争做出细致的学术分析。他认为，"抗战时期，地道斗争之所以能够进行，就中共本身言，民众的支持不可或缺；就对手方言，其被牵制的现实则是中共力量可以发挥的关键"。他对中共的地道斗争做出了极高评价，"避免正面冲突，绝不是放弃抵抗，如地道斗争显示的，中共的抵抗绵里藏针，以各种方式、不放过一切机会持续进行，即便像地道这样一种偏于被动的斗争形式，也被赋予了抵抗的功能……正是这种全方位的抵抗不断牵制、消耗着日军的实力，使自身在艰难的环境下生存下来，而在这样一场多方较量的国际战争中，生存就有机会，生存就是对对手方的威胁，生存本身就是一种韧性的抵抗"。[①] 可以看出，冀中的政治、经济、社会环境对中共的抗战形式产生了重要影响，反之抗战对冀中地区的塑造仍有待探索。

除军事外，共产党在战时所采取的经济举措发源于华北根据地原有的乡村经济生态。减租减息是中共革命的一项重要的土地政策，一直是中共革命史研究的热点问题之一。王友明的《抗战时期中共的减租减息政策与地权变动——对山东根据地莒南县的个案分析》一文认为，中共地方组织在贯彻中央减租减息的土地政策时，既要考虑当地特点，又要保证中央政策的执行，因此，中共针对莒南县平原区多大佃户的情况，采取了"拔地"的措施，针对低山丘陵区雇工经营发达的实际，采取了"增资"，以及其他诸如"找工""借粮""找问题""开斗争

[①] 黄道炫：《敌意——抗战时期冀中地区的地道和地道斗争》，《近代史研究》2015年第3期。

会"等措施，使地主富农的地权及其他财富逐渐向贫雇农转移，使减租减息运动在客观上达到了土地改革的目的。① 周祖文认为，共产党领导革命通过减租减息为雇工提供工作保障并提高工资，还开展新型互助运动，改变了以往的集体暴力形式。《统一累进税与减租减息：华北抗日根据地的政府、地主与农民——以晋察冀边区为中心的考察》一文指出，统一累进税与减租减息构成了华北抗日根据地新的社会经济背景。晋察冀边区政府正是通过统一累进税和减租减息两个政策来汲取资源，以争取地主和农民的支持而进行持久抗战。②《封闭的村庄：1940~1944年晋西北救国公粮之征收》分析了1940~1944年晋西北征收抗日救国公粮，认为在抗日根据地时期，中共就已经以村庄为中介，巧妙地利用征收公粮的契机，把村庄作为公粮征收单位，构建了一个个"封闭的村庄"，并充分利用"封闭的村庄"内部的宗族、租佃关系等矛盾，成功地将国家与农民联结起来，从而充分地动员了农民。③

近年来，华北区域的革命史研究方兴未艾。已有的革命史研究注重革命本身，或谈及华北地域对革命造成的影响，但往往忽略华北革命对华北社会的形塑。自清末以来，华北地区特殊的政治经济环境成为革命兴起的温床。义和团运动、华北各地民变、中共领导的革命都是对华北影响深刻的革命运动，成为学者们研究华北社会的重要切入点。学者们从政治、军事、经济等角度对华北革命进行了解读，但从区域史的角度解读革命的力度还有待加强。

---

① 王友明：《抗战时期中共的减租减息政策与地权变动——对山东根据地莒南县的个案分析》，《近代史研究》2005年第6期。
② 周祖文：《统一累进税与减租减息：华北抗日根据地的政府、地主与农民——以晋察冀边区为中心的考察》，《抗日战争研究》2017年第4期。
③ 周祖文：《封闭的村庄：1940~1944年晋西北救国公粮之征收》，《中共党史研究》2012年第5期。

结　语

华北作为区域史研究重要的代表性区域，一直受到学者的关注。由于学者们所受的学术训练以及他们所处的时代背景有所不同，近代华北区域研究呈现出代际发展，每一代都有各自的研究特色和代表学者：20世纪后二十年，随着改革开放的不断深化，海内外学术交流日益增多，农村经济、国家治理和社会结构演变是华北区域研究的核心主题。进入21世纪，新史学、新文化史、社会文化史、历史人类学理论的流行促使华北区域研究的视角逐渐从宏观转向微观，从社会经济转向社会文化，研究方法和研究模型出现很大变化，为研究注入了新鲜的血液。近年来，在史学研究碎片化的反思之下，从整体史的视角对华北区域展开研究的趋势日渐体现。区域研究作为一种方法，日渐为所有方向接受的同时，如何打通经济、社会、政治、文化，对区域进行整体性认知，仍是未来华北区域史研究面临的挑战。

本文对已有的华北区域史研究成果的梳理，旨在厘清现有的学术脉络，为后来者提供资鉴。就华北区域史研究现状来看，还存在三个问题：其一，资料未有大的突破，细节仍可发展。虽然华北各地的农村调查资料、档案资料已有整理和挖掘，但系统性、特色性的历史资料仍有发掘空间。其二，华北区域史研究呈现出附属于其他研究的状况，区域史研究成为一种方法，而不是一种归宿。学者们往往将区域史研究作为研究其他课题的一种辅助工具，而非将其作为研究华北区域内在与生成的关键路径。也就是说，华北研究具有两面性，作为研究方法的华北研究有很大进展，但作为研究对象的华北研究还远远不够。其三，目前对于华北区域与国内其他区域的比较研究尚待推进。如若缺少比较研究，即无法对比各区域在研究理论方法、经济发展、文化风俗等方面的异同及区域内外的互动，从而无法凸显出研究对象的特质。由此可见，现有的华北区域史研究，离理想中的区域史研究目标尚有差距，华北区域史研究仍然任重而道远。

未来的华北区域史研究应作为一个整体的、独立的研究方向受到更多关注，学者们应该致力于搭建一个学科的学术规范、学科方法与科学术语，形成本领域的研究特色。总之，只有打破固有的藩篱，在研究视野、理论框架、现实关怀等方面有所突破，才能提升华北区域史研究的整体魅力。

专题研究

清代财权中央集中体制
与云南铜矿业兴衰

温春来*

摘　要： 清代云南铜矿业利润率低，大商贾的资金流向其他渠道，一些资金微薄的普通百姓，以合股方式参与铜矿业中，这就导致铜矿业面临资金严重不足的困境，于是朝廷指令若干省份筹拨资金去支持滇铜生产，向厂民借贷。这一安排是建立在当时财权中央集中体制基础之上的，办铜之经费，虽系各省筹解，但均属朝廷公帑，通过课税与低价强制收购所获之铜，亦是朝廷财产。同时，交易的价格以及运销的各个环节，皆由朝廷决定，所产生的收益，即使存于各省藩库，也须奉朝廷之命处置，哪怕是非常细微的支出，都必须向朝廷申请，获得户部同意，最后由皇帝批准。太平天国军兴之后，这一财权中央集中体制与央地关系的结构受到破坏，中央再难调拨全国资源支持滇铜黔铅生产，矿业就此一蹶不振。

关键词： 铜矿业　财权　中央集中体制　云南

云南是清代最重要的铜产地，所出最旺时占全国铜总产量的80%左右。[①] 一隅之地关系着全国的币材供给，史称"滇省铜政，累叶程

---

* 温春来，中山大学历史学系、历史人类学研究中心教授。
① 全汉昇：《清代云南铜矿工业》，《中国文化研究所学报》1974年第1期。

功，非他项矿产可比"。① 但云南铜矿业的兴起并非一个自发的经济过程，从资本供给到产品分配，政府在其中扮演着主导角色，维系着滇铜百余年的繁荣，直到 19 世纪中叶，这一繁荣才被太平天国运动摧毁。动乱平定之后，迎来"中兴"的清王朝极力恢复旧制，但云南铜矿业并未随之而振起。滇铜的兴衰，反映出清代财权中央集中体制的成功与败坏以及央地关系的结构性变化，对此学界尚未予以关注，本文拟利用中国第一历史档案馆所藏档案，辅以政书、方志等史料，进行深入分析。

一 矿业资本的匮乏

铜关系着清王朝的币材供给与军器铸造，是国家的重要战略物资。然而，鉴于矿业的高风险以及官办企业的低效，政府虽然对矿产品有着强烈需求，但大体上并未采取官办矿业的方式，而是交由民间办矿，然后通过一系列复杂的税费政策控制产品分配。②

民间办矿的最大困难是资本匮乏。传统时期的矿业投资成本高，风险大，有大量的开采活动最终一无所获，清人感性地称之为"得者一，不得者十"，而开采成功之矿硐中又有许多并未获得与成本相应的收益，因矿藏单薄，开采数年甚至一二年后就封闭的例子比比皆是。③ 然而，在如此需要雄厚资金的行业，却没有多少富商大贾前来投资。乾隆四十二年（1777），云南布政使孙士毅称："滇民多系瘠贫，当其开采之时，需用饭食油炭，或一二十家，或三四十家，攒凑出资，始能开一

---

① 《清史稿》卷 124《食货五·矿政》，中华书局，1977，第 3666 页。
② 温春来：《"事例"定税：清代矿业税费政策的实践机制》，《学术研究》2020 年第 8 期。
③ 吕昭义、吴彦勤、李志农：《清代云南矿厂的帮派组织剖析——以大理府云龙州白羊厂为例》，《云南民族大学学报》2003 年第 4 期。

碏峒。"① 孙士毅所言非虚，早在雍正二年（1724），云贵总督高其倬就指出："开碛硐民多系五方杂处，往往领（官方所贷）银到手，无力开采。"② 乾隆二十二年，云贵总督恒文与滇抚郭一裕亦称"（铜厂）厂民本非充裕"，③ 乾隆三十二年，滇抚汤聘则称："赴（铜）厂商民率不能自备工本。"④ 乾隆三十六年，署理云贵总督彰宝再次奏称："（铜厂厂民）自携资本者甚少，必须预借官银，方能集力采办。"⑤

为何矿业很难吸引富商大贾的兴趣呢？云贵总督吴其濬为我们提供了一点线索：

> 滇民皆窳，不商不贾，章贡挟重资者皆走荒徼外，奇珍则翡翠、宝石，民用则木棉、药物，利倍而易售。矿厂惟产银者或千金一掷如博枭，而铜矿率无籍游民奔走博果腹耳！官畀以资而役其力，有获则以价买之。⑥

可见，在云南，本省人缺乏资本，外省大商人则前往从事回报率高的翡翠、药物、木棉等，高投资、高风险但回报较低的矿业，不在选择之列，只有回报较高的银矿是例外。⑦ 全国其他地方同样如此。在贵

---

① 孙士毅：《陈滇铜事宜疏》，《皇清奏议》卷62，《续修四库全书》第473册，上海古籍出版社，2002，第525页。
② 《大学士傅恒等题为遵查云南汤丹大碌等铜厂酌给厂费等事》，户科题本，乾隆二十一年十二月十四日，中国第一历史档案馆藏，缩微号：02-01-04-07-375-1615。
③ 《云贵总督恒文、云南巡抚郭一裕奏为筹办滇省汤丹、大碌二铜厂厂地预放工本事》，朱批奏折，乾隆二十二年三月十四日，中国第一历史档案馆藏，缩微号：04-01-36-004-0648。
④ 《云南巡抚汤聘奏陈铜厂现在开采情形事》，朱批奏折，乾隆三十二年二月十六日，中国第一历史档案馆藏，缩微号：04-01-35-061-1549。
⑤ 《署理云贵总督彰宝奏为滇省铜厂欠项请准豁免事》，朱批奏折，乾隆三十七年正月二十二日，中国第一历史档案馆藏，缩微号：04-01-36-004-0860。
⑥ 吴其濬：《滇南矿厂图略》卷2《帑》，《续修四库全书》，第186页。
⑦ 民间资本以逐利为目的，在介入西南地区矿业时，必然优先考虑投资回报较高的金银等矿种。这一点也为马琦所指出，见马琦《国家资源：清代滇铜黔铅开发研究》，人民出版社，2013，第71页。

州，虽然锌、铅矿藏富甲全国，但仍然是业银矿者容易致富。① 在广东，同样是"金银二矿，民多竞趋"，② 乾隆九年，两广总督马尔泰称，广东投资矿业者"素少巨商富户"，即便有一二殷实商人，"亦因从前亏折资本"，观望不前。③

官府严苛的税费政策，降低了矿业的利润率，成为抑制资本进入矿业的另一重要因素。对铜、锌、铅等铸钱材料，官方力图控制，不但要征收实物课税，而且还要低价全部或部分购买税后产品，④ 大大压缩了厂民的利润空间。据龙登高研究，在厂民可以将产品自由流通时期，云南铜矿业资本的利润率高达 86.65%，乾隆十九年前后减至 19%，乾隆四十一年后进一步降至 11%。⑤ 应该说，这一计算极大地夸大了厂民的利润率。龙氏的计算原则是，厂民办获之铜，按 10% 税率缴税后，余铜官买 80%，厂民自售（通商）20%。假定官买铜不获利，计算通商铜的获利，即为矿业资本的利润率。这一计算原则忽略了以下问题：首先，自从滇省实行放本收铜政策后，厂民能自由通商之铜的数量远低于税后铜额的 20%，很多时候是全部官买，乾隆三十七年之后许多铜厂才允许产量的 10% 通商；⑥ 其次，没有考虑附加税费；最后，没有考虑官买铜部分，厂民不但不获利，还可能是亏本，龙氏自己就已注意到，乾隆四十一年，厂民每办百斤铜的成本是银 7 两，而官方收买价格为

---

① 贵州水城厅福集厂是全国著名的白铅矿，当地方志称铅中含有银，"厅属各铅厂多以此发迹，富至数十万"。光绪《水城厅采访册》卷 4《食货·物产》，贵州省图书馆复制油印本，1965，第 46 页。
② 《两广总督那苏图、署广东巡抚策楞等奏折》，乾隆九年十月初九日，中国人民大学清史研究所、档案系中国政治制度史教研室编《清代的矿业》，中华书局，1983，第 42~48 页。
③ 《两广总督马尔泰、署理广东巡抚策楞奏为查明广东开采矿山情形及酌办事宜请议复事》，朱批奏折，乾隆九年四月二十七日，中国第一历史档案馆藏，缩微号：04-01-36-004-0362。
④ 温春来：《"事例"定税：清代矿业税费政策的实践机制》，《学术研究》2020 年第 8 期。
⑤ 龙登高：《浅析清代云南的矿业资本》，《经济问题探索》1991 年第 4 期。
⑥ 《署理云贵总督彰宝、云南巡抚李湖奏为遵旨等议滇省各旧铜厂照例以余铜一分通商事》，朱批奏折，乾隆三十八年六月二十二日，中国第一历史档案馆藏，缩微号：04-01-36-004-0971。

6.4两。将这些疏漏考虑进去，可知龙氏所计算出的利润率被夸大了。但龙氏所指出的因官方介入而导致厂民利润率递减，无疑是正确的。

总之，大商贾的资金流向其他渠道，一些资金微薄的普通百姓，无力进入其他回报更高的行业，于是以合股方式投资矿硐。当然，这并不否认极少数幸运儿因开采到富矿而摇身成为富豪的情况。

二　官方的资金借贷

为了发展矿业满足自身需求，官方不得不通过一系列措施帮助厂民解决资本不足的难题，资金借贷是其中最为重要的一环。朝廷通过统筹全国财政经费，指定若干省份拨解银两到云南办铜。这些银两，必须提前解到，以便向厂民放贷，是为"放本收铜"。相应地，全国最重要铅产地贵州有"放本收铅"。

官方除了抽收税费之外，还要低价购买税后产品并运送出去，因此每年都必须为此安排专门资金。如果是购铜及运费，即为铜本；购铅及运费，即为铅本。当厂民采冶工本不敷时，可以将这笔资金的一部分预支给厂民，收购矿产品时从价款中扣还，这就是清代矿业生产中的官方贷款。

（一）康熙、雍正时期的放本收铜

官方借贷，康熙四十四年（1705）由云贵总督贝和诺最先施行于滇省铜矿业，其要点是：（1）官方借给厂民采矿炼铜的工本；（2）所产铜每百斤抽课二十斤，剩余八十斤由官方低价购买，每百斤价银三四两至五六两不等，所借工本在其中扣还；（3）抽课之铜，每年折算为银两，报解户部；（4）低价购买的铜，运往官方设立在省城的官铜店，供承办京师铸局铜材的各省采买，每百斤定价九两二钱，卖得之款，归还官方购铜及运往省城之费用外，剩余的全数"归充公用"（即充滇省的行政经费);(5)如果有厂民不愿借官方工本,可自备资本开采,但所得除按20%税率抽课外,余铜仍不能在市场上自由发卖,必须自运到省城卖给官铜店,价格比预借工本的情况稍高。按李绂的说法,每百斤铜,官方借给工本银四两五钱,但厂民实际须交铜150斤(包括抽课20斤,"秤头加长"30斤),而自备工本者,每150斤官方给银5两。①这样,官方就将铜产品全部控制在手中。

官方的低价收铜措施,曾经饱受批评。雍正元年,云贵总督高其倬曾对此进行辩护,在他看来,放本收铜是云南铜矿业发展的重要保障。因为矿厂处于深山穷谷,商贩多在城市,不肯到厂,厂民必须运铜至交通便利的市镇贩卖,如遇缺铜,一年半载即可售完,如遇"铜滞难销",则会积压二三年不等,厂民中无富商大贾,不能长期预垫工本脚价,"是以自行开采抽课者寥寥",因此必须官发工本采冶。至于饱受诟病的低价收铜,高其倬认为,这是因为没有看到官方所付出的巨大成本。第一,每年要上缴定额铜息银9620两。第二,运费浩繁。从厂将铜运至省城官铜店,近者五六站,远者十八九站甚至二十一二站,在省城无法售尽,还得分运至剥隘、霑益、平彝等与他省毗邻之处,"以便广东、湖广商贩承买"。第三,行政成本。包括驻厂人员、吏役的种种费用以及灯油纸张等办公用品的花销。第四,风险损失。一些厂民借了官本开矿,最终一无所获无法归还借款,此外运输途中有盗卖、弃铜逃跑等损失。第五,加工费用。因为许多铜厂的产品品质不高,官方进行改铸,有人工、炭火的开支以及折耗。②

高其倬的辩解或许有夸饰成分,但官方每年为铜矿业付出甚多,这当是不争的事实。例如,雍正十一年,云南为青龙厂、汤丹厂支出的

---

① 《清朝文献通考》卷14《钱币二》,第4977页;李绂:《穆堂初稿》卷42《书中·与云南李参政论铜务书》,《续修四库全书》第1421~1422册,第69~70页。
② 《雍正元年十二月二十日云贵总督高其倬折等奏遵查铜斤利弊折》,《雍正朝汉文朱批奏折汇编》第2册,江苏古籍出版社,1989,第432~437页。

"厂费"（驻厂办事人役的开销，如养廉、工食、犒赏等）银分别为6095两、4256两，此外，厂民逃亡、病故使得借贷银3594两无法归还。如果完全按照市场价格去收铜，云南官方每年将赔补一大笔银两。同时，如果官方不介入，那些远在深山之铜材如何运销也是一大问题。① 目前学术界的主流，大体上已认同放本收铜政策对促进滇省铜矿业发展具有积极意义。②

（二）滇铜成为全国主要铜材来源之后的放本收铜

随着云南铜产量的迅速增加，所需铜本规模越来越庞大，远非本省的财力所能支撑，滇铜对全国的重要意义也越来越明显，到乾隆初年，举全国之力扶持滇省铜矿业的政策终于形成。

放本收铜政策实行之前，云南省就苦于无充足资金可借，影响了矿厂的生产。康熙五十五年赴任滇省布政使的杨名时称，每年所出铜不足40万斤，连完成每年9620两的定额税银都有困难，出现了"厂课虚悬"的情况。当时铜产不丰，供不应求使得云南市场上的铜价不断上涨，杨名时认为，在这种情况下，官方收买铜材极为有利可图，但苦于"无工本可发"。次年，他与总督蒋陈锡、巡抚甘国璧商议，"暂借库银作本收买"，并招来商人王日生管理，是年即获铜60余万斤，每百斤卖银十一二三两不等，除完成当年的税课任务外，还剩银10050余两，可

---

① 《大学士傅恒题为遵察滇省奏销雍正十一年份各铜厂办获铜斤余息案内铜本脚价等项数目事》，户科题本，乾隆十五年六月，中国第一历史档案馆藏，缩微号：02 - 01 - 04 - 07 - 256 - 1864。

② E - Du Zen Sun, "The Copper of Yunnan: An Historical Sketch," *Mining Engineering*, Vol. 16, No. 7, 1964, pp. 118 - 124；林荃：《谈谈清代的"放本收铜"政策》，云南省历史研究所云南地方史研究室编《云南矿冶史论文集》，1965；李中清：《中国西南边疆的社会经济：1250~1850》，林文勋、秦树才译，人民出版社，2012，第266~269、280~281页；邱澎生：《十八世纪滇铜市场中的官商关系与利益观念》，《中央研究院历史语言研究所集刊》第72本第1分，2001年；杨煜达、潘威：《政府干预与清代滇西铜业的兴盛——以宁台厂为中心》，杨伟兵主编《明清以来云贵高原的环境与社会》，东方出版中心，2010；马琦：《国家资源：清代滇铜黔铅开发研究》，第71~72页。

弥补过去的欠课。康熙五十七年，出铜 90 余万斤，余息银两，皇帝"赏作养廉"，几位高官共分得银 26000 余两。① 雍正五年，滇铜产量已达 400 余万斤，② 而且攀升的势头非常明显。就在云南急觅铜斤销路之时，全国钱局正陷入铜荒之中。此前全国铸钱铜材主要源于日本，而日本日趋严厉的铜斤出口限制，使得办铜商人根本无法完成任务。于是自雍正五年至乾隆三年约 10 年间，滇铜逐渐取代了洋铜，成为全国币材的最主要来源。此时，滇铜的年产量已跃升至约 1000 万斤，举全国之力扶持滇铜生产政策亦随之形成。

滇铜产量迅猛增长，资金瓶颈再次凸显。按照"放本收铜"的设计，官方应预支价款给厂民。但突然之间，价款不但难以预支，甚至还出现了拖欠。乾隆二年十一月，云南巡抚张允随奏称，现在京师钱局及滇、黔、蜀三省铸局铜材已由滇铜供给，而江、安、浙、闽等省应办铜斤亦系赴滇采买，京铜部分，云南官方付款给厂民再向户部核销，而各省官方购铜人员路途遥远，不能及时赴滇，因此这部分铜亦必须由云南官方预垫银两从厂民手中先行购买，这远远超出了云南的承受能力。仅汤丹一厂，每月就需工本银六七万两，而道库只存银 8500 余两，不够汤丹厂乾隆二年闰九月、十月的工本，于是从布政司库中封贮的"急需银"内借出 15 万两，但也只够该年十一、十二两月工本。来年正月、二月的工本，按理现在就要预支给厂民，但全无着落，而各省购铜人员至今尚未到滇。他向皇帝建议，于近滇省份及两淮盐课内酌拨银 30 万两，运贮滇省藩库，作为"急需银"发放铜厂工本，需用时向户部题明动支，各省办铜人员到滇，即将所动支的款项还回。皇帝显然也觉得这是急需处理的要事，批示云："该部

---

① 《雍正二年闰四月初一日工部左侍郎金世扬奏遵查铜斤利弊情形折》，《雍正朝汉文朱批奏折汇编》第 2 册，第 883～885 页。
② 《雍正五年五月初十日云南总督鄂尔泰奏报铜矿工本不敷恳恩通那以资调剂折》，《雍正朝汉文朱批奏折汇编》第 9 册，第 767～768 页。

（户部）速议具奏。"①

笔者尚未找到户部的讨论奏折以及与张允随的公文往来，我们只知道次年张允随即奏定运铜条例。按他的计算，办铜的成本有二：一是购铜所需，北京户部宝泉局、工部宝源局两钱局每年需铜 600 多万斤，按每 100 斤铜 9.2 两银的官价，每年需用银五六十万两；二是将铜从厂运至京局的运费，需银 10 余万两。所以他就请求朝廷，就近拨银 100 万两，存贮司库，陆续动用报销，有余即作下年之用。② 除京师铸局外，全国许多省以及云南本省亦需滇铜铸钱，其经费归各省筹措并报户部审核批准。

这 100 万两的购铜与运输经费，大体上一直维持，但不像有学者认为的那样没有变化。光绪《大清会典事例》称："（乾隆）五十年奏准，滇省办运京铜，岁拨铜本银八十五万两。今办铜较增，不敷支放，自五十一年为始，每年拨银一百万两。"③ 可见在乾隆五十年之前曾有过减额。到嘉庆十九年（1814），减额之议再次提起。是年四月，云贵总督伯麟奏称，滇省办运京铜，每年题拨铜本银 100 万两，共需用银 95 万余两，余银 4 万余两。户部因此要求每年少拨银 4 万两。云南方面明确表示反对，认为所剩银 4 万两，均被垫用，且每次垫用均向户部奏销，有案可查，要求仍维持每年 100 万两的规模。④ 争论的结果，户部的意见占了上风，从嘉庆二十年起每年减拨铜本银 4 万两。⑤ 自道光

---

① 《云南总督张允随奏请敕拨银两接济铜厂工本事》，朱批奏折，乾隆二年十一月十六日，中国第一历史档案馆藏，缩微号：04 - 01 - 35 - 060 - 02582。
② 严中平：《清代云南铜政考》，中华书局，第 27~28 页。
③ 光绪《大清会典事例》卷 215《户部·钱法·办铜二》，《续修四库全书》，第 512 页。
④ 《云贵总督伯麟奏报滇省每年应拨铜本银两仍须全数请拨事》，朱批奏折，嘉庆十九年四月二十四日，中国第一历史档案馆藏，缩微号：04 - 01 - 35 - 063 - 2584。
⑤ 《云贵总督伊里布、云南巡抚颜伯焘奏为查明铜厂历年办存采买款项请照部议将借款银作正开销事》，录副奏折，道光十九年五月二十五日，中国第一历史档案馆藏，缩微号：678 - 0951。

十九年（1839）起，又恢复到每年 100 万两的规模。①

100 万两白银，并非出自中央银库，而是户部指定若干省份每年拨解云南藩库，或者就近支付运费（不用解滇），具体构成见表 1。

表 1　100 万两铜本的构成

单位：两

项目		数量	来源
部分运费	户、工二部正额铜批饭食银	64455.2	直隶司库
	户部加办铜批饭食银	2301.844	
	天津道库剥费银	2800	
	坐粮厅库正额铜斤车脚吊载银	4970.18	
	加办铜斤车脚吊载银	179.984	
	各运帮费银	8400	
	汉口至仪征水脚银	10434	湖北司库
	仪征至通州水脚银	16206	江苏司库
	停止沿途借支增给经费银	13000	湖北、江宁二省司库各半
	京铜运费总额	122747.208	
解交云南办铜银，每年约 87.7 万两	江西（约 1739 年）	150000	江西
	浙江（约 1739 年）	100000	浙江
	湖南（1794 年）	500000	湖南
	云南	查明滇省藩司库存铜息并积存杂项银两，除留存 50 万两备用外，余俱拨抵铜本	

说明：自乾隆二十年起，每年云南官方向中央申请办理京铜铜本银两时，要查明"藩司库存铜息并积存杂项银两，除留存备用外，余俱尽数拨抵铜本之用，不敷银两，再行协拨供支"。可见，每年外省协拨解滇办解京铜之银的数量，要视该年滇省藩司库有多少余额可供使用而定，但滇省财力有限，所能提供者通常在 10 万两左右，绝大部分仍然是外省拨解。

资料来源：吴其濬《滇南矿厂图略》卷 2《帑》，《续修四库全书》，第 186 页；《湖南巡抚姜晟奏报委员管解交纳滇省铜本银两起程日期事》，朱批奏折，乾隆五十八年三月二十二日，中国第一历史档案馆藏，缩微号：04 - 01 - 35 - 063 - 0700；《云南巡抚张允随奏报预拨铜本以速办运事》，录副奏折，乾隆四年四月二十八日，中国第一历史档案馆藏，缩微号：052 - 0122；《云贵总督兼云南巡抚贺长龄奏请饬拨戊申年协滇铜本银两以资办事》，录副奏折，道光二十六年四月二十八日，中国第一历史档案馆藏，缩微号：678 - 1459。

---

① 《云贵总督桂良奏为办铜经费不敷请准筹款借垫癸卯年铜本银两事》，录副奏折，道光二十三年三月二十九日，中国第一历史档案馆藏，缩微号：678 - 1299。

每年 87 万两左右的解滇办铜银,主要由江西、浙江、湖南、云南四省承担,这四省所出银两并无定额,每年户部视财政情况指定拨解额度。总体而言,江西与湖南承担较多。例如,江西省于乾隆十年拨解 60 万两,① 乾隆五十一年解送 40 万两,② 乾隆五十三年解送 50 万两;③ 湖南省于乾隆十年解滇铜本银 25 万两,④ 乾隆五十八年解滇铜本银 50 万两。⑤ 云南最初无须参与支付办铜工本,但因为每年办铜有余息存贮藩库,所以自乾隆二十年起,就逐渐让云南藩库所存铜息并积存杂项银两,除留存本省需用经费之外,有余即支付铜本。⑥ 云南每年支付的铜本银,一般不到 10 万两。

需要特别指出,约 87.7 万两白银,并非只用于购办京铜,事实上,京铜每年只需花银 52 万两多。除京局外,云南铜厂还要供给本省、外省的许多铸局,这余下的约 35 万两,正好可以先垫付这部分铜的部分成本以及京铜的一部分运费。

每年 10 多万两的京铜运费,最初也是由负责协济滇铜铜本的省份承担,每年拨解至铜运沿途的直隶通州、湖北武昌、江苏仪征等处支用。大约在乾隆三十二年,江西布政使揆义奏称,由江西将运费解往三省,成本高昂,费时费力,这几省均为"财富重区",并不短缺经费,不如今后直接令这三省承担相应的运费,"各省库储"同属朝廷正供,

---

① 《云南总督管巡抚事张允随揭报兑收部拨湖南协滇铜本银数日期》,乾隆十年四月二十九日,A137-59,中研院历史语言研究所编《明清档案》,台北:联经出版事业公司,1986,第 B77009~B77011 页。
② 《湖南巡抚浦霖奏为催护江西省运解铜本银过湘境事》,录副奏折,乾隆五十一年七月二十八日,中国第一历史档案馆藏,缩微号:048-1918。
③ 《湖南巡抚浦霖奏报江西省委员领解云南铜本银共五十万两经过湖南省境日期事》,录副奏折,乾隆五十三年七月初九日,中国第一历史档案馆藏,缩微号:048-2482。
④ 《云南总督管巡抚事张允随揭报兑收部拨湖南协滇铜本银数日期》,乾隆十年四月二十九日,A137-59,《明清档案》,第 B77009~B77011 页。
⑤ 《湖南巡抚姜晟奏报委员管解交纳滇省铜本银两起程日期事》,朱批奏折,乾隆五十八年三月二十二日,中国第一历史档案馆藏,缩微号:04-01-35-063-0700。
⑥ 《云南布政使顾济美奏陈铜息余银就款抵扣铜本银两事》,录副奏折,乾隆二十七年三月十六日,中国第一历史档案馆藏,缩微号:034-1950。

哪一省出经费"本无二致"。这一建议得到户部与朝廷的认可,就此形成了直隶、湖北、江苏三省就近拨支运费的制度。①

各省解滇铜本,办理周期为两年。即丙年的工本,滇省须于甲年向户部提交申请,通常于甲年八、九月向户部具题,请求拨款,偶尔延迟,也会在十月之内具题到部。② 户部审核批准后,相关省份于乙年夏季将银两如数解滇。③ 这一设计,提前一年将购铜经费解滇,使滇省能有资金借贷给厂民(即预付价款)。如出现他省解银稽迟,就先在滇省藩库实存项下借垫。④ 云南领得各省协济铜本,分贮于迤东道、迤西道、粮储道(辖迤南各州县)和藩司各库,由道员按时携款到厂发放。工本分为"月本"和"底本"两类,前者即短期贷款,上月发款,下月收铜;后者属长期借贷,时限因厂因时而异,数年至十年不等。⑤

月本是官方借贷的最主要形式。底本借贷,大约是乾隆二十二年滇抚刘藻奏请,次年获户部准许施行的,主要针对汤丹与大碌两铜厂。此二厂厂民除按月借贷月本外,汤丹厂准预借一个季度的工本银

---

① 《大学士管户部傅恒奏复滇黔二省办运铜铅所需部费脚价等银应准于直隶等省藩库动拨》,乾隆三十三年二月初九日,A205-146,《明清档案》,第 B115331~B115334 页。
② 《云南巡抚明德奏报铜本迟延事》,录副奏折,乾隆三十四年正月二十二日,中国第一历史档案馆藏,缩微号: 052-1991。
③ 吴其濬:《滇南矿厂图略》卷2《帑》,《续修四库全书》,第186页。
④ 《云贵总督兼云南巡抚贺长龄奏请饬拨戊申年协滇铜本银两以资采办事》,录副奏折,道光二十六年四月二十八日,中国第一历史档案馆藏,缩微号: 678-1459。有论者认为,办铜官本"经常不敷使用,大概只能用来支付京运与外省采买,真正用于贷款办铜商人者,仍是云南地方政府铸钱局透过铸币收入所累积的'余息',以及云南政府自银厂所获得的税课收入"(邱澎生:《十八世纪滇铜市场中的官商关系与利益观念》,《中央研究院历史语言研究所集刊》第72本第1分,2001年),这恐怕与史实有一定出入。80多万两官本银提前一年解滇,就是为了方便借贷,是借贷资金的最重要部分,云南铸币"余息"以及银课收入,每年不超过20万两,与此相距甚远,而且,铸息与银课用于借贷,必须经过朝廷的严格审核与批准,我们在相关史料中,并未看到朝廷同意铸息与银课大量用于借贷的记录。而银课,主要是用于支付兵饷的,不可能大量用于矿业借贷。铸息,很多是用于云南的地方公事所需,有一部分也用于矿业,但主要是用于提高官价、补助铜矿提拉与排泄地下水,真正能够用于借贷的,所剩无几。
⑤ 严中平:《清代云南铜政考》,第28页。

5万两，厂民每交正铜100斤，带交余铜5斤作为分期还款，限五年还清。大碌厂准预借一个季度的工本银7.5万两，同样是每交正铜100斤，另加余铜5斤作为还款，限十年还完。乾隆三十六年，署理云贵总督彰宝等觉得借一季度工本，还款期限太长，遂奏准朝廷改为借两月工本，每交铜100斤，另加余铜5斤作为分期还款，约四年即可还清。因底本还款期限较长，为避免出现呆账，只贷给"诚谨殷实"之人，要查验籍贯、来历及其往月的获铜数目，并要"取具连环同业保结"。①

三 清代财权中央集中体制

朝廷能够任意调拨全国各省银两支持滇铜、黔铅的发展，是基于当时财权集中于中央的体制，这一点对于我们理解太平天国起义之后滇省矿业无法恢复的原因非常重要。为了对此有深入理解，现将明清王朝做一比较。

明代财政管理相当分散。第一，没有统一的国库。存放国家岁入的机构众多，皇帝有内府库，户部有太仓库，兵部有常盈库，工部有节慎库，礼部有光禄寺库，南京的户部、工部也分别有自己的仓库。② 第二，没有统一的管理与核算机制。各库均由相应的部门管理，各项开支的节余也均由各部门控制，户部绝不可以被理解为财政部：它只起到解运银两的簿记功能，不能通过预算来控制拨款，审核各项支出以及编制仓库财物文册的职责也是归属于监察官员而不是户部；

---

① 《署理云贵总督彰宝奏报遵旨酌议云南汤丹等厂预发工本扣缴余铜事》，朱批奏折，乾隆三十六年二月二十三日，中国第一历史档案馆藏，缩微号：04-01-35-061-2535。
② 李义琼：《明王朝的国库——以京师银库为中心》，博士学位论文，中山大学，2014，第12、17页。

户部也没有显著的财赋实力与控制权，16世纪晚期，户部太仓库岁入约400万两，只占全国税收的12%，而且太仓库的大部分收入运往北部军镇，余下的收入用来支付朝官的薪俸、京营的军饷和几个宫廷机构的维持费用。第三，各财政管理机构间相互竞争，争夺税源，矛盾重重。遇到需集中财力处理的事务，各机构间相互推诿，甚至连皇帝下令在各库之间划拨银两也充满诸多阻碍，有关部门常常要求重新审议、延期执行，不断讨价还价。各种反对手段均告无效之后，才不得不忍痛割爱。第四，省级财政管理同样缺乏统一性。除京师之外的钞关由户部各司派员管理外，户部在各省并无分支机构。布政使司分管一省财政，但是按察使司同样有自己的银库和收入来源，并且有权检查治水计划、漕粮、屯田、盐务、驿传。第五，州县一级倒是权力集中于地方长官，但工作人员严重不足，衙门中充斥着数量众多、地位低下的胥吏，他们被分成六个部门以对应中央的六部。州县只要完成各种起运任务，其财政收支状况，朝廷是不大关心也不了解的。[①] 而且各级地方政府所需的人力、物力与财力，基本上来自林林总总的差役征派，这是无法计量的，自然也难以纳入财政预算并受上级监管。[②]

　　明代中叶的一条鞭法，启动了税收定额化、税则简单化、税种单一化的改革过程，经过清代的摊丁入地，各级政府的正项赋税归并为形式单一的土地税，而折银使得包括差役在内的各项赋役有了统一的计量标准，这些使得对全部赋役项目集中编制预算与核查成为可能，集权化的财政管理体制因之得以建立，其最突出的表现就是户部职权

[①] 黄仁宇：《十六世纪明代中国之财政与税收》，阿风等译，三联书店，2001，第14~29、355~357、367页。

[②] 刘志伟：《略论清初税收管理中央集权体制的形成》，《中山大学史学集刊》第1辑，广东人民出版社，1992，第115~129页。

的扩大。① 除了皇室财政由内务府主管外，户部综核全国各项收入，掌握全国各项支出，成为全国财政的总枢纽，② 从地方到中央的财政均在其掌控之中。

中央各部门的主要经费收支由户部统一管理。明代与户部财政竞争最为激烈的工部，到了清代只有杀虎口木税等微不足道的收入，其银库节慎库的库银数量从明后期的 100 万两减至一二十万两，而且多来自户部拨款。在支出方面，工部的权限也大为缩减，只能决定京师工程事务所需的物料银、脚价银等小额支出，限额为 1000 两，超过 1000 两便要请户部核准。③

地方财政方面，顺治时期就通过《赋役全书》的编纂，形成户部对内外衙门经费的全面掌控，构成了清朝财政管理中央集权的预算基础。④ 地方财政的收入要上报户部并由户部核定各项开销。各省每年要向户部造报本省当年的实存银数和第二年的主要开支估算，由户部加以审核。用于本省开支的，称为"存留"，如有节余，不归本省所有，要解送户部，或者按户部的指令运往他省使用，是为"解款协款制度"。这样，入不敷出的省份，也能够获得相当补助。为了落实对各省财政收支的监管，清王朝还建立了一套严密的奏销办法。⑤ 必须指出，清代的国家行政规模与财政规模，无法彻底贯彻财权中央集中

---

① 刘志伟：《略论清初税收管理中央集权体制的形成》，《中山大学史学集刊》第 1 辑，第 115～129 页。
② 汤象龙：《鸦片战争前夕中国的财政制度》，《财经科学》1957 年第 1 期；《皇朝经世文编续编》卷 31《声明内府外库定制疏》，台北：文海出版社，1972，第 3263 页。
③ 丁书云：《清代节慎库收支研究》，博士学位论文，中山大学，2018，第 10 页。
④ 申斌：《赋役全书的形成——明清中央集权财政体制的预算基础》，博士学位论文，北京大学，2018；申斌：《清初田赋科则中本色复归米的新解释——兼论明清赋役全书性质的转变》，《中国经济史研究》2019 年第 1 期。
⑤ 彭雨新：《清末中央与各省财政关系》，《社会科学杂志》第 9 卷第 1 期，1947 年。按，彭氏所论述的这套体系，确立于雍正二年，在此之前的清朝财政制度，可参见岩井茂树《中国近代财政史研究》，付勇译，社会科学文献出版社，2011，第 73～89 页。

体制，州县作为行政体制的末端，反而拥有更多的自由裁量权。州县的钱粮等固然是在中央的监管之下，但很多却是州县官筹措并决定其用途的。

通过奏销、解款协款等制度，中央掌控着各省的财税收支。彭雨新指出，各省按朝廷之令，征收各项赋税，存入公库，同时按朝廷之令，从公库中开销各项经费。开销之外，所有余剩银两，按朝廷指示运解至邻省或户部。地方开销的部分，先将款项预存，是为"存留"，运解部分，名曰"起运"。运解至其他省份使用者，称为"协饷"，解送户部的，称为"解饷"。"存留""起运"之数额多寡，运解至何处，均须经过户部批准，每年分春秋两次执行，故名"春秋拨"。云南、贵州等贫困省份，不独不解京饷，且需他省协济。[①] 所以滇铜铜本、黔铅铅本，实质上均为一种协饷。

四　太平天国起事对西南铜铅矿业的摧毁

财权中央集中体制，是清代矿业兴盛的一大关键。在这种机制下，朝廷拥有对全国财政监管与控制的巨大权力，能够指令各省的财力去支持重要的滇铜黔铅生产，并按自己的意志主导产品的分配。然而，这一央地关系的结构被太平天国运动所破坏。太平天国运动不但直接导致矿业的衰落，而且之后地方相对于中央的自主性增强，使矿业再也不可能得到恢复。

关于各省不再积极协济云南铜本，严中平认为是始于道光十九年，当时鸦片战争爆发，各省忙于筹措军费，"协济云南铜运经费多停止协解"。[②] 这一观点是对戴望《清故兵部侍郎兼都察院右副都御史江苏巡

[①] 彭雨新：《清末中央与各省财政关系》，《社会科学杂志》第9卷第1期，1947年。
[②] 严中平：《清代云南铜政考》，第43页。

抚徐公行状》的误读,① 夸大了鸦片战争对中国的影响,事实上,当时相关省份有财力而且也服从中央的指令协济云南办铜。

笔者查阅过中国第一历史档案馆所藏 1840～1850 年的相关朱批奏折与录副奏折,并未看到各省推脱协济云南铜本之事,相反,各省倒是积极遵从、配合中央命令。甚至到太平天国起事之初,相关省份仍积极遵从朝廷命令协济云南铜本。② 例如,1850 年户部指令广西拨"封贮银"2.5 万两赴滇办铜,此前因"堵剿楚匪",经朝廷批准,桂省搭银 2000 两,所以"封贮银"仅剩 2.3 万两,广西巡抚郑祖琛表示,将于"捐监正项银两"内拨 2000 两,凑足 2.5 万两之数解滇。③ 咸丰元年(1851),安徽省奉拨滇省铜本银 10 万两,安徽巡抚蒋文庆称"委实无银动放",但铜本要需,唯有设法先行筹集 3 万两解滇,余剩 7 万两,等地丁等银征到,立即优先将余款解赴滇省。④

但太平天国起事很快就重击了西南铜铅矿业以及全国的铸钱业。绵延的烽火阻断了诸多交通要道,铜材铅斤难以运出,铜本铅本亦难以运到。咸丰二年,咸丰帝对滇铜久候不至大发雷霆,对云贵总督、云南巡

---

① 从严氏著作的注释来看,他的这一观点来自戴望《谪麟堂遗集》中的《徐有壬行状》(即《清故兵部侍郎兼都察院右副都御史江苏巡抚徐公行状》),该行状记载:"(道光皇帝去世,咸丰皇帝继位,是年,徐有壬)擢云南布政使。云南运铜经费,军兴以后,他省无复津贴,京铜不起运。厂丁坐困,谋作乱。公请大府就厂制钱以苏民困,乱始息。咸丰元年,以曾孙生……"据此,徐有壬道光三十年(1850)任云南布政使,此时正好太平天国运动爆发,所以"军兴以后,他省无复津贴"当指太平天国运动的影响。严氏将徐有壬任云南布政使的时间误为道光二十九年,他可能因此将"军兴以后,他省无复津贴"系于 1849 年前,认为所论为鸦片战争。

② 《云贵总督林则徐奏请协拨滇省铜本银两事》,朱批奏折,道光二十八年四月二十日,中国第一历史档案馆藏,缩微号:04-01-35-064-0208;《大学士管理户部事务卓秉恬等奏为遵旨议请饬浙江江西各抚迅委委员解滇壬子铜本事》,录副奏折,道光三十年六月十三日,中国第一历史档案馆藏,缩微号:230-0645。

③ 《广西巡抚郑祖琛奏报拨委解云南咸丰元年铜本银数事》,录副奏片,道光三十年九月初二日,中国第一历史档案馆藏,缩微号:229-0273。

④ 《安徽巡抚蒋文庆奏为委解滇省铜本银两等款事》,录副奏折,咸丰元年八月二十一日,中国第一历史档案馆藏,缩微号:310-0596。

抚都发出了惩办威胁。① 此时，皇帝想到的，可能是上一年地方大员曾抱怨矿业生产艰难，无法及时生产出足额且合格的产品，所以耽误难免，② 皇帝无法再容忍这一理由，故而震怒。他没想到的是，此番延误比过去更为棘手，已非其怒火所能解决。一段时间之后他才获悉，长江航道已经被战事所梗塞，湖北省城积压了大量铜材，四川巴县卸载了大批铅斤。③ 与此同时，浙江应解滇 26 万两铜本、19.1 万两兵饷，亦因道路阻塞，"未起解者停解，已起解者折回"。而应解铜本银 31 万余两的江西则只解银 5 万两，剩余 26 万余两，赣省两次向朝廷申请，将此项银两截留为"防堵"经费，不再解滇。④

咸丰三年，应拨云南铜本银 817000 余两（100 万两铜本中，运费部分不解滇），加上兵饷，应解银 140 余万两，但滇省仅仅收到银 59000 余两，而户部也没有提供任何解决方案。云南官员不得不纷纷捐款，并将藩库、道库、府仓库、县仓库等所藏之银尽数挪用，共得银 165500 余两，留为"动放夏季兵饷及酌给紧要大厂铜本之用"。云南高官很清楚，这种困境暂时难以解决，大规模的战争之下，"各省均非充裕"，难以足额协济滇省，而且相对于迫在眉睫、关系生死存亡的战事，铜本、矿业之类已算不上要务了。⑤ 直到咸丰四年十月，咸丰三年的铜本尚缺额 33 万多两，⑥ 而按照规定，该年的铜本本应于咸丰二年解到。

---

① 《清朝续文献通考》卷 20《钱币二》，《万有文库》本，商务印书馆，1936，第 7695 页。
② 《清朝续文献通考》卷 43《征榷考十五·坑冶》，第 7980 页。
③ 《清朝续文献通考》卷 20《钱币二》，第 7696 页。
④ 《云贵总督吴文镕、云南巡抚吴振棫奏为滇省兵饷铜本待用孔亟请饬部迅速筹拨银两事》，录副奏折，咸丰三年二月十六日，中国第一历史档案馆藏，缩微号：678-2035。
⑤ 《云贵总督吴文镕、云南巡抚吴振棫奏为滇省兵饷铜本待用孔亟请饬部迅速筹拨银两事》，录副奏折，咸丰三年二月十六日，中国第一历史档案馆藏，缩微号：678-2035。
⑥ 《云贵总督罗绕典、云南巡抚吴振棫奏为铜本支绌甲寅年京运铜斤难以照旧额办理事》，录副奏折，咸丰三年十月二十一日，中国第一历史档案馆藏，缩微号：678-2476。

滇铜京运，原本每年正运 4 起，加运 2 起，眼见铜本严重不敷，咸丰三年五月，户部指令自咸丰四年起，削减正运 1 起、加运 2 起，共减额一半，铜本因之减为每年 50 万两。① 不过，咸丰三年九月，户部又改口称仍按原额办解滇铜。对此，云贵总督罗绕典回复称，本年的铜本尚缺银 331090 余两，如果咸丰四年要按原额办解，需铜本银约 86 万两，恳请皇帝饬户部设法将铜本银 119 万余两解滇。② 但皇帝对此同样无能为力，到咸丰四年四月，本年的铜本及次年的铜本（按规定应于咸丰四年解到）缺额 180 余万两，③ 咸丰五年三月，上一年、本年及次年的铜本缺额达 250 余万两。④ 咸丰初年滇省铜本缺额情况见表 2。

表 2　咸丰初年滇省铜本缺额情况

单位：两

年份	缺额
咸丰三年	250000
咸丰四年	826484
咸丰五年	803632
咸丰六年	654287
咸丰七年	673906

资料来源：《云南巡抚舒兴阿奏请旨饬部飞拨滇省应需铜本银两事》，录副奏片，咸丰六年八月初六日，中国第一历史档案馆藏，缩微号：679 - 0741。

表 2 是一个不完整统计，但已可见滇省铜本之匮乏。在军兴旁午之际，这一难题完全没有解决希望，咸丰五年，"节年奉拨兵饷、铜本不

---

① 《云贵总督吴文镕、云南巡抚吴振棫奏请循例拨乙卯年协滇铜本银两事》，录副奏折，咸丰三年五月二十八日，中国第一历史档案馆藏，缩微号：678 - 2202。
② 《云贵总督罗绕典、云南巡抚吴振棫奏为铜本支绌甲寅年京运铜斤难以照旧额办理事》，录副奏折，咸丰三年十月二十一日，中国第一历史档案馆藏，缩微号：678 - 2476。
③ 《云贵总督罗绕典奏报滇省铜本支绌借动盐课银两事》，朱批奏片，咸丰四年四月二十日，中国第一历史档案馆藏，缩微号：04 - 01 - 35 - 049 - 0870。
④ 《兼署云贵总督吴振棫奏为滇省铜本借动盐课捐输银两事》，录副奏折，咸丰五年三月二十八日，中国第一历史档案馆藏，缩微号：679 - 0256。

到"，早已"筹垫艰难"的云南，居然被户部要求拨解20万两兵饷至贵州，① 次年又凑垫7万两至黔，滇省各银库，"搜罗一空"。② 足见此时全国财政之困窘。

不但铜本亏欠严重，而且因军务吃紧，各省协济滇省的军饷也未能解到，职此之故，本已严重缺额的到滇铜本，还往往被挪用为军饷。光绪元年（1875）以前，陆续"借作军用"的铜本银达634175两。③

五　财权中央集中体制的破坏与战后云南铜矿业

军兴所导致的经费匮乏，使得西南矿业急剧衰败，"厂地久废"，"砂丁遂散而为匪"，造成较为严重的社会问题。④ 值得注意的是，平定太平天国起义后，清王朝迎来所谓的"中兴"，然而，大难不死的清王朝却再也无法足额筹集到支持西南矿业的经费。

清嘉庆以后，地丁钱粮逋负逐渐增多，各地盐政开始瓦解，关税收入也从乾隆三十一年的540余万两减少至嘉庆十七年（1812）的460余万两，而各省纷纷提出增加开支的请求。道光十年（1830）至十二年，因各省军需、赈恤、河工等支出，已产生2000余万两赤字。与此同时，户部支配全国财政的权威也开始受到挑战，出现了不执行户部酌拨指示的省份。不过，户部对正额钱粮的支配权虽有所减弱，但并未丧失。⑤ 而铜本与铅本的解运也大致正常。

---

① 《云南巡抚舒兴阿奏请饬催各省协滇兵饷铜本事》，录副奏折，咸丰六年三月二十六日，中国第一历史档案馆藏，缩微号：249-0191。
② 《云南巡抚舒兴阿奏请旨饬部飞拨滇省应需铜本银两事》，录副奏片，咸丰六年八月初六日，中国第一历史档案馆藏，缩微号：679-0741。
③ 《署理云贵总督岑毓英等奏请饬部酌拨筹还借动铜本事》，录副奏片，光绪八年十二月十二日，中国第一历史档案馆藏，缩微号：493-3053。
④ 《云南巡抚林鸿年奏为滇省东川所属各铜厂暂时指商垫办并派员督查新出之铜等事》，录副奏片，同治四年九月初七日，中国第一历史档案馆藏，缩微号：679-3384。
⑤ 岩井茂树：《中国近代财政史研究》，第96~97页。

但太平天国起事之后,督抚专权,布政使、按察使等失去了相对于督抚的独立性以及对后者的牵制作用,降为其属员。督抚各专其兵,各私其财,"唯知自固疆圉,而不知有国家",中央再难像过去那样统摄四方。① 督抚一面筹措对内对外的军需,一面应付巨额赔款债款,更促成各省财政形成独立局面。② 铜本、铅本告匮遂成为西南矿业发展的巨大障碍。

云南铜务因战争停顿十余年之后,同治四年(1865),云南巡抚林鸿年奏请招商垫资,恢复东川府属铜厂,朝廷又以京局铸钱"需铜孔亟",饬令滇省每年速办解360余万斤京铜,但彼时云南正处"回乱"之中,无力处理铜务。同治十年,省城附近及东南一带"军务肃清",官方立即"招商试办"东川铜矿,但两年过去,并无成效。滇抚岑毓英的解释是:过去是朝廷筹措"国帑"办矿,现在只能靠民间资本,而滇省迭遭兵燹,商民困穷,不能多垫工本深开远入,只能在山体表层寻矿,凭运气来决定收获。现在全省军务即将告竣,应恢复旧制,由户部筹拨工本,复兴滇铜生产。③

朝廷采纳了岑毓英的建议,于同治十二年指定江西、湖北、四川、广东、湖南、浙江等省筹集铜本100万两,命令几省务必于同治十三年夏季之前将银两悉数解滇。④ 然而,不管户部如何指令、催促,受令协济滇铜工本的各省总是推卸搪塞,以各种理由拒拨、少拨、缓拨滇铜铜本。表3是笔者从中国第一历史档案馆所藏档案中整理出的同治、光绪年间若干省份拨解1873年滇省铜本的数据。

---

① 罗尔纲:《湘军新志》,上海书店出版社,1989,第232~245页。
② 彭雨新:《清末中央与各省财政关系》,《社会科学杂志》第9卷第1期,1947年。
③ 《云南巡抚岑毓英奏报查明云南各铜厂情形请饬部筹拨工本采办事》,录副奏折,同治十二年三月初三日,中国第一历史档案馆藏,缩微号:378-2811。
④ 《户部尚书景廉奏为续拨滇省铜本银两请饬各省关起解事》,录副奏折,光绪四年六月十二日,中国第一历史档案馆藏,缩微号:680-0185。

表3　各省拨解1873年滇铜铜本情形

单位：万两

省份	应拨铜本	拨解情形 年份	拨解情形 数量	资料来源：中国第一历史档案馆馆藏档案
江西	8	1873	2	附片,缩微号:04-01-35-049-2755
		1873	2	附片,缩微号:04-01-35-049-2907
		1874	2	附片,缩微号:04-01-35-049-3197
		1874	2	附片,缩微号:04-01-35-049-3229
湖北	16	1874	3	朱批奏折,缩微号:04-01-35-049-3032
		1874	3	附片,缩微号:04-01-01-135-1533
		1874	3	附片,缩微号:04-01-35-049-3184
		1875	2	附片,缩微号:04-01-35-050-0248
		1875	2	附片,缩微号:04-01-35-049-3408
		1875	3	录副奏折,缩微号:506-3058
四川	19	1874	3	朱批奏折,缩微号:04-01-35-049-3061
		1875	2	录副奏片,缩微号:506-3069
		1875	2	录副奏片,缩微号:506-3071
		1875	3	录副奏片,缩微号:497-2503
		1876	3	录副奏片,缩微号:497-2546
		1876	3	录副奏片,缩微号:497-2664
		1876	3	录副奏折,缩微号:506-3079
广东	10	1874	2	录副奏折,缩微号:452-2733
		1874	1	录副奏折,缩微号:452-2735
		1875	2	录副奏折,缩微号:506-3063
		1875	1	录副奏折,缩微号:506-3072
		1875	1	录副奏折,缩微号:453-0283
		1876	3	录副奏折,缩微号:506-3074
湖南	8	1874	2	录副奏折,缩微号:497-2079
		1875	2	
浙江	22	未知	16	录副奏片,缩微号:506-3062
		1875	3	
		1875	3	录副奏片,缩微号:497-2347
未知省份	17			

必须说明，表3中的应拨铜本，本非该年应拨滇省之铜本，而是从历年积欠滇省的饷银中，拨一部分于该年解滇作为铜本。例如，同治八

年四川奉旨协济滇省兵饷，但因种种原因并未如额解滇，到同治十三年，共解银45.7万两，欠银95万余两。朝廷要求四川从欠银中拨19万两，于1874年解到云南作为铜本。① 这充分说明，朝廷已非常清楚，各省已不可能如数补回所欠滇省兵饷。

户部要求1874年夏季将铜本全数解滇，江西分4笔拨解，最后一笔于该年四月十八日交付，算是恪遵朝廷之命。② 但其他省份均出现了不同程度的拖延。湖南省奉拨8万两，第1笔银2万两解于1874年十一月，③ 广东奉拨银10万两，第1笔银解于1874年十二月，④ 这意味着湘粤两省在期限之内分文未解。四川省拖欠也非常严重，奉拨银19万两，期限到时，仅解过3万两，欠16万两。朝廷命令川省务必于1875年四月将欠数全部解清，但四川在此限内分文未解，拖到该年七月才拨解2万两。⑤

1875年，浙江、湖北滇铜铜本解清，逾期1年；1876年，四川、广东铜本解清，逾期2年，大部分铜本此时已经到滇。但到1878年，粤海关仍有2万两未解到。⑥ 不过，朝廷与云南可能都没有意识到，更为严重的铜本拖延，尚在后面。

光绪三年六月，朝廷再次筹拨滇铜铜本100万两，要求相关省、关接到命令后一年之内将款悉数解滇。各省、关拨解情况见表4。

---

① 《四川总督吴棠奏报拨解滇饷铜本银两日期事》，朱批奏折，同治十三年七月初四日，中国第一历史档案馆藏，缩微号：04-01-35-049-3061。
② 《江西巡抚刘坤一奏报拨解云南铜本银两事》，附片，同治十三年，中国第一历史档案馆藏，缩微号：04-01-35-049-3229。
③ 《湖南巡抚王文韶奏报湖南筹解云南铜本银两数目起解日期事》，录副奏片，光绪元年三月二十二日，中国第一历史档案馆藏，缩微号：497-2079。
④ 《两广总督英翰、广东巡抚张兆栋奏报广东太平关拨解云南铜本银两数目日期等事》，录副奏折，光绪元年四月十一日，中国第一历史档案馆藏，缩微号：506-3060。
⑤ 《四川总督吴棠奏报委解滇省铜本银两数目日期事》，录副奏片，光绪元年七月初五日，中国第一历史档案馆藏，缩微号：506-3069。
⑥ 《云贵总督刘长佑、署理云南巡抚杜瑞联奏为滇省协饷铜本批解日细请敕下各省速解欠饷事》，录副奏折，光绪四年五月十九日，中国第一历史档案馆藏，缩微号：498-1133。因笔者未发现相关史料，粤海关拨解铜本情况未体现在表3中。

表4 各省、关拨解1877年滇铜铜本情形

单位：万两

省、关	应拨铜本	拨解情形		资料来源：中国第一历史档案馆馆藏档案
		年份	数量	
广西	2	1877	1	录副奏片,缩微号:506-3109
湖南	2	1877	1	录副奏片,缩微号:498-0861
		未知	1	录副奏折,缩微号:507-0047
江西	20	1878	1	录副奏片,缩微号:453-2825
		1878	1	录副奏片,缩微号:453-3043
		1878	1	录副奏片,缩微号:493-1891
		1879	1	录副奏片,缩微号:498-1446
		1879	1	录副奏片,缩微号:454-0393
		1879	1	录副奏片,缩微号:507-1831
		1879	1	录副奏片,缩微号:454-0853
		1880	1	录副奏片,缩微号:498-2183
		1880	1	录副奏片,缩微号:454-1687
		1880	1	录副奏片,缩微号:507-0024
		1881	1	录副奏片,缩微号:499-0023
		1881	1	录副奏片,缩微号:499-0158
		未知	1	录副奏片,缩微号:507-0052
		未知	1	
		未知	1	
		1883	1	
		1883	1	录副奏片,缩微号:507-0068
		1883	1	录副奏片,缩微号:499-1034
		1883	1	录副奏片,缩微号:507-0094
浙江	25	1878	1	录副奏片,缩微号:498-1455
		1878	2	录副奏片,缩微号:498-1455
		1879	1	录副奏片,缩微号:498-1455
		1879	2	录副奏片,缩微号:507-1820
		1880	1	录副奏片,缩微号:498-2269
		1881	1	录副奏片,缩微号:454-2348
		1882	1	录副奏片,缩微号:507-0032
		未知	1	录副奏片,缩微号:507-0032
		1883	2	录副奏片,缩微号:507-0059

续表

省、关	应拨铜本	拨解情形 年份	拨解情形 数量	资料来源：中国第一历史档案馆馆藏档案
四川	22	1878	2	录副奏片,缩微号:493-1830
四川	22	年份与次数未知	8	录副奏折,缩微号:498-1724
四川	22	1879	4	录副奏折,缩微号:498-1724
广东	10	1880	2	录副奏折,缩微号:498-2260
河南	1	1878	1	录副奏折,缩微号:421-1181
太平关	10	1878	1	录副奏折,缩微号:493-1779
太平关	10	1878	1	录副奏折,缩微号:506-3111
太平关	10	1879	1	录副奏折,缩微号:507-0013
太平关	10	1879	2	录副奏折,缩微号:507-0020
太平关	10	1879	2	录副奏折,缩微号:507-0022
太平关	10	1880	1	录副奏折,缩微号:498-2220
粤海关	8	年份与次数未知	8	录副奏折,缩微号:507-0047

鉴于过去铜本的拖延，为督促各省、关及时解银，户部特地"由五百里行文飞催"。但一年之后，光绪四年六月，限期到时，仅有湖南、广西、江西各解银1万两，粤海关报解2万两，不过总数的5%。[①]

光绪四年五月二十日，期限将至之时，朝廷曾谕令，各省所欠解的铜本，户部马上查明催促，"令迅速筹解，毋稍延缓"。户部知道要各省、关按期提解已不可能，遂提出展期至本年内全数解清。如展期后尚不能解到，贻误京局铸钱，将"该藩司监督等指名严参"，并且还要追究总督、巡抚督催不力之过。[②] 户部的这一惩罚建议，得到了谕旨批准。[③]

① 《云贵总督刘长佑、署理云南巡抚杜瑞联奏为滇省协饷铜本批解日绌请敕下各省速解欠饷事》，录副奏折，光绪四年五月十九日，中国第一历史档案馆藏，缩微号：498-1133。
② 《户部尚书景廉奏为续拨滇省铜本银两请饬各省关起解事》，录副奏折，光绪四年六月十二日，中国第一历史档案馆藏，缩微号：680-0185。
③ 《江西巡抚刘秉璋奏报本省拨解协滇军饷及铜本银数日期事》，录副奏片，光绪四年六月二十四日，中国第一历史档案馆藏，缩微号：453-3043。

然而，挟带严惩威胁的督催，并未取得预期效果。1878年过去了，奉拨银25万两的浙江，仅解银3万两。朝廷对此无可奈何，下令再给浙江1个月期限，届时务必解清。但浙江巡抚梅启照声称实在"无款可筹"，只再解银1万两，余款继续拖延。①

见各省如此忽视号令，光绪五年四月，户部重申惩罚办法并获得圣旨批准，其法是：再给各省、关6个月时间，"分札惩劝，勒限补解"，如再迟误，即行惩处。如江西省应解20万两，但仅解到4万两，应请将江西布政使"交部察议"，并将"欠解铜本银两限于六个月以内扫数解清"。如果还不能依此期限完缴，定将江西布政使"指名严参"，并且追究江西巡抚"督催不力之咎"。赣抚李文敏回复称，现在江西已拨银5万两，尚剩15万两，但江西实在是库藏竭蹶，一定要6个月内解清，只有在本省光绪五年应征漕粮内借米10万石，合价银13万两，另设法筹2万两，共15万两解滇。所欠漕粮，"俟地丁厘税旺收，即便分年筹还"。② 借解京漕粮作为铜本，其实是将难题踢回给朝廷。朝廷对此当然无法接受，此事遂不了了之。江西省如同过去一样，每隔几个月，从地丁银两中拨银1万两作为铜本解滇。③

面对朝廷的强硬态度，浙江的回应较江西更为轻慢。浙抚梅启照奏称"奉拨愈巨，奉催愈紧"，委婉表达了不满，又称浙江"司局各库，支绌情形较往年尤甚"，无法于6个月内补清滇铜铜本，只能勉为其难，再拨银2万两。④

---

① 《浙江巡抚梅启照奏报筹解滇省铜本银两数目事》，录副奏片，光绪五年二月二十日，中国第一历史档案馆藏，缩微号：498-1455。
② 《江西巡抚李文敏奏报借本年冬漕银两奉拨云南铜本银数目事》，录副奏折，光绪五年五月二十二日，中国第一历史档案馆藏，缩微号：507-0015。
③ 《江西巡抚李文敏奏为动拨地丁项银续解云南铜本事》，录副奏片，光绪五年九月二十四日，中国第一历史档案馆藏，缩微号：507-1831；《江西巡抚李文敏奏报本省续解云南铜本及协滇新饷银数目事》，录副奏片，光绪五年十一月二十九日，缩微号：454-0853。
④ 《浙江巡抚梅启照奏为筹动地丁项下银两转解云南铜本事》，录副奏片，光绪五年八月初一日，中国第一历史档案馆藏，缩微号：507-1820。

光绪六年十二月，时间已过去三年半，光绪三年铜本仍然有过半未解，户部再次取得圣旨，要求各省半年内解清。这一命令同样遭受各省忽视。例如命令发出时，江西已解过 10 万两，正好是额度的一半，然而，到光绪七年五月十四日，朝廷再次勒限解清日期已过，赣省仅再拨银 1 万两。①

又过了一年，光绪八年十一月，署理云贵总督岑毓英、云南巡抚杜瑞联向朝廷申诉，光绪三年的铜本，到现在仅汇到 60%，而且所用汇费还是从铜本中扣除，已有圣旨令各省补解汇费，但各省置若罔闻。其中，四川欠解铜本 2 万余两，广东欠解铜本并汇费共银 81282 两，太平关欠解铜本及汇费 24701 两，粤海关欠解汇费 5676 两，浙江欠解铜本并汇费 152089 两，江西欠解铜本并汇费 64050 两，广西欠解汇费银 1113 两，总计欠解银 349067 两。② 同年十二月，岑毓英再次呼吁朝廷速催相关省、关拨解铜本。③ 军机大臣议奏之后，请旨要求"各省、关赶紧筹拨"。④

光绪九年正月，户部终于忍无可忍，取得圣旨要对"各省、关欠解云南铜本银两分别议处"。不过，命令再次形同具文。例如，应额解铜本银 25 万两的浙江，仅解银 9 万两，"未解及半"，被特别指明要将布政使德馨"交部议处"，并且所余 16 万两必须于本年六月内解清。浙江巡抚刘秉璋辩解称：现在浙省已解过银 10 万两，并且正在筹解另一笔 2 万余两，只欠银 123050 两，本省奉拨京饷、协饷任务"较他省为多"，连年所入不敷所出，积年欠解各省协饷"或数万或数十万或数

---

① 《江西巡抚李文敏奏报续解云南铜本银两数目日期事》，录副奏片，光绪七年五月十四日，中国第一历史档案馆藏，缩微号：499 - 0023。
② 《署理云贵总督岑毓英、云南巡抚杜瑞联奏请各关续拨欠解铜本银两解滇济需事》，录副奏折，光绪八年十一月二十日，中国第一历史档案馆藏，缩微号：507 - 0047。
③ 《署理云贵总督岑毓英等奏请饬部酌拨筹还借动铜本事》，录副奏片，光绪八年十二月十二日，中国第一历史档案馆藏，缩微号：493 - 3053。
④ 《军机大臣奏为拟缮请催续拨铜本银两等折谕旨事》，奏片，光绪八年，中国第一历史档案馆藏，缩微号：426 - 3070。

百万",连本省兵饷都只能寅吃卯粮,上年遇水灾,钱粮蠲免,收入更少。要求对德馨免于处罚。①

结果,德馨安然过关。1884年,左宗棠遵旨保荐人才,德馨还与曾纪泽等官员一起"交军机处存记",② 同年九月,德馨更升为江西巡抚。③ 而所谓浙江必须在光绪九年六月解清铜本的通牒,再次成为具文。直到光绪十一年,光绪三年铜本尚有21.3万余两未解到,其中,浙江欠解113050两,江西欠解1万两,太平关欠解2万两,广东欠解7万两。④

铜本拨解的艰难过程,折射出中央权威的相对衰减。这并不是说地方有意挑战朝廷,而是自身确实也面临财政压力。太平天国军兴以后,从中央到各省,各个方面开销剧增。许多省在自身已经焦头烂额之际,还要不断奉朝廷之命拨款协济他省。例如光绪五年七月,四川总督丁宝桢奏称,本年已解两次京饷24万两、西征新饷18万两、伊犁将军金顺军饷15万两,历年来分34次解淮军月饷113万两,历年来解过滇省新饷27万两,两年来解过滇省铜本10万两,马上又要拨第三批京饷14万两、固本兵饷2万两、第四批西征新饷6万两、金顺军营月饷4万两、淮军月饷3万两、协滇新饷2.6万两、滇省铜本4万两。⑤ 朝廷下达的协饷任务,已让许多省份难以承受乃至确实无力完全遵办。

我们不用纠结于地方所称的困难全系实情抑或有夸饰之处,而是应注意到在这种形势下,地方有了逃避、变通中央指令的更大空间。不管是客观上确实无力遵循还是主观上企图减轻责任,地方大吏均可以将拖

---

① 《浙江巡抚刘秉璋奏报本省库款支绌欠解云南铜本银两请免议处事》,录副奏折,光绪九年四月十五日,中国第一历史档案馆藏,缩微号:507-0061。
② 《清朝续文献通考》卷97《选举考七》,第8506页。
③ 朱寿朋编《光绪朝东华录》,中华书局,1958,第1825页。
④ 《大学士管理户部事务额勒和布呈指拨各省关铜本并协滇常饷日饷银已未解数目清单》,光绪十一年八月十八日,中国第一历史档案馆藏,缩微号:532-1937。
⑤ 《四川总督丁宝桢奏报委解第三批京饷及各省西饷铜本起程日期事》,录副奏折,光绪五年七月初五日,中国第一历史档案馆藏,缩微号:498-1724。

延、婉拒执行朝廷命令的原因归结为各种各样的巨大开销，而且这些开销亦非说辞，而是实有其事。例如，1873年江西奉拨铜本8万两时，就声称赣省每年解送京饷及协济各省军饷较多，"力难兼顾"，而且连年水旱等灾害致使未能如额征收地丁钱粮，入少出多，"已极支绌"，但铜本关系京师钱法，不得不于"无可筹画之中"，设法匀出2万两先行解滇。① 湖南奉拨光绪三年铜本银两，期限到时尚分文未解，理由也是湖南"素非财赋之区，岁入只有此数"，支应本省薪饷，加以奉拨京饷及协济各省军饷，"支绌情形近日尤甚"云云。② 这些协饷，户部均有案可查，并非虚构。

另一个关键之处在于，此时的中央，已不可能像过去那样大体掌握地方的岁入情况，因此难以确认地方是否在财政上欺骗或在多大程度上欺骗朝廷。正如彭雨新指出的，各项报销如何编造，以督抚意志为转移，而一些新增的大额税源如厘金等，户部根本无法切实稽核。③ 凡此种种，都为地方不全遵中央财政指令提供了可能。

当朝廷的经费划拨命令在全国普遍遭受挑战，中央就不得不接受现实，所以地方屡次拖延、少解乃至不解铜本，朝廷也难以真正实施惩罚。对地方而言，只要全国大量出现不严遵朝廷之命的情形且大都未受惩办，那么，以后就可以效法，甚至在本可以严格遵命的情况下也找原因敷衍。

云南矿业资本薄弱，过去铜本是提前一年解滇以便放贷，现在延后数年才陆续解到，这对滇铜生产的打击是致命的。更为严重的是，这些本已不足额且拖延的解滇铜本，大部分还难以用到铜矿业中去。滇省经

---

① 《江西巡抚刘坤一奏报拨解云南铜本银两事》，附片，同治十二年闰六月，中国第一历史档案馆藏，缩微号：04-01-35-049-2755。
② 《湖南巡抚王文韶奏报湖南筹解云南铜本银两数目起解日期事》，录副奏片，光绪元年三月二十二日，中国第一历史档案馆藏，缩微号：497-2079。
③ 彭雨新：《清末中央与各省财政关系》，《社会科学杂志》第9卷第1期，1947年。

费困难，每年需各省协济饷银60万两，太平天国军兴以后，各省自顾不暇，积欠滇省协银甚多，至同治十三年，已积至千万两之多。这样大规模的欠款，无论是朝廷还是云南官方都清楚，完全没有令各省补交的可能。朝廷于是退而求其次，于光绪二年七月谕令，自本年九月始，四川省每月提银1.3万两，湖北省每月提银0.6万两，苏、粤、湘、赣四省每月提银0.2万两，作为"协滇新饷"。另由浙江省、湖南省、东海关、镇江关等负责滇省的"常年兵饷"。然而，截至光绪四年三月底，各省、关欠解云南常年兵饷122万两，而"新饷"所解到者亦不及总额的1/3。① 滇省饷银困难，"遂不能不挪用铜本"。② 根据光绪四年云贵总督刘长佑的叙述，1873年各省应解滇的铜本100万两，5年之后，粤海关尚有2万两未解到，已解到之铜本，共计挪用63万余两，仅有30余万两用于办铜。③

在各省协饷难至的情况下，朝廷曾指令各省设局开捐，支援云南，是为滇捐。但山西、河南遭受天灾，各省开捐所得，"先其所急，竭力救助"，滇捐"顿形减消"。刘长佑感叹"各省协拨既不足恃，各局捐输亦恐徒劳"，再加本省连年歉收，"钱粮多所捐免，税厘收不如前"，而各地又频发叛乱警报，他呼吁朝廷饬令各省务必速解滇省之协饷与铜本。④

鉴于官方经费不济，同治四年，云南官员提出依赖商人出资。⑤ 同

---

① 《云贵总督刘长佑、署理云南巡抚杜瑞联奏为滇省协饷铜本批解日绌请敕下各省速解欠饷事》，录副奏折，光绪四年五月十九日，中国第一历史档案馆藏，缩微号：498-1133。
② 《云南巡抚潘鼎新奏为滇省饷项缺乏请饬部每遇各省报解滇饷即查照原拨协饷铜本多寡数目分别匀摊等事》，录副奏片，光绪三年七月十六日，中国第一历史档案馆藏，缩微号：453-2183。
③ 《云贵总督刘长佑、署理云南巡抚杜瑞联奏为滇省协饷铜本批解日绌请敕下各省速解欠饷事》，录副奏折，光绪四年五月十九日，中国第一历史档案馆藏，缩微号：498-1133。
④ 《云贵总督刘长佑、署理云南巡抚杜瑞联奏为滇省协饷铜本批解日绌请敕下各省速解欠饷事》，录副奏折，光绪四年五月十九日，中国第一历史档案馆藏，缩微号：498-1133。
⑤ 《云南巡抚林鸿年奏为滇省东川所属各铜厂暂时指商垫办并派员督查新出之铜等事》，录副奏片，同治四年九月初七日，中国第一历史档案馆藏，缩微号：679-3384。

治十三年，历时 18 年的"回乱"平定，滇省铜矿业采行"官督商办"之法，由绅商经手，不归道府管辖，每年认解京铜 200 万斤，但经办数年，收效甚微。光绪五年又改归官办，4 年后又创设招商局，希望吸纳民间资本，但只筹集到商本 7 万余两，实属杯水车薪。铜矿业因此再也无法振起。自同治十三年至光绪十五年共 15 年间，云南铜矿业领用公款 113 万两零，陆运运费 407226 两，水运运费 274748 两零，共计 1854141 两零，解运京铜 8 批，共 837 万斤，另存铜店 75140 斤，这和从前每年领款百万，得京铜 600 余万斤相较，不啻霄壤。①

矿业的衰落，直接影响了全国铸钱。太平天国战事初起，清王朝"费用浩繁"，"急筹变通之法"，改铸面值远大于实值的"当十""当五十"大钱，②乃至"当百""当二百""当三百""当四百""当五百""当千"大钱，甚至将铁也用作币材。太平天国运动之后，西南铜铅矿业未能重现旧观，清代的铸钱业因之再也无法恢复旧况。③

结　语

清代矿业兴盛的前提是，朝廷通过奏销、解款拨款等制度，掌控着全国各省的财政，监控着各省的详细开销，并根据需要将财政经费在全国各省间灵活调配。各省库藏与其说是地方财政，还不如理解为中央设在各地的银库。因此朝廷可以指令各省的财力去支持滇铜黔铅生产，而所有矿产品及收益同样归朝廷所有，由朝廷主导其分配。云贵官方每年

---

① 严中平：《清代云南铜政考》，第 45 页；《署理云贵总督岑毓英奏为札饬广西补用知府张家齐等招商集股来滇承办顺宁等处铜厂事》，录副奏片，光绪九年四月初七日，中国第一历史档案馆藏，缩微号：532-2124。
② 《前任国子监祭酒彦昌奏为广收铜斤严防私奏事》，录副奏折，咸丰三年十一月二十七日，中国第一历史档案馆藏，缩微号：678-2438；钟琦：《皇朝琐屑录》卷 32《钱法附矿务二十二则》，台北：文海出版社，出版年份不明，第 1141 页。
③ 彭信威：《中国货币史》，上海人民出版社，1965，第 526~529 页。

所办获铜铅,全部要根据朝廷命令解送京局、本省铸局以及运售各省。在此过程中产生的铜息、铅息、铸息,地方无权动支,哪怕是非常细微的支出,都必须向朝廷申请,获得户部同意,最后由皇帝批准。太平天国军兴之后,这一财权中央集中体制与央地关系的结构受到破坏,中央再难调拨全国资源支持滇铜黔铅生产,矿业就此一蹶不振。

沙洲坍涨与盐政变迁：清代靖江县由浙盐改食淮盐述论

武俊杰[*]

摘　要：明清以来，长江下游靖江河段的沙洲群在水环境的作用下逐渐向北并岸，使得在州县行政序列下属浙盐配销区的靖江县却位于两淮盐区的划界范围。此种州县行政序列与盐管序列下盐政运销的不统一，导致靖江县长期以来为私盐问题所困扰，其中尤以邻私最为严重。本属江南却位于江北的特殊性以及沙洲与陆地时分时连的复杂性，势必会要求国家创造出更加适合沙洲自身特点的社会管理模式。但免除运销浙盐引杂费、改食建议、设兵查缉等调适和防范措施仍与固定区域的管控方式如出一辙，并没有取得预期的效果，反而很快又陷入由调适到改销再到复销的循环模式中。

关键词：沙洲坍涨　清代　靖江县　盐政　邻私

关于清代私盐问题的研究，从近几年的研究成果看，逐渐出现了繁荣的局面，然而较之盐业史的研究，私盐问题的研究相对较少。此前虽然有不少学者做过专门的探讨，[①] 但大多是从宏观的角度进行考

---

[*] 武俊杰，上海师范大学博士研究生。
[①] 陈锋：《清代盐政与盐税》，中州古籍出版社，1988；佐伯富：《清代盐政之研究》，顾南、顾学稼译，《盐业史研究》1993年第2期；江希曷：《浅议两淮盐业缉私沿革》，《盐业史

察，从微观的角度进行探讨的成果相对不足。诸如划界行盐导致的邻私，在淮南众多的私盐种类之中，对官盐的危害颇为严重，学术界也做过相关的讨论。① 然而在这些讨论中，大多着眼于固定空间（主要指陆地人口聚落）的常态控制，并从不同的角度阐释国家与社会对待邻私问题的态度。但是本文所关注的沙洲社会，显示出在私盐问题中还存在未被学术界重视的浮动水域空间中的非常态控制。尤其是州县行政序列与盐管行政序列在地理环境因素作用下的不统一，使得邻私问题更加突出。而对邻私问题的探讨，对于了解盐业史以及相关的私盐问题也是有所裨益的。同时，据笔者不完全统计，目前还没有专门探究长江下游并岸沙洲邻私问题的成果。与本研究相关的文章是吴滔的《海外之变体：明清时期崇明盐场兴废与区域发展》，该文从盐业产与销的角度探讨了明清时期崇明盐场的变迁，揭示了"沙洲—海岛型"盐业管理机构与州县行政之间的复杂关系，尤其是官方对崇明盐业生产控制上的宽松度和随意性，则进一步说明了东南海疆的社会结构和国家控制的变化。② 靖江县与崇明同为沙洲型政区，二者在盐法体系上也均与固定区域不同，那么，"沙洲—并岸型"的盐业管理制度又有哪些独特的风貌？为此，笔者尝试以常州府属的靖江县为切入点，从地理、制度、价格等因

研究》1996 年第 2 期；方裕谨：《道光初年两淮私盐研究》，《历史档案》1998 年第 4 期；张小也：《清代私盐问题研究》，社会科学文献出版社，2001；吴海波：《清中叶两淮私盐之贩卖方式与特点——以私盐个案为视角》，《南都学坛》2010 年第 1 期；吴海波：《清中叶两淮私盐及其个案分析》，《四川理工学院学报》2010 年第 5 期；吴海波：《清代两淮私盐考辨——基于对淮盐重要行销口岸江西的量化分析》，《扬州大学学报》2014 年第 5 期；等等。

① 何光临：《川、淮盐并销制探源》，《盐业史研究》1990 年第 3 期；王肇磊：《清代鄂西北私盐泛滥原因探析》，《盐业史研究》2006 年第 2 期；方志远：《明清湘鄂赣地区的"淮界"与私盐》，《中国经济史研究》2006 年第 3 期；陈锋：《清代的私盐》，陈锋主编《中国经济与社会史评论（2009 年卷）》，中国社会科学出版社，2010；吴海波：《清代湖广邻私述略》，《盐业史研究》2014 年第 4 期；杨蕊：《试析清代陕西引盐行销中的邻私问题》，《西北大学学报》2014 年第 2 期；黄国信：《清代私盐市场的形成——以嘉道年间湖南南部私盐贸易为例》，《河南大学学报》2016 年第 7 期；等等。

② 吴滔：《海外之变体：明清时期崇明盐场兴废与区域发展》，《学术研究》2012 年第 5 期。

素出发，对淮南邻私问题进行考察。同时，本文对靖江县邻私问题的考察，不仅是要厘清淮盐进入的原因，而且采用"通过邻私看盐界"的策略，以期为今后更好地探讨盐政与沙洲型社会变迁这一主题提供清晰的历史依据，进而对水域空间中的沙洲社会进行研究。

一　靖江县食盐行销格局

靖江县，本是江中一沙洲，初涨时称阴沙，后称马驮沙，曾先后隶属扬州府之泰兴和常州府之江阴两县。由于沙洲坍涨不常的特性，其在明初逐渐靠近常州府属之江阴县，因此在明洪武二年（1369）划归江阴县管辖。明成化七年（1471），巡抚都御史滕昭奏析江阴县之马驮沙洲群而设靖江县（今泰州市下辖县级市），改隶常州府。而常州府的食盐供应来源主要是浙盐，据《明史·食货志》，两浙的行盐区："浙江、直隶之松江、苏州、常州、镇江、徽州五府及广德州，江西之广信府。"[①] 清承明制，据《钦定重修两浙盐法志》，两浙盐区："以省计者四，曰浙江，曰江苏，曰安徽，曰江西。以郡计者十七……隶江苏者四，曰苏州，曰松江，曰常州，曰镇江。"[②] 两书所记载的常州府俱为浙盐的配销区，隶属常州府之靖江县也在其配销范围内。此种配销格局的划分，实际上是以州县行政为依据的，也就是说此种划分格局从明初马驮沙洲群隶江阴县开始已经形成，直至清代依然保持此种配销格局，因此，靖江县配销浙盐是符合州县行政序列管控要求的。但是明嘉靖朝以后，地处江心并紧邻江阴县的靖江县在长江水环境以及人为种芦培土的作用下，渐与江北之泰兴和如皋两县接壤，使其在地理上紧靠两淮盐场，并属于两淮盐区的划界范围，进而出现州县行政序列与盐管序列下

[①] （清）张廷玉：《明史》卷80《食货志四》，中华书局，1974，第1932页。
[②] （清）延丰等纂修《钦定重修两浙盐法志》卷1《疆域》，《续修四库全书》卷840，史部·政书类，上海古籍出版社，2001，第615页。

盐政运销的不统一。本属江南却位于江北的特殊地理位置以及在"划界行盐"与"专商行盐"的规定下，靖江县长期以来为私盐所困扰，其中尤以邻私最为严重。

二 靖江县邻私泛滥的原因

从明初马驮沙洲群全部划归江阴县，至明成化七年设靖江县隶属常州府，靖江县配销浙盐的格局一直比较稳定，尚未出现官方规定的任何改食变化，这是基于州县行政管控以及靖江县尚未向北靠岸的合理考虑。然而事实并非如此，置县初期的靖江县并没有按照州县行政以及盐管行政的既有规定配销浙盐，而是处于放任的状态，此种状态导致对淮盐的进入并没有采取任何措施，邻私逐渐泛滥。归纳起来，靖江县邻私泛滥的原因主要有三。

首先，地理因素。"靖江县，本扬子江中一洲，旧为江阴县马驮沙地，中分为二，故名马驮东沙、马驮西沙。四面湍急不息，东枕孤山，西引黄山，地方二百余里，居民五十五里。"[①] 同时，"旧境与扬州江阴军接界，东西五十五里，南北二十八里。国朝重加揆度，全隶江阴县"。[②] 这是现存文献中，最早有关靖江县的记载。[③] 材料显示，明初的靖江县本位于扬子江中，中有一套水线，分为马驮东沙、马驮西沙。与江阴县接界，东西五十五里，南北二十八里，并全部隶属江阴县。至成化七年，巡抚都御史滕昭奏析江阴县之马驮沙设靖江县，其中的一条理由即"江阴县马驮东、西二沙，地在扬子江心，以里计，广逾三十，

---

① （明）朱昱：《重修毗陵志》卷1《地理》，台北：成文出版社，1983，第226页。
② （明）朱昱：《重修毗陵志》卷1《疆域》，第235页。
③ 《重修毗陵志》刊刻于成化二十年，重修的原因，成化十八年徐琼在《毗陵志增修序》中言："惟靖江县之新置，郡志未收，无以维系人心，同归于圣化。"徐琼（1425~1505），字时庸，又字东谷，明代耿阳（今江西省抚顺市金溪县合市镇）人，时为南京翰林院侍读学士。

袤凡七十有余。其间旧有里分五十图,去江阴县治往回江面七十余里,风涛不测"。① 可见,位于江心的马驮沙东西距离为三十里,南北距离为七十多里,较之明初的东西五十五里,南北二十八里,县境南北距离逐渐增大。

至成化十八年重修郡志之时,县域"东抵巫子门海洋,西抵本府武进县横担,广九十五里,南抵本府江阴县江岸,北抵扬州府如皋县石庄,袤八十八里"。② 同时,卷一《水程》中补充记载:"靖江县,东至海口六十里,西至武进县横担三十五里,南至江阴县三十里,北至扬州府泰兴县界二十五里,东南至江阴县蔡家港七十里,西南至武进县澡港巡检司八十里,西北至泰兴县新河三十里,东北至扬州府如皋县界三十里。"③ 两则材料显示,此时靖江县的东西距离已经增加至九十五里,南北距离增加至八十八里,说明沙洲面积逐渐增大,并有逐渐靠近泰兴、如皋两县的趋势。此时靖江县实征官民田山滩的总数是"两千八百九十七顷五十八亩一分六厘",④ 但是至正德十五年(1520),实际的官民田山滩总数已达"三千八百六十五顷二十八亩"。⑤ 其间增加了近一千顷,而新增的沙田是靖江县沙洲淤涨的直接证据。

隆庆三年(1569),时任靖江县知县张秉铎清查旧有官民田山滩总数时,已经达"四千一百一十三顷六十四亩有奇"。⑥ 同时,隆庆三年补刊的靖江县志载:"其地东西百里,南北二十五里,编户旧五十五里,今六十里,东至江阴巫子门三十里,西至武进县横担六十五里,南

---

① 《明宪宗实录》卷96,成化七年闰九月,台北:中研院历史语言研究所,1962年影印本,第1831页。
② (明)朱昱:《重修毗陵志》卷1《疆域》,第235页。
③ (明)朱昱:《重修毗陵志》卷1《水程》,第239页。
④ (明)朱昱:《重修毗陵志》卷7《财赋》,第522页。
⑤ 嘉靖《新修靖江县志》卷1《田赋》,《江苏历代方志全书·常州府部》第47册,凤凰出版社,2017,第16~17页。
⑥ 嘉靖《新修靖江县志》卷1《田赋》,《江苏历代方志全书·常州府部》第47册,第22页。

至江阴县君山麓四十里，北至扬州府泰兴县沙河埠二十五里，东南到江阴蔡家港五十里，西南到武进县澡港五十里，东北到扬州府如皋县石庄七十里，西北到泰兴县新河五十里。"① 此时靖江县东西距离为百里，南北距离为二十五里，距离江阴县君山、蔡家港的距离分别是四十里、五十里。较之《重修毗陵志》卷一《水程》中所记载的数据，隆庆朝时的沙洲面积渐有坍没的趋势，尤其是靖江县北部，坍没程度较大。同时，靖江县原分东西二沙，中有一套水线，但在嘉靖二十八年（1549），"套渐涨为平陆，乃始合而为一，地广袤约二百余里"。② 东西二沙合二为一，并在此大沙之外又有十洲，"自东绕南至西，联络起伏，或大或小，曰麦条沙、东开沙、尹家沙、官沙、叚头沙、南沙、西小沙、孙家沙、新沙、团沙"。③ 但是"今多涨起相连广袤，次于大沙，民居加密焉"。④ 如图1所示，随着部分小沙洲与主沙的涨连，尚可见西小沙，并新涨新小沙。

明万历四十七年刊刻的《重修靖江县志》载："邑沙旧分东西，而今合两为一，递年西壤渐拓，已与泰兴西南境壤接，车马且络绎不绝矣。"⑤ 可见，此时靖江县西北部已经与泰兴县西南境接壤（见图2）。

时人据此亦作《桑田四起》："今古沧桑几变迁，偏兹式廓迥袤延，西陲径走维扬道，隔水诸沙尽接壤。"⑥ 又大沙之外旧有十洲，自东绕南至西有麦条沙、东开沙、尹家沙、官沙、叚头沙、南沙、西小沙、孙

---

① 嘉靖《新修靖江县志》卷1《疆域》，《江苏历代方志全书·常州府部》第47册，第14页。
② 万历《重修靖江县志》卷1《疆域》，《江苏历代方志全书·常州府部》第47册，第128页。
③ 嘉靖《新修靖江县志》卷1《疆域》，《江苏历代方志全书·常州府部》第47册，第14页。
④ 嘉靖《新修靖江县志》卷1《疆域》，《江苏历代方志全书·常州府部》第47册，第14页。
⑤ 万历《重修靖江县志》卷1《疆域》，《江苏历代方志全书·常州府部》第47册，第128页。
⑥ 万历《重修靖江县志》卷12《集诗志》，《江苏历代方志全书·常州府部》第47册，第294~295页。

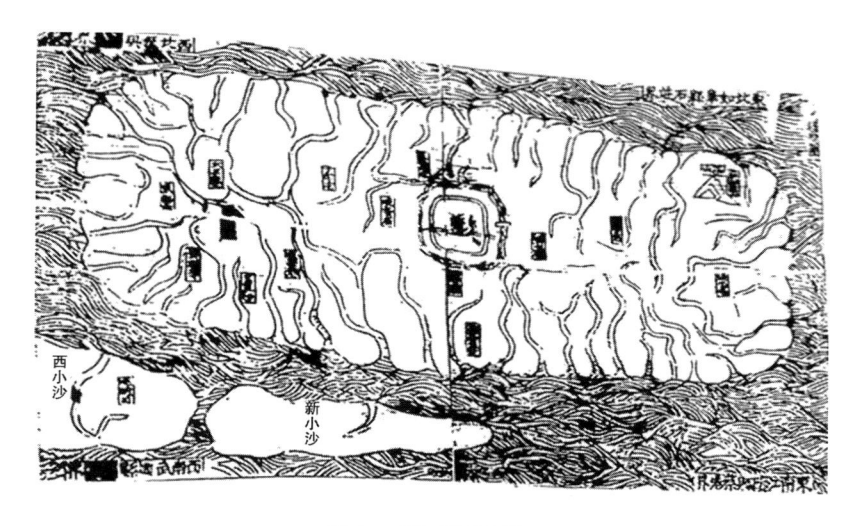

沙洲坍涨与盐政变迁：清代靖江县由浙盐改食淮盐述论　　Regional Studies

图1　靖江县境图示

资料来源：嘉靖《新修靖江县志》卷1《疆域》，《江苏历代方志全书·常州府部》第47册，第10页。

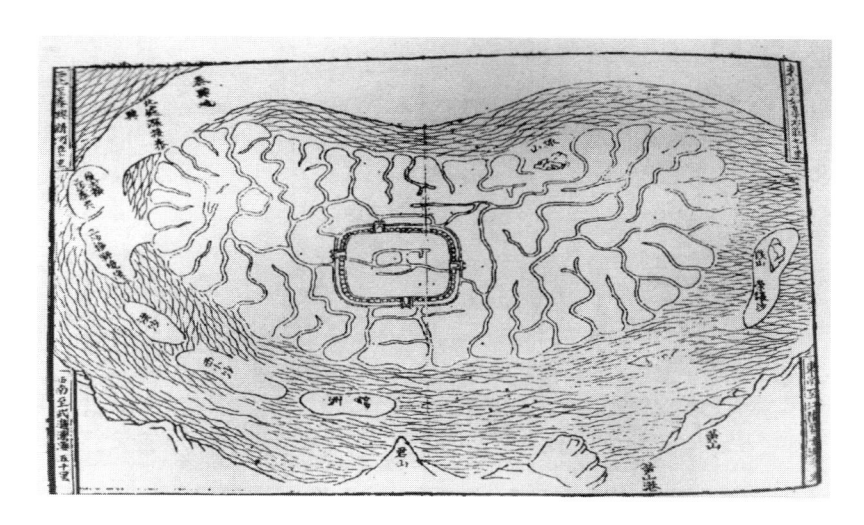

图2　靖江县西北部与泰兴县接壤图示

资料来源：万历《重修靖江县志》卷1《列图》，《江苏历代方志全书·常州府部》第47册，第125页。

· 179 ·

家沙、新沙、团沙。"今惟东开沙与邑联壤，西小沙仍故名，南沙间称鹤洲。若孙家沙则改称复土，团沙改称洪沙，新沙改称三沙，叚头沙改称崇让沙矣。改称皆以坍而复涨，故其云崇让，志息争也。至于尹家沙、官沙、麦条沙侵于强县，易名久矣。"① 综上，并根据县志编修成书时间滞后于材料收集截止时间的规律，以及隆庆三年补刊的靖江县志中的县境图所示，大沙之外的十洲，坍没后只剩西小沙，并新涨新小沙。但是至万历四十七年之前，在原有十洲的位置上，自东绕南又新涨四洲，分别是崇让沙（叚头沙）、洪沙（团沙）、三沙（新沙）、复土沙（孙家沙），改称的原因皆归结于沙洲坍涨不常的特性。至于尹家沙、官沙、麦条沙则接壤其他县，唯有东开沙与靖江县涨连。天启朝以后，"海若效灵，沧桑变易，西北涨连泰兴，东与如皋接壤，各港淤塞，斯过半矣"，② 如图3所示。

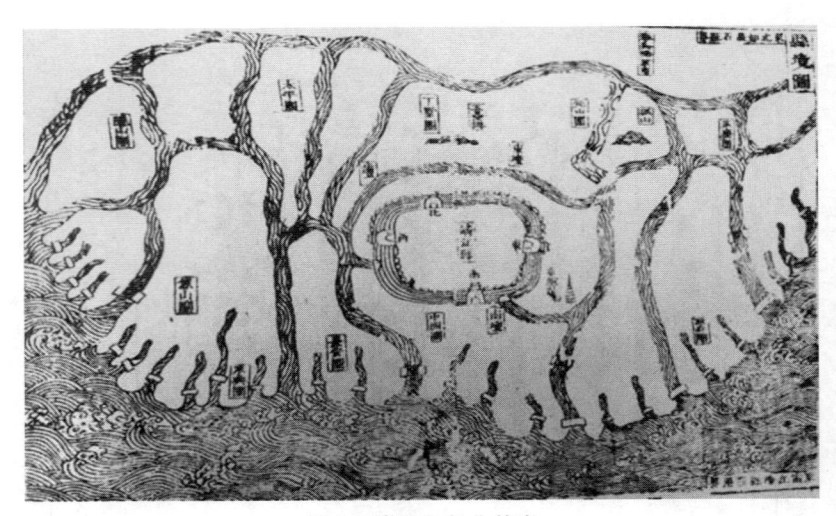

图3 靖江县向北并岸

资料来源：康熙《靖江县志》卷1《县境图》，《江苏历代方志全书·常州府部》第48册，第71页。

---

① 万历《重修靖江县志》卷1《疆域》，《江苏历代方志全书·常州府部》第47册，第128页。
② 康熙《靖江县志》卷16《记》，《江苏历代方志全书·常州府部》第48册，第248页。

沙洲坍涨与盐政变迁：清代靖江县由浙盐改食淮盐述论　　　　　　　　Regional Studies

　　至此，靖江县涨连扬州府属的泰兴和如皋两县，但仍然隶属常州府，成为江南的一块"飞地"，进而使得在州县行政序列下属浙盐配销区的靖江县却位于两淮盐区的划界范围。此种特殊的地理位置无形中为私盐的进入提供了契机。明清时期靖江县沙洲变化对比如图4、图5所示。

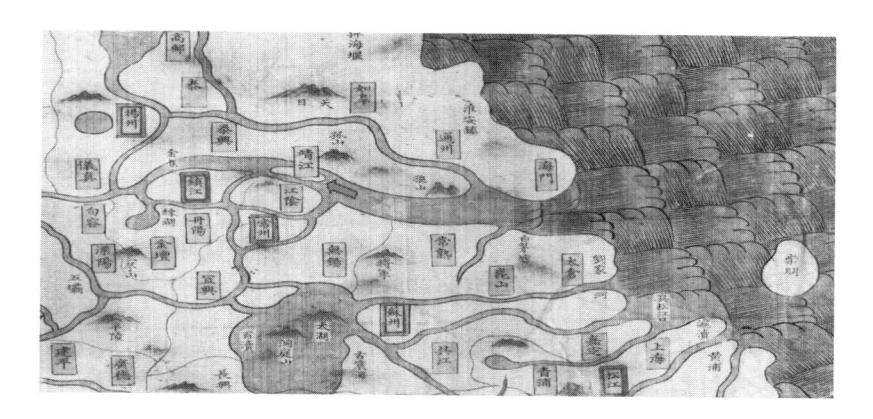

图4　《大明舆地图·南直隶舆图》（绘制于明嘉靖二十四年至三十八年）

资料来源：台北中研院数位文化中心数位方舆。

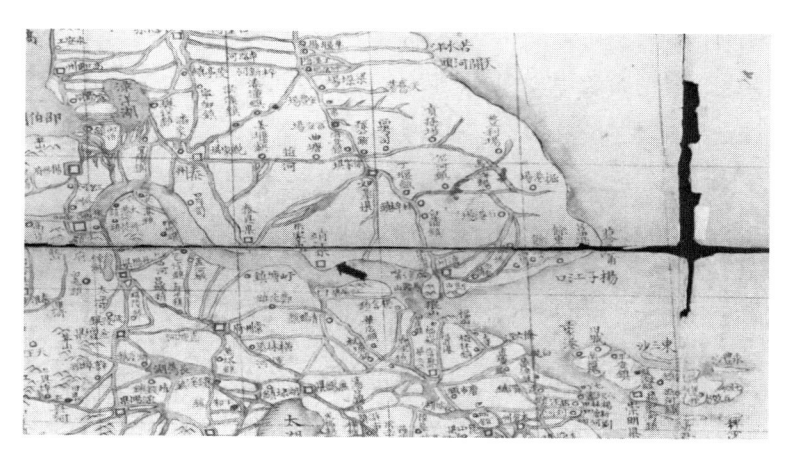

图5　《江南舆地图》（绘制于康熙六十年前后）

资料来源：台北中研院数位文化中心数位方舆。

其次，历史因素。据万历《重修靖江县志》，靖江县知县景日畛提议，在"万历三十八年始行官盐，令富民充土商诣两浙都转运盐使司，以银百六十两买千引，至天赐场掣盐四千石载归，发铺卖之"。① 这是县志中关于靖江县配销浙盐最早的记载。原因据景日畛所说："天下岂有不食盐之邑哉？靖之盐不行于官而徒禁之于私，非法也。故欲禁私盐者，法不得不行官盐矣。"② 说明在万历三十八年（1610）之前，靖江县并没有配销浙盐，只是在私盐泛滥的情况下不得已才配销官盐。并鉴于"靖邑环江四绝，商则不至"以及"靖民安土重迁，不任为商"的情形，不得已"乃括富民充土商任之，而富民又更以直募徽人任之"，③由商人至隶属两浙盐场的崇明县天赐盐场去贩运销售。然而其间辗转相委，所费过当，致使私盐不能全部禁止，官盐亦不能很好行销。如果只是令私盐涨价，那么商本就会大挫，于是"土商告金替，金替告而猾胥黠，民交相倚，以为奸民，乃益踌躇，不胜重困"。④ 同时，靖江县的盐课数倍于其他县，"今盐引增一千而盐斤复不少损，何也？初靖江止有引五十，缘不行而附于江阴，夫五十之不行，而欲骤行千引，斯已难矣"。⑤ 以致后人有"夫景公者，安知其流弊至此哉"⑥ 的评价。

明崇祯年间，靖江县士绅朱家栋在《邑侯赵公政绩记》中记载："邑比接通、泰，食淮盐如取诸其家，初令甲未有禁也。后当事者乃以

---

① 万历《重修靖江县志》卷3《课程志》，《江苏历代方志全书·常州府部》第47册，第160页。
② 万历《重修靖江县志》卷3《课程志》，《江苏历代方志全书·常州府部》第47册，第160页。
③ 万历《重修靖江县志》卷3《课程志》，《江苏历代方志全书·常州府部》第47册，第160页。
④ 万历《重修靖江县志》卷3《课程志》，《江苏历代方志全书·常州府部》第47册，第160页。
⑤ 万历《重修靖江县志》卷3《课程志》，《江苏历代方志全书·常州府部》第47册，第160页。
⑥ 万历《重修靖江县志》卷3《课程志》，《江苏历代方志全书·常州府部》第47册，第160页。

大户金土商行浙盐，道险而费逾倍。大户困，猾胥因以为奸科，及中下，则中下亦困。"① 光绪年间《靖江县志》记载："靖民多事耕凿，不谙盐政，且崇明在靖之东长江天堑，相去数百里之遥，多有风波之险。"② 由于紧邻两淮盐场，有明一朝靖江县"贫民恒采淮盐贩市"，为此，官方设置兵壮进行缉私，以缉获的私盐作为官盐，并售卖给民众，"易价解两浙盐院以充功绩，遂为成例"。③ 由此可见，靖江县在明前期虽然隶属常州府，但是在万历三十八年之前并没有配销官方指定的浙盐，由于紧邻两淮盐场，县民多食被认为私盐的淮盐。尽管当时有专门缉私的兵壮，然而缉得之盐多以功绩盐的形式返售给民众。同时，由于崇明天赐盐场距离靖江县有百里之遥，尤其是装有盐斤的船只能逆流而上，辗转多变，耗费太多，本土富民与所任徽商不愿舍近求远购买浙盐，这也在无形当中为邻私的进入创造了条件，并使之趋于泛滥。而这样的渊源由来已久，换言之，这一格局最晚在明初已经形成。

最后，制度因素。划界行盐制度是邻私出现并猖獗的重要原因之一。关于划界行盐，《资治通鉴》载："晏专用榷盐法充军国之用。时自许、汝、郑、邓之西，皆食河东池盐，度支主之；汴、滑、唐、蔡之东，皆食海盐，晏主之。"④ 此种制度最初用于山西河东池盐和沿海海盐的划分，尚比较简单，直至元代才基本上形成各盐区分界行盐的状态，并对明清食盐流通与盐政产生了深远的影响。同时明清也因袭了前朝在盐政方面的诸多弊端，尤其是邻私问题。

换言之，官盐的销售有一定的区域，称为"岸"，盐商只能在规定的盐场进行贩买，不得跨界买盐，并在规定的引地贩卖，不得跨界卖

---

① 崇祯《靖江县志》卷12《艺文》，《江苏历代方志全书·常州府部》第47册，第425页。
② （清）叶滋森等修，褚翔等纂《靖江县志》卷5《盐法》，台北：成文出版社，1983，第102~103页。
③ （清）叶滋森等修，褚翔等纂《靖江县志》卷5《盐法》，第102~103页。
④ 《资治通鉴》卷226，中华书局，1956，第7286页。

盐，否则即为走私。划界行盐的销售方式使本来可以就近食用淮盐的靖江却划归浙盐的销售区域，路途遥远导致运费高昂，盐价也随之增高。但是分属不同配销区的相邻两岸，其盐价、盐的成色有很大的区别，因此价格低、成色好的一方的盐会流通到盐价高的一方进行销售。所以靖江县"贫民恒采淮盐贩市"，邻私对此地的渗透并非偶然，而是有其必然的原因。尤其是坍涨不常的水域空间与陆地常田的固定区域不同，靖江县建县前和建县之初，本为江中沙洲，并靠近常州府属的江阴县，行销浙盐，这从州县行政以及划界行盐的角度考虑都是合理的。但是沙洲坍涨不常的特性使其范围逐渐扩大并向北靠岸。尽管紧邻江北以及两淮盐场，但是由于在行政上隶属常州府，因此在划界行盐时，仍隶属两浙盐场。所食浙盐，势必涉及官盐的运程，而距离靖江县最近的是崇明县的天赐盐场，从崇明县至靖江县走长江航道，属逆流而上，相对于紧邻两淮盐场的泰兴和如皋两盐场，运程较远，以致"地有近远，近者利用官盐，远者利用私盐，兴贩之徒，获利必厚，虽设巡捕之格，下缉私之令，终无以禁之，"[1] 进而"既买私盐，则兴贩之徒必多，于是盗贼盛而刑狱滋矣"。[2] 官盐运费增加并使得浙盐的价格高于淮盐，为贩私者贩卖私盐提供了机会，如李澄所说："定额之初，计口授食，迄今百余年。户口之数，日增于前，而额引反映，岂商之运行不力欤？实私害之也。私盐由场出者，常十之三四；由邻入者，十之五六。此所远者彼所近（如楚西边界，有去场远至二三千里），此以贵者彼以贱，虽不受其害而不能。"[3] 然而要使百姓舍贱求贵、舍近求远，与常理是相悖的，所以邻私与不合理的行盐范围以及运

---

[1] （清）吴铤：《前因时论二十五》，盛康辑《皇朝经世文编续编》卷50《户政二十二·盐课一》，台北：文海出版社，1966，第5426页。

[2] （清）李祖陶：《变盐法议》，盛康辑《皇朝经世文编续编》卷50《户政二十二·盐课一》，第5466页。

[3] （清）李澄：《淮鹾备要》卷4《行盐地·口岸疆界》，道光三年刻本。

销成本有着密切的关系。

产销距离遥远而盐价太高，以致邻近私盐侵入的情况不是靖江县独有，其他地区也是非常严重。随着时间的推移，盐销区不变，弊端依然存在，尤其是在邻盐售价低、成色好的情况下，邻私是不可避免的。尽管两淮盐政全德在奏疏中称："前人定界时非不知运道有远近，卖价有贵贱。但所定之界，水路则有关津，陆路则有山隘，差可借以稽察遮拦，纵有私贩透漏，而界限已定，尚知顾忌，不致混淆。若舍此久定之界，听其就便行销，直至平原地面，毫无阻隔，则邻盐进一步又进一步，淮盐退一步又退一步。"① 可见，政府对于划界行盐体制下出现的盐价以及私盐问题已经有所关注，划定界线尚可限制贩私，如果重新划界甚至舍弃界线，那么邻私问题是否更加泛滥，尚不可知。但是最初的划界行盐是存在一定问题的，并没有充分考虑食盐产区和食盐配销之间的距离与运输成本。如果使靖江县配销淮盐，则需要顾及州县行政隶属、官员考成、缉私盐卡、销区争夺以及更加复杂的关系，所以在各种因素的作用下以及由于清政府的墨守成规，私盐问题以及由此引发的重新划界问题日益严重。

三　调适与防范措施

"越界之私"在一定程度上有利于民生，然而必定会影响官盐的销售，甚至冲击食盐专卖制度，进而扰乱社会经济的正常运行以及威胁到社会的治安。正如上文所述，万历三十八年靖江县始销官盐，邻私的泛滥是其配销官盐的诱因。同时，明廷以缉私为由在靖江县设置"巡盐民壮，本府四名，本县八名，共十二名，每名工食银七两二钱"，并规

---

① 《两淮盐政全德奏事》，乾隆五十六年五月初五日，《宫中档朱批奏折》，中国第一历史档案馆藏。

定"每季限获盐九千四百斤,船十三只。如无捉获,每盐百斤追扣银二钱,船每只追扣银三钱,贮库候解盐运司转解"。① 最初在巡检司之下设置弓兵八十名,"今巡捕弓兵三十六名,巡盐弓兵八名,每季限获船盐不等,如无捉获,追扣工食,照民壮例,每名银七两二钱,内有和解吴淞所兵饷,并扣解部济边等数目"。② 招募民壮是缘于"本院案开,各州继金募巡盐捕兵,向尝混报。□民其害有四",③ 然而改募民壮,"其弊亦有四,以四害祛四弊,法斯称良矣"。④ 并规定"除已通行外,合再申饬,案到各该掌印官,凡遇佥换,捕兵不许仍报居民,致生四害,务要通融招募,毋使偏累。如该县原额民壮一百名,盐捕二十名,即便总募一百二十名,每次阄派二十名,按季更番以均劳逸,毋止将一百名民壮之内拨充捕兵,重复占役,有误巡缉"。⑤ 可见,国家不仅对于缉私有详细的规定,同时对于如何选用巡盐民壮以及没有捕获私盐的惩罚也有详细的规定。如果没有完成每季度相应的缉私量,民壮要受到每一百斤盐和每只船分别追扣二钱和三钱的惩罚,巡盐弓兵追扣工食。每年限获九千四百斤盐、船十三只以及相应的追扣措施尽管对于缉私的效率有一定作用,但是缉私考成又会促使巡盐民壮与地方私盐贩相勾结,缉私不成,反而破坏了缉私制度。正如《两浙订正鹾规》中所载:"巡盐官捕之设,专为缉获盐徒、棍总、私贩,本以御暴,非以为暴也。迩来俱系无籍恶棍,积恋包充,倚法为奸,横肆渔猎。遇大伙则畏

---

① 万历《重修靖江县志》卷3《课程志》,《江苏历代方志全书·常州府部》第47册,第163页。
② 万历《重修靖江县志》卷3《课程志》,《江苏历代方志全书·常州府部》第47册,第164页。
③ (明)杨鹤:《两浙订正鹾规》卷4《巡缉》,《北京图书馆古籍珍本丛刊》卷58,史部·政书类,书目文献出版社,1998,第530~531页。
④ (明)杨鹤:《两浙订正鹾规》卷4《巡缉》,《北京图书馆古籍珍本丛刊》卷58,史部·政书类,第531页。
⑤ (明)杨鹤:《两浙订正鹾规》卷4《巡缉》,《北京图书馆古籍珍本丛刊》卷58,史部·政书类,第531页。

缩不前，而独狼虐乎肩挑之贫幼；遇小贩则□贿脱放，而顾快意于仇隙之善良，甚至暗地交通护送出境，包受月钱，朋本分利。"① 尽管有相关的缉私制度，但是邻私在利益以及民间日用面前，岂能禁止，因此政府不得不对配销食盐进行一定的调适。

首先要说明的是，这里所谓的"调适"是官方指定的食盐行销方法以及改食策略。明代为使商人纳粟于边，"六斗五升中引一道赴场支盐二百斤，无所谓课"，②之后每引加余盐七十斤，"征银八万二千二百八十二两二钱六分五厘，名为正余。后又每引带余盐三十斤，加征银一万四千九百二十七两六钱四厘，名为加余。又因先行小票，准令小贩零星洒卖，嗣将小票裁革，商人代纳票，课一万四千四百五十九两四钱八分四厘，名为代票"。③而靖江一县为"土商领票，赴崇明买盐运卖，包纳课银一百八十二两四钱三分七厘，名为靖课"，④意即明代有"津贴包课之议，每年纳银一百八十余两贴商买引，课起于田，民困以苏"。⑤清初，两浙以"正余、加余、代票、靖课汇并一款，总为商课，征银十一万一千八百五十一两七钱九分"。⑥其后也有"议行肩票之法。每年刷印肩六千二百余张，每张纳银三分，以充正课"，⑦但是未经施行，旋即中止。之后"复循旧例，盐院檄提包课银两"，⑧并在顺治三年（1646）靖江县知县南宫选"具文详明，奉批。开创之始，便民为上，包课一项，舆论咸以均派为便，如议，刊石永行。但额课即速解

---

① （明）杨鹤：《两浙订正鹾规》卷4《巡缉》，《北京图书馆古籍珍本丛刊》卷58，史部·政书类，第531页。
② 《浙江盐务议略》，（清）王守基：《盐法议略》，中华书局，1991，第45页。
③ 《浙江盐务议略》，（清）王守基：《盐法议略》，第45页。
④ 《浙江盐务议略》，（清）王守基：《盐法议略》，第45页。
⑤ 咸丰《靖江县志稿》卷5《盐法》，《江苏历代方志全书·常州府部》第49册，第244页。
⑥ 《浙江盐务议略》，（清）王守基：《盐法议略》，第45页。
⑦ 康熙《靖江县志》卷7《赋役》，《江苏历代方志全书·常州府部》第48册，第109页。
⑧ 咸丰《靖江县志稿》卷5《盐法》，《江苏历代方志全书·常州府部》第49册，第244页。

司,以凭解京充饷,遵此,每岁于条编银内派征,解两浙盐法道交纳"。① 可知清朝在食盐运销过程中实行官运商销制、官督商销制、包课制,其中包课是清代盐税之一,主要针对偏远地区。由于商艘运盐往返艰难,而不设商引,听民煎食,每年计丁包课。所以靖江县在顺治三年始行包课,是根据实际情况而采取的便民之举。至顺治十年,试图在江阴县议行肩票之法,"然销引殊艰,终难经久。惟包课事例,至今相沿无异。每年解盐商买引,包课银一百八十二两四钱三分七厘五毫,车珠银三两一钱,赴浙江都转运司交纳,获批备照"。② 可见肩票之法难以推行,更说明了包课制在此地的持久性,并一直持续到康熙十七年。

康熙十七年首次提出将靖江县引额编入由单,配销浙盐。因陕西道监察御史疏题部议称:"靖在改引之例,增官引,报土商。朱侯敦厚,请仍包课,或发官商行销。"③ 同时,盐场卫公疏称:"靖江行引,应照长芦、清丰等县每十三丁销一引之例,应行盐引二千二百六十九引。比照温所课例,每引纳银二钱五分九厘零。"④ 但是部议称:"以长芦、清丰等县,虽系每十三丁行销一引,其别州县亦有七丁销一引者,且课银又照温所下则输纳,行令增引报商等因到县。"⑤ 之后朱敦厚再三哀求,盐场卫公复疏称:"靖邑逼近淮灶,责之行引,商人既不肯挟资行险。今既以十三丁派一引,又难以加增,伏思崇明包课,已蒙俞允。靖江包课所当,仰邀一视。"⑥ 但是上报户部时,却遭到拒绝,即:"照该御史

---

① 康熙《靖江县志》卷7《赋役·盐法》,康熙二十二年刻本。
② 康熙《靖江县志》卷7《赋役》,《江苏历代方志全书·常州府部》第48册,第109页。
③ 咸丰《靖江县志稿》卷5《盐法》,《江苏历代方志全书·常州府部》第49册,第244页。
④ 咸丰《靖江县志稿》卷5《盐法》,《江苏历代方志全书·常州府部》第49册,第244页。
⑤ 咸丰《靖江县志稿》卷5《盐法》,《江苏历代方志全书·常州府部》第49册,第244页。
⑥ 咸丰《靖江县志稿》卷5《盐法》,《江苏历代方志全书·常州府部》第49册,第244页。

所旨，依议钦遵编入全书，刊刻由单，历行输纳。"① 尽管士绅朱敦厚与盐场卫公再三坚持靖江县应仿照长芦、清丰等县的行销方式以及崇明县所实行的包课制，但是户部的决定依然将其划归配销官盐的序列，此年之后，靖江县遂由包课制改为官督商销，正式配销浙盐。

但重新配销浙盐只是在不合理引岸之间进行简单的调适，原有划界行盐体制下所出现的邻私问题仍没有消失，以致又出现了明万历三十八年之后靖江县"贫民恒采淮盐贩市"的现象。同时在国家调适之下，地方必然要承担繁重的缉私任务，尤其是为完成与邻私相伴的缉私考成以及遵行所得私盐易价解两浙盐院以充功绩的规定。地方不得不因功绩盐而设置盐捕，但是"厅县巡盐各役，借端诈害，不可胜言"，② 为此，康熙二十一年九月，知县胡必蕃请禁盐捕，并"申请督抚盐院革除府厅县衙巡盐等役，以杜诈端"，③ 同时希望"每年功绩银一百二十两四钱八分，通县愿照包课之例，每甲认纳银二钱一分，解宪备赈，听民买食淮私"。④ 随后常州知府卢崇义奉两江总督于成龙命批复："盐捕一役作速禁止，仰县遵照。宪批速将巡盐扰民缘由，大张晓谕禁止，不许阳奉阴违，以民间背负食盐，委指兴贩，诈害良民。如违诈，被害人等指名禀府提宪。至有奸徒，移贩舟车、驮载者，徒行擒拿，解究先取，遵依申报在案。"⑤ 此次因盐捕借端诈害而采取禁止盐捕一事得到了督抚盐院的准许，但所提出的施行包课之例以及改食淮盐的建议却没有相关的文字记载，所以仍遵从康熙十七年配销官盐的格局，仍包浙课。

雍正十一年，"江省议拨淮商运销该县引盐"，⑥ 是为官方首次提出

---

① 咸丰《靖江县志稿》卷5《盐法》，《江苏历代方志全书·常州府部》第49册，第244页。
② 咸丰《靖江县志稿》卷5《盐法》，《江苏历代方志全书·常州府部》第49册，第244页。
③ 咸丰《靖江县志稿》卷5《盐法》，《江苏历代方志全书·常州府部》第49册，第244页。
④ 咸丰《靖江县志稿》卷5《盐法》，《江苏历代方志全书·常州府部》第49册，第244页。
⑤ 咸丰《靖江县志稿》卷5《盐法》，《江苏历代方志全书·常州府部》第49册，第244~245页。
⑥ 《浙江盐务议略》，(清)王守基：《盐法议略》，第45页。

运销淮盐的建议。但是浙江巡抚兼管盐政的程元章题称："靖江改食淮盐，则苏常引地尽为淮私透越，自宜仍销浙盐。"① 同年十一月，户部议复浙江总督管理两浙盐务程元章：

> 江南靖江一县久隶两浙，地虽逼淮场，而从前题明包纳浙课，不归淮属者，诚以靖江以南，即属江阴、武进、丹徒、无锡及长洲、元和、吴县各县俱系行销浙盐之地。若一运销淮盐，则奸商巨贩借官行私，连艘飞渡苏常引地，尽为淮私透越，在浙之官引必致壅滞，而淮商之课盐亦难疏销。今浙商杨恒裕既承认行销，则靖江食盐自应仍归浙省，毋庸改拨淮商，更张旧制。②

可见，尽管江苏已打算由淮商运销靖江县引盐，但是浙江巡抚兼管盐政的程元章却以靖江县引地一变，苏州府与常州府将为淮私侵占，致使官盐滞销等理由而建议靖江县仍销浙盐。并将靖江县的盐引由二千二百六十九引增加至三千引，同时鉴于浙盐运费较高，与淮盐科则不同，仍照康熙十八年的下下则例，每引完课二钱五分九厘零，共完课银七百七十八两八钱三分三毫零，较之此前的包课银五百八十九两，增加了一百八十九两八钱三分三毫零。如"销不及数，责商赔补，额数有增，再行升报"。③ 除此之外，针对靖江县与通州场灶接壤，民众多食淮盐的情况，雍正十二年三月，户部应如所请，并复准该题本称："应专令文武员弁协力稽察，添设巡役，分路查缉。"④ 所需工食，商人自行捐

---

① 《浙江盐务议略》，（清）王守基：《盐法议略》，第45页。
② 雍正《浙江通志2》卷84《盐法中》，《中国地方志集成·省志辑·浙江》第4册，凤凰出版社，2010，第765页。
③ 雍正《浙江通志2》卷84《盐法中》，《中国地方志集成·省志辑·浙江》第4册，第766页。
④ （清）延丰纂修《钦定重修两浙盐法志》卷11《奏议二》，《续修四库全书》卷841，史部·政书类，第196页。

给，缉获私盐照例充饷，一切私盐案件仍由浙省盐政衙门管理。如此，浙江总计正引七十万四千六百九十九道，票引十万六百九十八道，应销额引是八十万五千三百九十七道。为更好地解决邻私问题，雍正十三年十一月，户部议复两浙盐政程元章关于管理两淮盐政布政使臣高斌"请将淮盐接界盐店移置城市一案"。① 查得浙江营销口岸，只有徽州广信府属各县与常山、溧阳、建平、丹徒、金坛及靖江等县与两淮盐界接壤，各地商人领引配销，"皆因地制宜，相度民居。稠密之处，四散设店，以济民食。其附近人民，亦并乐有官店，随时可以零星赴买，不废生业，循行已久，商民均便"。② 如若将邻近两淮盐界的盐店移置城市，店铺聚集一处，就会导致"引盐壅积，销售维艰。商本渐难转输，课饷因虞缺误"。③ 况且食盐是民众日用必需之物，有能力之家尚能远涉城市，整顿买备，但是对于时需时买的贫民而言，假如就近既无官店，盐店移置城市后又有往返购买之难，势必会造成贫民买食私盐以及奸宄之徒肆意售卖的现象。"虽竭力查禁，恐难保其绝迹。是近淮之境，移店城厢，非惟不便于民食，抑且有亏于浙课。况枭贩人等，得以乘间行私，即淮盐界内，亦恐日久受累。"④ 程元章认为："淮浙销引官店，均属承办国课。凡系接壤地方，应请仍听各商照旧开设。惟有严饬文武官弁督率兵役实力查缉，各巡各地，各销各引。庶奸枭无从起觊觎之端，而邻境亦两杜透越之弊矣。"⑤ 应如所请，并令管理两浙盐政的浙江布

---

① （清）延丰等纂修《钦定重修两浙盐法志》卷11《奏议二》，《续修四库全书》卷841，史部·政书类，第197页。
② （清）延丰等纂修《钦定重修两浙盐法志》卷11《奏议二》，《续修四库全书》卷841，史部·政书类，第197页。
③ （清）延丰等纂修《钦定重修两浙盐法志》卷11《奏议二》，《续修四库全书》卷841，史部·政书类，第197页。
④ （清）延丰等纂修《钦定重修两浙盐法志》卷11《奏议二》，《续修四库全书》卷841，史部·政书类，第197页。
⑤ （清）延丰等纂修《钦定重修两浙盐法志》卷11《奏议二》，《续修四库全书》卷841，史部·政书类，第197页。

政使张若震"饬令各商各销各引,毋致侵越,并严饬文武官弁督率兵役实力查缉,如有多积盐斤、结枭兴贩等弊,即行申报,按律究治。倘该管官失于觉察,事发之日一并指参,交部议处"。① 不管是重新移置盐店,还是督率文武官员进行稽查,都没有脱离原有的管控方式,仍没有触及邻私泛滥的根本。

乾隆元年(1736),江南臬司郭朝鼎再一次提出"请暂拨淮盐,就近运靖营销",② 结果是仍遭户部驳回。乾隆四年,浙江巡抚兼管盐政的卢焯奏请,在崇明县设立场员责成经理,"以崇明帑盐运靖,减价营销,照肩引例,募贩挑销,免输引杂"。③ 交由商人售卖,仍纳包课,"商配运靖余盐,每引正课滴珠载入靖邑条内。官收灶盐,每百斤加收耗盐一十五斤;给商运靖,每三百三十五斤加一给与耗盐,其余积存余耗作为流卤之需"。④ 尽管减价销售,照肩引例也得到户部的准许,但是免输引杂的建议,据乾隆五年初任两江总督的杨超曾称:"以崇明肩贩余盐,虽云每斤七文,但引杂各费,部议不准免输,则已不止七文。又加以分秤之折耗,担夫之赚利,每斤仍及从前十文之数,民间岂肯舍贱就贵,奏请改食淮盐。"⑤ 此后江南河道总督高斌上疏称:

> 靖江食盐一案,经大学士等会议原奏,奉旨会同妥议,户部随行,江浙司道查议。据浙江盐驿道赵公、江苏布政使安公、两淮盐运司朱公、盐法道礼公,先后会详。大略以靖江以南即属两浙引

---

① (清)延丰等纂修《钦定重修两浙盐法志》卷11《奏议二》,《续修四库全书》卷841,史部·政书类,第197页。
② (清)延丰等纂修《钦定重修两浙盐法志》卷8《帑地》,《续修四库全书》卷841,史部·政书类,第125页。
③ (清)延丰等纂修《钦定重修两浙盐法志》卷8《帑地》,《续修四库全书》卷841,史部·政书类,第125页。
④ (清)延丰等纂修《钦定重修两浙盐法志》卷8《帑地》,《续修四库全书》卷841,史部·政书类,第125页。
⑤ 咸丰《靖江县志稿》卷5《盐法》,《江苏历代方志全书·常州府部》第49册,第245页。

地，若一运销淮盐，苏、松、常、镇四府尽属淮私，今将崇明余盐就近运靖，免输杂费，每斤足价七文，与淮盐相等，于民亦无不便。一以备浙引之藩篱，一以杜淮私之侵越。①

高斌因此会同两江总督杨朝曾、浙江巡抚卢焯、两淮盐政准泰合词具奏。户部核议后认为，靖江县配销浙盐需要从崇明县天赐盐场运输食盐，其中运费高、耗费多以及引杂各费导致浙盐的价格高于淮盐的价格，并非盐斤的多少所致。靖江县每年行销的三千石盐引，如果免去引杂费用，那么浙盐的价格与淮盐的价格就会同为七文，所以"浙盐之贵贱全在杂费之免与不免，并不在盐斤之加与不加"。② 同时为遏制私盐，首先仿照松江府在乾隆元年八月所施行的票引法，由票盐每引配盐四百斤取代正引的三百三十五斤，至于崇明县的盐斤如何分配、如何接济则仍由两浙盐政衙门管理；其次，崇明县盐斤不够，即拨岱盐接济；最后，令商人杨恒裕遵照定价销售，如于定价之外，私增毫厘，即将该商严拿究治。并责令印捕营汛各官，在水陆两处凡淮私出没的地方，派拨兵役昼夜巡查，严加缉私。③ 因此，两江总督杨朝曾"改食淮盐"的建议仍没有被采纳，但是从乾隆六年九月初四日题，到初七日奉旨依议，历时仅三天，其效率可见一斑。其后"遵盐院拨派商人方一元来靖，于乾隆七年建厂经营，是年四月二十六日开厂"。④ 此次食盐的调适，尽管没有改食淮盐，但是将运销浙盐的引杂各费予以免除，使之与淮盐的价格一致，对于遏制邻私的进入起到了一定的作用。

---

① 咸丰《靖江县志稿》卷5《盐法》，《江苏历代方志全书·常州府部》第49册，第245页。
② 咸丰《靖江县志稿》卷5《盐法》，《江苏历代方志全书·常州府部》第49册，第245页。
③ 咸丰《靖江县志稿》卷5《盐法》，《江苏历代方志全书·常州府部》第49册，第245页。
④ 咸丰《靖江县志稿》卷5《盐法》，《江苏历代方志全书·常州府部》第49册，第245页。

然而，乾隆八年九月，浙江盐驿道称"邻境就近民人，或在靖江向贩买食"，但是"语言服色相同，在贩焉能人人察其来历。然小民贪贱之情，亦不能必其尽无"。① 为此，请定严禁越买之条并由江阴县在沿江处所多设兵役，巡查缉私。据此移咨江南督抚部院进行饬禁，并要求靖江县所属官捕、商贩、军民人等知悉。同时，规定除却买食场私及越境侵贩者仍严查提究外，"如系买自靖邑，照例止理现获，治以违禁越买之条，毋得任其指扳辗转提质，致滋扰累"。② 靖江县境内则由巡捕兵昼夜巡查，毋得怠巡纵漏。假如有故意触犯者，一经查出，"除拿兵捕究处外，定将该县指参，断不宽贷"。③ 巡抚兼管两浙盐政的卢焯也提议"请严越买，以免商累"。④ 可见，尽管官方对于越界之私已有相关规定，但是民众越界买食淮私的现象仍屡禁不止。换言之，盐制短暂调适后的成果并没有持续很长时间，价值七文的盐价也没有持续很长时间，至嘉庆九年（1804）已达十八文。嘉庆十四年，江南河道总督徐端更是上奏"增值盐价"，⑤ 每斤卖钱达十九文。从每斤七文到十九文的涨幅，使得乾隆七年在靖江县建厂经营的商人方一元因亏损而破产。即使相继建厂经营者为范裕、陈观昌以及道光十二年（1832）后"俱以委员代商"，⑥ 靖江县的私盐仍没有减弱的趋势。素有"敌私"之称的崇明、岱山之盐"俱以皂角点卤而成，其色青，其味鲜，较淮盐尤美"。⑦ 然而至道光朝，由于商人亏损，岱山灶户因盐价亏损以及无草煎熬而赴乍

---

① （清）延丰等纂修《钦定重修两浙盐法志》卷16《条约二》，《续修四库全书》卷841，史部·政书类，第332页。
② （清）延丰等纂修《钦定重修两浙盐法志》卷16《条约二》，《续修四库全书》卷841，史部·政书类，第332页。
③ （清）延丰等纂修《钦定重修两浙盐法志》卷16《条约二》，《续修四库全书》卷841，史部·政书类，第332页。
④ （清）延丰等纂修《钦定重修两浙盐法志》卷16《条约二》，《续修四库全书》卷841，史部·政书类，第332页。
⑤ 咸丰《靖江县志稿》卷5《盐法》，《江苏历代方志全书·常州府部》第49册，第245页。
⑥ 咸丰《靖江县志稿》卷5《盐法》，《江苏历代方志全书·常州府部》第49册，第245页。
⑦ 咸丰《靖江县志稿》卷5《盐法》，《江苏历代方志全书·常州府部》第49册，第245页。

浦运晒子盐，其"色白，味苦，仍名岱山盐"。① 同时，崇明县所产的盐仅卖给本地的各个酱园，使得此时"淮盐不能禁绝者，非独贱价使然，亦由晒子盐难于敌私也"。② 咸丰年间的县志中将崇明、岱山之盐称为"敌私"，意为抵御私盐，可见，道光朝之前归属浙盐区的崇明、岱山之盐在靖江县的用盐中是占有一定优势的。之后是由于崇明、岱山产盐量下降，才从乍浦运销晒子盐。尽管以岱山盐名之，但是敌不过色青味鲜的崇明、岱山盐，民众买食相对质优的淮盐也就不足为奇了。综上，尽管康熙十七年靖江县已正式配销浙盐，但是仍出现康熙二十一年、雍正十一年、乾隆元年改食淮盐的请求。在这期间，清政府并没有因靖江县邻私的泛滥以及地理位置的变迁而改划盐区归属，而是以苏常缉私为由采取禁止盐捕、减价销售、免除引杂费用等方式予以调适，但是嘉庆九年后盐价的居高不下恰恰说明了以上的调适只是治标之策。

四　后期的反复与应对

靖江县行销浙盐还是淮盐，在前中期一直是以调适的方式予以解决，就国家层面而言，盐课是国家财政收入的大宗，然而"食盐无非赤子，完课总归正供，此疆彼界有何区别？"③ 所以只要完成盐课的缴纳，针对邻私采取的缉私手段，并不是从经济运行以及市场规范角度采取措施，而是从国家官盐行销以及本地区盐课任务是否完成的角度进行考虑的。诸如乾隆五十六年，江西巡抚姚棻疏请建昌引岸归属问题后，皇帝提议"直隶、豫、东、浙、闽、山、陕、甘肃、云贵等省向定销盐地方有相离较远之处，或可改归就近省份，均匀搭配，庶于

---

① 咸丰《靖江县志稿》卷5《盐法》，《江苏历代方志全书·常州府部》第49册，第245页。
② 咸丰《靖江县志稿》卷5《盐法》，《江苏历代方志全书·常州府部》第49册，第245页。
③ （清）朱轼：《请定盐法疏》，贺长龄辑《皇朝经世文编》卷50《户政·盐课下》，台北：文海出版社，1996，第1800页。

民食国课两无妨碍"。① 其中乾隆皇帝强调盐岸的调整是为国课民食所服务,"各省行销官盐,封疆划界,各销各地,原以杜偷漏引课、越境贩私之弊,但必须酌核远近情形,使民间食盐不致舍近去远,去贱就贵,方为妥善"。② 尽管其中所载是就全国层面而讲,但是具体到地方则不然,尤其是地方民众愿冒各种惩罚甚至死罪的风险去买销食盐的状况,更能反映出划界行盐的弊端,也就是国家盐课与民间食盐之间存在利益冲突。然而,引岸机制作为国家征收盐课的必要一环,尽管有各种弊端,但是只要不影响国家盐课的正常征收,国家在处理邻私问题时也只会对其进行暂时调整,缉私考成仍为地方所承受,民众仍为买食私盐而冒险。

就靖江县地方而言,自道光年间改纲为票后,属于两淮的场灶因票盐盛行,价格腾贵。至咸丰元年(1851)"如、泰南鄙俱买靖盐而食",时任委员候补盐经历的吕伟山则"借此短秤,大获其利",致使"每斤加银三分作钱六文,为刻剥靖民之计",靖江县士绅潘泉、倪象贤,幕友郑以镎请求知县齐在镕依照乾隆六年部议的规定:"如于定价之外,私增毫厘,即将该商严拿究治。"③ 并称"今委员代商,增加至六文之多,有违定例",④ 请求禁止。然而一波未平一波又起,咸丰三年二月,太平军北上,江宁与扬镇失守,长江水路梗塞,淮盐不得西上,"近灶数千民,以俗名艍船载盐,从北界河出靖江各港口渡江而南,兵役无敢诘者。城乡居民佥以价贱而买淮私,官引积于廒仓,未知何日销售"。⑤ 此次弛淮盐之禁,被当时人称为"盐法一大变也"。

---

① 中国第一历史档案馆编《乾隆朝上谕档》,乾隆五十六年三月二十六日,档案出版社,1991,第221页。
② 《乾隆朝上谕档》,乾隆五十六年三月二十六日,第221页。
③ 咸丰《靖江县志稿》卷5《盐法》,《江苏历代方志全书·常州府部》第49册,第245~246页。
④ 咸丰《靖江县志稿》卷5《盐法》,《江苏历代方志全书·常州府部》第49册,第246页。
⑤ 咸丰《靖江县志稿》卷5《盐法》,《江苏历代方志全书·常州府部》第49册,第246页。

直至同治二年（1863）三月，两淮盐运司乔松年上报督抚后批准："商认完浙课，停止岱运，改销淮盐，淮商于四月间到靖设场售销。"①并于同治五年二月，"饬令通属商人按年完缴浙课八百二十余两，按照泰兴科则计引给运"。② 如果说咸丰三年是由于太平军北上而导致淮盐不得西上，进而被迫进入靖江县的话，那么，同治二年则是官方正式规定靖江县改销淮盐。但是至同治九年六月，浙江巡抚杨昌浚认为之前淮盐与浙盐均为票盐，暂时由淮商在靖江县施行包课制实属权宜之策，现今苏省五府州县，"既已改复引盐，自应复销浙引，以符定制。希将靖江一地复还两浙，并饬令淮商销盐，截至本年六月底止，以便浙商接销盐政"。③ 两江总督马新贻咨复：

靖江一销岱盐，则淮界立形侵占。前于同治二年，咨请改销淮盐，淮商照额代完浙课，于浙无损，于淮有裨，事属两全。数年以来，淮销虽未畅旺，浙课无虞短绌，况靖邑逼近通属，与场灶毗连，居民买食淮盐，路近价轻，极为称便。浙盐运道既远，又有一江之隔，势不能与淮敌。与其改归浙运而盐被私侵，何如暂归淮销而课终有着。见在淮浙仍办票运，不得不因时权变，应请转饬浙运司照案，将靖邑仍销淮盐，一俟淮浙定额，开纲再归旧制。④

但是至同治十年，两浙盐运司上报两浙盐院后，"准将靖江引地归还两浙"。⑤ 至第二年九月，户部议复浙江巡抚咨送盐运司条陈称：

---

① 民国《靖江县志稿》，《江苏历代方志全书·常州府部》第51册，第195页。
② （清）王定安等纂修《重修两淮盐法志》卷109《征榷门》，《续修四库全书》卷845，史部·政书类，第51页。
③ （清）王定安等纂修《重修两淮盐法志》卷44《转运门》，《续修四库全书》卷843，史部·政书类，第491页。
④ （清）王定安等纂修《重修两淮盐法志》卷44《转运门》，《续修四库全书》卷843，史部·政书类，第491页。
⑤ 民国《靖江县志稿》，《江苏历代方志全书·常州府部》第51册，第195页。

查靖江一县地居江北，贴近淮场，实为淮私侵销常、苏之门户，地归两淮则两浙官商不能堵缉江北，地归两浙则两淮枭贩难于侵灌江南。查《盐法志》载：乾隆元年，江南枭司郭朝鼎请拨淮盐，奉部议驳。乾隆五年，两江督宪杨又请改食淮盐，经前盐宪、前抚宪、前两江督宪、前两淮盐宪奉旨会议奏定，仍食浙盐。在案。诚以是地不归两浙，常、苏两属断难行运浙盐，自是以来，已历一百数十年，未尝改易。①

两者对于靖江县运销浙盐还是淮盐有不同的观点。两江总督马新贻改销淮盐的建议仍没有被采纳，户部应浙江巡抚所请"将靖江引地，即行归还两浙，并将九、十两年未完包课银两，赶紧解清入册报拨。此后如仍有淮商借包课之名，侵销浙境，即由浙抚奏参严办，以清引界而杜影射"。② 由此，同治十二年正月，靖江县又改销浙盐，其"复销岱盐，价值仍前"。③ 尽管咸丰三年二月被迫改销以及同治二年三月官方准许靖江县改销淮盐的事件是靖江县历史上"盐法一大变也"，但是并没有取得预期的效果，反而在十年后复销浙盐。包括之前在处理邻私问题时所采取的调适措施，只能在一定时期内以及一定程度上有一定的效果，所以邻私问题在靖江县贯穿整个清代，并没有从真正意义上得到解决。

为什么地方官员努力争取靖江县划归两淮盐区以及采取相关的措施进行缉私，结果却是这样呢？显然，如前文所述，是由于清廷在努力地维护既有制度和行销格局，并将其作为出发点，才出现了由调适到改销

---

① （清）王定安等纂修《重修两淮盐法志》卷44《转运门》，《续修四库全书》卷843，史部·政书类，第491页。
② （清）王定安等纂修《重修两淮盐法志》卷44《转运门》，《续修四库全书》卷843，史部·政书类，第492页。
③ 民国《靖江县志稿》，《江苏历代方志全书·常州府部》第51册，第195页。

再到复销的摇摆格局。尽管在道光后改纲为票，但是贩私、买私的事件还是不断发生，正如光绪三年出现泰兴县岸商顺兴及浙省巡商张顺昌，"纵容炮船贩私，经沙漫洲卡拿获，禀经严惩后，又经泰兴绅士呈控该岸商售卖岱私，饬司派员查明议详，将功盐售价罚提充公，饬逐商伙，以示惩儆"①的事件。两淮盐运司以"靖江并未拨盐，为该商非卖浙私之确据。本部堂正以靖江并未拨盐，为该商广收岱私之确据也"。②尤其是关于在太平洲设立子店的议论，如果此端一开，两淮以及两浙盐场均受其害。同时"该岸商于江浙两省，跨占盐业，任意垄断，与江甘岸商储丰裕之透私缺额大致相同，实为两淮盐务之巨蠹，非立予斥革不足以肃盐纪"。③除储丰裕另行严办外，合特札饬两淮盐运司，并停止泰兴县岸商贩运食盐，责成总局刻日另选朴实殷实的商人承办，"断不准已革之商及游闲人等朦充，以重岸务而保引课，仍取具新商的名籍贯并认保各结，详报查考毋违"。④甚至在1880年靖江县水师哨官某弁正在炮船巡逻时，"适见私贩巨船数号，满载扬帆顺流而下"，⑤某弁命令兵丁驾船追赶，但是"该私贩知势不可逸，将盐尽数抛入江中"。⑥抓获该私盐贩的同时，部分水手受伤落水，捞起即毙，"由是某弁以私贩解县，而该贩亦以人命请验，并以私贩无盐可证，而死者确有伤痕，彼此构讼"。⑦不仅如此，缉私官兵扰民的事件也是不断发生。据靖江县知县查以观禀报，1884年有"有江阴营缉私勇丁李得林即李得胜，于上年十一月十九日直入民妇刘潘氏卧室，将其十四岁童养子媳刘梅氏强行奸污逃走，刘潘氏控"⑧的案件。再如，靖江县守备周明馨因诬害

---

① 《沈制军斥革岸商札稿》，《申报》1878年7月23日，第2版。
② 《沈制军斥革岸商札稿》，《申报》1878年7月23日，第2版。
③ 《沈制军斥革岸商札稿》，《申报》1878年7月23日，第2版。
④ 《沈制军斥革岸商札稿》，《申报》1878年7月23日，第2版。
⑤ 《捕盐鲁莽》，《申报》1880年10月21日，第2版。
⑥ 《捕盐鲁莽》，《申报》1880年10月21日，第2版。
⑦ 《捕盐鲁莽》，《申报》1880年10月21日，第2版。
⑧ 《光绪十年六月初六日京报全录》，《申报》1884年8月4日，第12版。

良民被撤职后却又任职于江阴督带缉私小队，并颇得江阴县令赏识，进而在 1905 年发生"有卖盐萝卜干船一艘停泊于江阴县属之云亭镇，周见之指为藏有私盐，登舟搜索。旁观不平，互相争闹。周迁怒于开面店之夏俊辉，诬为私盐领贩，押送县署。金令只凭一面之词，将夏责押。虽经云亭镇绅董向金令函诉实情，而金令竟不顾闻镇董函中之语"① 的缉私诬良事件。第一个事件中，李得林被正法，游击刘高山以平日不能约束勇丁而被撤职，但是周明馨诬陷良民的事件却不了了之。同年 5 月 10 日，常州府属靖江、阳湖两县绅董缪垲等以两邑交界之后梅镇一带，"私枭帮匪出没其间，聚赌抢掠，横行无忌"，之前是由"前督宪魏制军、前提宪李军门饬派合字营勇分驻镇上，以资防堵。现合字营将分并于南字二、三两营，深恐撤防，枭匪乘隙而至，扰累闾阎"，因此"联名来省投抚署，禀请留营驻防"。② 直至 1912 年 4 月 27 日，仍有缉私营兵扰民的事件。靖江市乡公所联合会 24 日晚电禀都督称："缉私营兵借端扰害地方，将成大乱，请派飞划留防兵队弹压弥乱。"靖江县民众韩富奎、刘荡山登电禀称："盐勇白日打抢地方糜烂，县长坐视不理，请电禁并乞查办。"程都督接电后即电饬江阴步队处理，统领徐继斌迅即带队前往弹压，但此事是因缉私营勇与盐栈冲突而起，所以都督府另行电饬"上海松盐运销局转饬栈商张源泰迅速自行前往理处"。③ 可见，直至清末，靖江县因食盐问题而存在的弊端仍存在，并且始终未能得到有效的解决。

<h2 style="text-align:center">结 语</h2>

江水的流动性以及沙洲与陆地时分时连的复杂性，使得沙洲社会不

---

① 《缉私诬良》，《申报》1905 年 4 月 21 日，第 17 版。
② 《禀请留营防堵》，《申报》1905 年 5 月 10 日，第 9 版。
③ 《靖江缉私营滋扰地方》，《新闻报》1912 年 4 月 27 日，第 6 版。

能完全按照陆地区域内的常态控制来进行管理。此种环境样态势必要求王朝国家实行更加适合沙洲自身特点的管理模式,然而靖江县在明天启朝向北并岸后,尽管在地理区划上属于两淮流域并紧邻两淮盐区,但由于在行政区划上隶属江南的常州府,其仍属于浙盐的配销区。州县行政管控序列和盐政管控序列的不统一,无形中为靖江县邻私问题的出现提供了契机。而划界行盐制度使得原本可以就近食用淮盐的靖江县却划归运程较远的浙盐区,尤其是在邻盐售价低、成色好的情况下,靖江县"贫民恒采淮盐贩市"。当然,清政府与地方社会都进行了调适并制定防范措施,甚至在清后期一度改销淮盐,但是私盐问题始终没有得到解决并且很快又陷入由调适到改销再到复销的循环模式中。

江中沙洲,此种"被驯服"的环境是极其脆弱的,尤其是沙洲"坍涨不常"的特性使得固定化的制度很难完全应对变动无常的情况,并且更加具有挑战性和复杂性。诚如吴滔对同属于沙洲型政区的崇明天赐盐场的探讨,"从天赐场甫一成立,官方的兴趣似乎就不全放在其盐业生产的控制上,不论是不组织'聚团公煎',还是制定'不设商人不发肩引不颁灶贴'的特例,均表现出了极大的宽松度和随意性",① 使得崇明盐政中针对私盐的种种努力迟迟未见成效。而作为"沙洲—并岸型"的靖江县何尝不是如此?1921年,分驻广陵镇界河的靖苏属缉私第十一营队长在河下巡查往来船只时,缉获大宗私盐,审问后,"该盐贩直认自泰兴运来之淮盐,遂将船主、盐犯一并拘入城内营部,经营长判决,将私盐悉数充公,以示儆戒"。② 此时仍将从泰兴县运来的淮盐作为私盐来处理。同时盐价更是有增无减,从"光绪元年,每盐一斤二十四文,至十年涨价三十文,十四年涨价三十四文,二十一年涨价五十六文,三十二年涨价六十文"。③ 宣统元年,"每盐一斤六十文,涨

---

① 吴滔:《海外之变体:明清时期崇明盐场兴废与区域发展》,《学术研究》2012年第5期。
② 《缉获私运盐犯》,《新闻报》1921年12月8日,第10版。
③ 民国《靖江县志稿》,《江苏历代方志全书·常州府部》第51册,第195页。

价六十四文，二年涨价七十文"。① 至 1924 年 5 月 6 日，"忽由每斤九十六文加至百零七文，陡涨十一文之多。人民甚为惶骇，及观运使示谕，所涨之数，尚系省长核减（原拟每斤加洋一分，省长减为六厘），似无磋商之余地，惟□吞声饮泣而已"。② 可知，从乾隆五年至 1924 年，盐价从每斤七文涨至每斤一百零七文，请求无果后，地方民众仍归于"敢怒不敢言""亦忍之"③ 的状态。因此，在枭贩走私、兵弁滋事以及盐价上涨的情形之下，靖江县地方官员在 1928 年向财政部呈请改食淮盐，认为"民国成立，府制废除。吾靖人民，莫不引领额首，以为百年来盐引不平之秕政，或可一旦革除。……以江北而食江南之盐，舍近图远，舍易就难，舍贱取贵，只以缉私与行政利害观念各有不同，故历年发生种种困难，纠纷不解。现在以县为单位，府治问题，根本不能存在。改正引地，洵为切要之图，理合具文呈请"。④ 并从事理、地理、民情、民生、政制等五方面阐述了改食淮盐的必要性。

综上所述，尽管在民国时期府制早已经取消，一切施政也均以县为单位，但是关于淮私以及改食淮盐的讨论仍在继续，划界行盐之下的专卖制度并没有因为改朝换代而中断，所以州县行政序列与盐管行政序列下的盐政运销是不一样的。对于国家盐税收入而言，不过此减彼增，然而划界行盐所导致的"越界之私"在地方上仍没有减弱的趋势。从这一意义上讲，清代靖江县的邻私问题在很大程度上是由盐管行政序列下的划界行盐制度所决定的，州县行政序列下的盐政运销并不能完全解释靖江县邻私的内在逻辑。因此，从根本上讲，最为有效的方法就是不再遵循划界行盐之下的专卖制度。然而，不管是划界行盐还是州县行政管控，国家都有一个全局性的考虑，靖江县邻私问题的出现，除却要考虑

---

① 民国《靖江县志稿》，《江苏历代方志全书·常州府部》第 51 册，第 196 页。
② 《盐价骤增之近汛》，《新闻报》1924 年 5 月 9 日，第 7 版。
③ 《盐价骤增之近汛》，《新闻报》1924 年 5 月 9 日，第 7 版。
④ 《请财政部核靖江请食淮盐案》，《江苏省政府公报》第 49 期，1928 年。

划界行盐制度外，同时也要因地制宜地关注地方社会，关注在长江水环境作用下靖江县的行政归属问题，这也就意味着只要处于江北的靖江县在行政隶属上仍没有改变，那么这种在行政序列和盐政序列上的邻私问题就是不可调和的。由此可以看出合理的行政区划对于一个地区经济发展的重要性，诸如现今隶属泰州市的靖江市就是对于此问题最好的注脚。

读史札记

蔡廷锴何以能成为福建事变的主要发动者和领导者？

曾业英*

内容提要：学界对于福建事变失败的原因已有较为清晰的论述，但对蔡廷锴何以能成为福建事变的主要发动者和领导者的考释却不多见。个人以为蔡廷锴之所以能成为福建事变的主要发动者和领导者，固然离不开他已有的军中地位，但与他个人的经历和当时的国内外环境也是密不可分的，即主要是由他个人的历史渊源、日益严峻的日本侵华时局和他对国共两党不同内外政策的亲身体验等因素决定的。

关键词：蔡廷锴　福建事变　十九路军

1933年11月20日，被蒋介石调往福建对江西中央革命根据地和工农红军实施第五次"围剿"的十九路军，在福州召开"中国人民临时代表大会"。22日宣布成立"中华共和国人民革命政府"，发表《中华共和国人民革命政府成立宣言》和《最低纲领》，宣布外求民族解放，排除帝国主义在华势力；内求打倒军阀，推翻蒋介石国民党统治，实现人民民主自由，发展国民经济，解放工农劳苦群众。震惊一时的抗日反蒋事件——福建事变爆发了。蔡廷锴是这次事变的主要发动者，作为

---

* 曾业英，中国社会科学院中国历史研究院近代史研究所研究员。

"中华共和国人民革命政府"11 名委员之一，人民革命军第一方面军总司令兼第十九路军总指挥，又是这次事变的主要领导者。他发动的福建事变和所领导的中华共和国人民革命政府虽然只历时两个多月，1934年1月下旬就失败了，但仍不愧为一次抗日爱国、挽救民族危亡的壮举，可以说是两年以后的西安事变的一次预演，其历史进步意义是不容低估的。

对于福建事变失败的原因，学界已有比较清晰的论述，无非是外有国际列强特别是日本帝国主义，在蒋介石的要求下，以各种方式向新生的福建人民政府施压，内有蒋介石十余万嫡系部队的猛烈进攻和福建人民政府内部妥协派的牵制，再加上中国共产党内"左"倾领导人对这次事变的错误处置，认为十九路军是"国民党改组派"，是"更危险的敌人"，所发动的事变只是"一伙政客欺骗民众的把戏"，不但不给予政治、经济、军事方面的支援，反而号召福建工农群众与福建人民政府作对，削弱其力量，失败也就不可避免了。但是，对蔡廷锴何以会在这时发动和领导福建事变的论述却不多见，因而拟在这方面谈点个人浅见，以就教于各位方家。

个人以为，蔡廷锴之所以能成为福建事变的主要发动者和领导者，固然与他当时已是十九路军军长，统率着第六十、第六十一和第七十八三个师，地位仅次于总指挥蒋光鼐有关，但是不可否认，也与他的个人经历和当时的国际、国内环境密不可分。归纳起来，大体可以从以下三个方面理解这个问题。

一是个人的历史渊源。蔡廷锴出身贫寒，却自幼立有大志。他从小即受《三国演义》的影响，立志要做一个赵子龙式的优秀军人。18 岁那年，蔡廷锴目睹腐败无能的清政府在外国列强的欺侮下割地赔款、丧权辱国，愤恨不已。为了救国救民，他瞒着父亲、妻子，借口外出替人裁缝衣服，加入了当时的广东新军，以尽匹夫之责。虽然没能站稳脚跟，被迫离开了部队，但是，暂时的挫败并没有动摇他立志从戎救国的初心。经过多年的磨炼和努力，蔡廷锴不但成了孙中山护法军的一名革命战士，还于1922年升任陈铭枢粤军第一师的连长，并经陈铭枢的介绍加入了中国国民党。这年5月，他参加了打倒北洋军阀的第一次北伐，在攻占江西信丰的战斗中立下战功，受到嘉奖。1924年又率部平定桂军刘玉山、陈天太部的叛乱。随后接任孙中山大本营补充团营长。1925年参加第一次东征陈炯明之役及平定刘震寰、杨希闵叛军的战斗。10月在开平县单水口激战三昼夜，击败数倍于己的陈炯明残部邓本殷部。1926年7月升任国民革命军第四军陈铭枢第十师二十八团上校团长。10月率部北伐，参加围攻武昌的战斗，最先攻入武昌宾阳门，擒获敌将刘玉春，为北伐军的顺利进军立下首功。随后升任第十军第十一师师长。1927年7月，蔡廷锴所部拨归叶挺指挥。由于所部参加了8月1日中国共产党领导的南昌起义，起义胜利后蔡廷锴被新成立的中国国民党革命委员会任命为革命军事委员会军事参谋团成员，第十一军副军长、第十师师长兼左翼总指挥。不过，他在起义部队放弃南昌，南下转进时，又在进贤率部脱离起义队伍，转而认同蒋介石南京国民政府，支持蒋介石国民党政府完成第二期北伐和削平国民党内部各反蒋派系的斗争，并因此升任为十九路军副总指挥兼军长。紧接着还奉命参加了蒋介石第一至三次"围剿"江西中央革命根据地和红一方面军的战争。1931年11月，十九路军奉命调防京沪沿线。次年1月下旬，日军为转移国际社会对其发动九一八事变，侵占中国东三省和建立伪满洲国的视线，又发动"一·二八"事变，并从国内调兵，图谋侵占上海。十九路军在总指挥蒋光鼐、军长蔡廷锴的指挥下奋起抵抗，和其他友军一起与装备有飞机、军舰、坦克的六七万日本侵略军血战30多天，迫使日军三易主帅，死伤万余人。蔡廷锴因此被誉为"抗日民族英雄"，并获得南京国民政府颁发的一枚青天白日勋章。"一·二八"淞沪抗战后，十九路军再度被蒋介石国民党政府调往福建参加"围剿"江西中央革命根据地和工农红军的战争。

综观福建事变前蔡廷锴的人生轨迹，虽然脱离过南昌起义部队，作为"以服从命令为天职"的军人，也奉命参加过"围剿"江西中央革命根据地和工农红军的战争，甚至在蒋介石第三次"围剿"战争中，还与朱德、毛泽东指挥的红军主力彭德怀三军团、林彪的红四军及方面军直属三十五军，在兴国县高兴圩进行过一次持续时间最长、战况最为激烈的战斗，红军牺牲了三军团第四师邹平、四军第十一师曾始峩两位师长，付出不小的代价才取得最后胜利。不难发现蔡廷锴人生轨迹中的两大特点。一是总的说来，蔡廷锴的大部分经历都与民主革命先驱孙中山的革命事业紧密联系在一起，无论参加广东新军，还是参加护法运动和以后的国民革命军的北伐，追求的都是人民的自由平等、社会的进步和国家的统一。二是在国家主权受到严重侵犯，民族危机空前严重的时刻，他总能挺身而出，始终站在斗争的最前线。日本帝国主义发动九一八事变的第二天，他便提出"团结一致，打倒日本"的口号。调防京沪线后，了解到更多的东三省的消息，他召集旅长以上军官开会，决定把十九路军志愿官兵组成"西南国民义勇军"，拟定正月底由他亲自率领出关抗日。① "一·二八"事变时，他坚决抵制日军要十九路军撤防的无理要求，反复申明上海是中国领土，十九路军是中国军队，有权保卫上海；日军胆敢来犯，必定迎头痛击。日军悍然发动进攻后，他果断下令反击，与蒋光鼐、戴戟联名通电全国，表示"尺地寸草"，决不"放弃"，并赋诗以明志，"戎马倥偬到此间，身心劳瘁任艰难，家书两载叮咛寄，不扫倭寇誓不还"，充分表明他是个有着强烈爱国主义精神的优秀军人。这两大人生轨迹奠定了蔡廷锴发动和领导福建事变的基础。

二是日益严峻的日本侵华时局。众所周知，日本对中国的侵略是蓄谋已久的。且不算其清末民初侵略中国的历史旧账，仅1931年九一八

---

① 《蔡廷锴自传》，黑龙江人民出版社，1982，第268~269页。

事变以后的日本对华侵略扩张政策，便让每一个不愿做奴隶的中国人感觉到了亡国灭种的危险迫在眉睫。如前所述，日本侵占东北以后，紧接着又于 1932 年 1 月 28 日在上海发动侵略战争，并在巩固和加强对东北统治的同时，把侵略的矛头进一步指向了华北。1933 年 1 月初，日军攻占华北与东北的交通咽喉山海关。2 月下旬，日军及伪军 10 万人分三路向热河进犯。蒋介石国民党政府的热河主席不战而逃，日军轻而易举地侵占了省会承德，热河全省沦陷。随后又迅速南下向长城线上的军事要隘喜峰口、冷口和古北口等地进犯，矛头直指北平、天津。虽然驻守长城的中国军队在全国抗日浪潮的推动下奋起抵抗，重创日军，但由于南京国民政府坚持"攘外必先安内"的反动方针，驻守长城的中国军队得不到有力的支援，奋战两个多月，伤亡惨重，最终失败。日军在侵占长城各口的同时，一面侵占察哈尔省东部的多伦、张北等七县，一面南进侵占河北省的密云、平谷等地。已经侵占冀东的日军则强渡滦河西进，到 5 月下旬，占领了唐山、玉田、三河、香河等县，直逼通县，形成包围平津的态势。蔡廷锴眼见寇深祸急，民族危机深重，而蒋介石国民党政府却毫无作为，心急如焚。早在 1933 年 1 月 5 日，他针对日本大举进攻热河，就曾致电南京国民政府说："榆关、热河危在旦夕，敌弹到处燃烧，闻之发指……廷锴谨率所部待命北上抗敌。他人不忍牺牲袍泽以博民族英雄头衔，职则不忍牺牲国土以博个人苟安享乐也。"[①]表示自己愿"率所部待命北上抗敌"，[②] 并与蒋光鼐一起在福州发表通电，反对蒋介石对日妥协，出卖华北，表达自己抗日救国的强烈愿望，指出"廷锴分属军人，许身报国，懔见危授命之义，怀国亡无日之悲，北望辽沈，难安寝馈……锴虽愚鲁，窃愿负弩前驱，为国效命，执鞭荷戟，未肯辞劳，马革裹尸，愿申素志"。[③] 随即与蒋光鼐商谈北上抗日

---

① 《大公报》1933 年 1 月 6 日。
② 《陈铭枢回忆录》，中国文史出版社，1997，第 162 页。
③ 薛谋成、郑全备编《福建事变资料选编》，江西人民出版社，1984，第 17 页。

事宜，在十九路军中组建援热抗日先遣队。蔡廷锴指出，十九路军"原为抗日鼻祖"，应向南京国民政府请缨北上援救热河，继续抗日。纵使政府不同意十九路军全部北调，也应有一部先遣策应，以鼓舞前方士气。北上抗日军事行动流产后，蔡廷锴又与蒋光鼐联名发表通电，反对政府议和，表示"头可断，敌不可屈也"，并公开批评"攘外必先安内"政策，指出"钧座屡以共匪不除，不能谈抗日为诚矣。然区区窃以为深忧者，其何日可以剿除？敌何日停止进攻？假使外被不可止之进攻，内悬不可决之'剿除'，则国将不国，届时狼狈沉沦之惨状，孰得而知"。① 如此严重的民族危机，唤醒了每一个不愿做奴隶的中国人，诚如新中国的国歌所唱："中华民族到了最危险的时候，每个人被迫着发出最后的吼声。起来！起来！起来！我们万众一心，冒着敌人的炮火前进！"蔡廷锴作为一名具有高度爱国主义精神的军人，当然不会袖手旁观。正是这种严峻的日本侵华时局，促使他成了福建事变的主要发动者和领导者之一。

三是蔡廷锴对国共两党不同内外政策的亲身体验。"一·二八"事变中，蔡廷锴就有过被蒋介石国民党政府逼迫接受日军要求，妥协退让的经历。1月23日，面对日军要十九路军撤防的无理要求，南京国民政府却议定："由军政部长何应钦将十九路军于五日内调离上海，派宪兵第六团接防。"② 24日，何应钦赶到上海，在张静江公馆约见蔡廷锴，表示现在国力未充，百般均无准备，日敌虽有压迫，政府均拟以外交途径解决，为保存国力起见，不得已忍辱负重，拟令十九路军于最短时间撤防南翔以西地区，重新布防。对国民政府这一屈辱的决定，蔡廷锴十分气愤，当即反讽道：上海为中国领土，无理由撤退，倘若政府要撤，不如全部撤离京沪路。蔡廷锴坚决反对接受日军要求的强硬态度，并未

---

① 薛谋成、郑全备编《福建事变资料选编》，第49~50页。
② 朱汇森主编《中华民国史事纪要（初稿）》，台北：台湾史料研究中心，1984，第136页。

能阻止南京国民政府的妥协退让政策，26日何应钦还是正式下达了十九路军撤防的命令。但是，日军非但没有因南京国民政府的妥协退让而停止或放缓侵略步伐，反而于28日夜即向驻守闸北的中国守军发动了全面进攻。虽然蔡廷锴与十九路军的爱国将士进行了英勇顽强的抵抗，但由于南京国民政府始终抱持妥协退让政策，最后还是落得一纸丧权辱国的《淞沪停战协定》的签订，中国不得在自己的领土上海至苏州、昆山一带驻军，日军反而可留驻上海。这样的结局是蔡廷锴和十九路军的爱国将士难以接受的。

可是，事情还不止于此，蒋介石国民党政府对日本侵略者如此妥协退让，却对中国共产党创立的革命根据地和工农红军毫不手软。《淞沪停战协定》的墨迹未干，仅仅过去一个月，十九路军就又被蒋介石马不停蹄地调往福建前线"剿共"，让蔡廷锴再次亲身体验到了蒋介石国民党政府对外心慈手软、对内心狠手辣，必欲置共产党和工农红军于死地的险恶用心。1933年七、八月间，由彭德怀等指挥的以红三军团为主组成的东方军，在连城的朋口等地歼灭了十九路军的第七十八师三个团，蔡廷锴等人一再向蒋介石求援又落空，蔡廷锴深感"积极反共固然失败，消极反共也难于立足"，如果再打下去，有可能全军覆没，让蒋介石坐收渔利。他想起了这年1月17日中国共产党发表的《中华苏维埃临时中央政府工农红军革命军事委员会宣言》，与蒋光鼐认真研究了其中提出的在立即停止进攻苏区，保证民众的集会、结社、言论、出版、罢工之自由等民主权利和立即武装民众的三条件下，愿意和国内任何军队订立停战协定，共同抗日等内容，感到中国共产党是一个真正为国为民的政党，工农红军是一支真正的人民军队，并从中找到了"联共反蒋抗日"的出路。于是，蔡廷锴等人于9月22日派出陈公培为代表，携带他们16日写给朱德、毛泽东的信，到延平求见彭德怀，表示："贵党及红军同胞，凤以反帝倒蒋为职志，此即证明贵党与敝军团在政治上有共同的目标，在军事上有提携之必要，特此委托陈公培同志与贵党为军事合作的磋商。敝军同志甚希望贵党及红军同胞予以最诚意的接谈。此致朱玉阶、毛润之两先生,钧此致意。"① 彭德怀经请示,遵令热情接待了陈公培,并给蔡廷锴等人"写了信,告以反蒋抗日大计,请他们派代表到瑞金,同我们中央进行谈判"。② 10月,十九路军正式派徐名鸿、陈公培到瑞金会见毛泽东、周恩来等中共领导人,并与中共代表进行了谈判。26日,福建省政府及十九路军与中华苏维埃共和国临时中央政府及工农红军订立了《反日反蒋的初步协定》,双方规定:(1)立即停止军事行动,暂时划定军事疆界线;(2)以互助合作为原则,双方恢复商品贸易;(3)福建方面,立即释放政治犯;(4)赞助福建境内革命的一切组织之活动(如民众抗日反帝团体及革命民众一切武装组织),允许出版、言论、结社、集会、罢工之自由。协定的签订,使十九路军正式走上了联共抗日反蒋的道路,更使蔡廷锴最终成了福建事变的主要发动者和领导者之一。

---

① 1933年9月22日19时彭德怀、滕代远抄录转告项英、朱德、周恩来的电文保存件。转引自余伯流、凌步机《中央苏区史》,江西人民出版社,2001,第1074页。
② 《彭德怀自述》,人民出版社,1981,第182页。

书　评

在物的"生活史"中解读盐商社会

——读 *Luxurious Networks*: *Salt Merchants*, *Status*, *and Statecraft in Eighteenth-Century China* 所想

李晓龙*

Yulian Wu（吴玉廉），*Luxurious Networks*: *Salt Merchants*, *Status*, *and Statecraft in Eighteenth-Century China*, Stanford University Press, 2016.

《扬州画舫录》有这样一段描述，称："有某姓者，每食，庖人备席十数类，临食时夫妇并坐堂上，侍者抬席置于前，自茶、面、荤、素等色，凡不食者摇其颐，侍者审色则更易其他类。或好马，蓄马数百，每马费数十金，朝自内出城，暮自城外入，五花灿著，观者目眩。或好兰，自门以至于内室，置兰殆遍。或以木作裸体妇人，动以机关，置诸斋阁，往往座客为之惊避。"[1] 据说这描绘的是雍乾时期扬州盐商安麓村的奢华生活。长期以来，清代扬州盐商纸醉金迷的奢侈生活为学术界所熟知，且多有学者将其视为清中叶盐商衰落的一大原因。[2]

除了个人的奢华生活，盐商们还热衷于文化建设，营建园林几乎是扬州盐商的标配。"康熙、雍正间，扬城鹾商中有三通人，皆有名

---

* 李晓龙，中山大学历史学系（珠海）副教授。
[1] 李斗：《扬州画舫录》卷6，中华书局，1960，第148~150页。
[2] 参见佐伯富「中國鹽政の研究」法律文化社、1987、710頁。

园。其一在南河下，即康山，为江鹤亭方伯所居，其园最晚出而最有名。"① 江鹤亭即盐商江广达，在扬州建有园林八区，"城南有康山草堂、退园、水南花墅，城北有净香园、西庄、江氏东园、秋集好声寮，东乡有别墅深庄"。② 其中康山草堂是扬州园林建筑的代表，两度得"翠华临幸，亲御丹毫"。③ 园林不仅仅是游玩之地，更重要的是它成为盐商雅集文人之所，吟诗酬唱成为园林的特色景观。"一时翰林前辈、南北士子莫不闻声来至，觞咏并作，旦夕忘疲。（江）春家之秋声馆、康山草堂，其重建之北郊铁佛寺，咸为聚会之所。"④ 这种现象常常被学者解释为：由于清代盐商多不以逐利作为经济活动的最终目标，而因自身处于士农工商的末流，无法与科举出身的士人享有同样的社会地位，因此富裕之后往往"贾而好儒"，投身文化圈，利用各种文化参与手段提升自己的社会地位，从而形成盐商参与文化建设的普遍现象。⑤

吴玉廉新著《奢华的网络：18世纪中国的盐商、地位和治国之道》(*Luxurious Networks: Salt Merchants, Status, and Statecraft in Eighteenth-Century China*，以下简称《奢华的网络》）一书试图从物质文化史的视角，跳出"贾而好儒"的既往认识，从对富商生产和消费的各种物品的流动的考察，重新对以上商人奢华现象的形成和历史提出新的解释。该书认为成为文人不是清代商人生活中唯一的，甚至不是主要的关注点。作者通过考察商人和物品之间的关系，重新解释了盐商的奢侈行为，丰富了我们对18世纪人与物的关系的理解，尤其通过分析徽州盐商和乾隆朝廷的关系，提出一种用于理解18世纪中国盐商社会形成的新关系结构——朝廷—盐商关系网络（court-merchant relationship）。

---

① 梁章钜：《浪迹丛谈》卷2，上海古籍出版社，2012，第14页。
② 李坦：《扬州历代名贤录》，江苏人民出版社，2014，第127页。
③ 梁章钜：《浪迹丛谈》卷2，第14页。
④ 李坦：《扬州历代名贤录》，第129页。
⑤ 可参见何炳棣《扬州盐商：十八世纪中国商业资本的研究》，巫仁恕译，《中国社会经济史研究》1999年第2期。

全书除了导言和结论外，共五章，分为三部分。第一章为第一部分，考察了盛清时期徽州盐商兴起的历史和政治原因，及其与朝廷的关系。该章主要阐明了清代专卖制度的两项重要举措，即任命包衣为地方盐政大臣和任用富商为盐务总商，并说明由此形成的朝廷与盐商的利益互动。一方面，这两项政策将清朝皇帝自己的网络——主要是内务府包衣或旗人，直接注入食盐专卖制度的地方运作，并使朝廷能够有效控制长江中下游最富有的商业中心；另一方面，徽州盐商也通过获得"总商"的身份，与朝廷建立直接的联系，并且在长期争取维护这种联系的过程中不断发生互动。

第二部分共两章，通过研究江南城市中心的商人活动，讨论具体的互动过程。第二章考察了18世纪作为总商的徽商如何在江南通过珍宝物品与朝廷发生互动。它讨论了商人如何利用贡物、活计等制度为乾隆皇帝藏天下古籍于内府的爱好服务，而在江南展开生产和采购。该章主要讨论了两个方面的内容：一方面，介绍了徽商如何从当地作坊、市场和私人手中获取进贡朝廷的物品；另一方面，则重点阐述徽商个人的关系网和能力如何使他们能够为朝廷"跑腿"。盐商的"代理人"身份也促进了京城和江南之间的物品在风格和品位上的交流。第三章以盐商汪启淑及其印章收藏为例，探讨盛清时期商人在印章收藏文化中的作用和目的。收藏家及其收藏行为由于乾隆皇帝个人对收藏的兴趣和推崇而在当时社会获得了较高的认可，"收藏"也因此被视为一种彰显文化素养和文化水平的行为。汪启淑便是通过利用与他的收藏相关的各种要素来塑造自己"收藏家"的形象，并得到时人的认可，从而提升了自己的社会地位。

第三部分则转向另一个地理和文化空间——盐商的老家徽州。如果说第二、三章主要侧重于说明盐商如何发现和供应朝廷之物，以取悦皇帝，从而加强朝廷—盐商关系，使其在社会中的地位合法化的话，第四、五章则主要说明盐商如何制造物品来将朝廷—盐商关系影响到地方，从而通过地方善行彰显其社会地位。更重要的是，商人们通过这些善举来加强和朝廷官员之间的关系网络。第四章讨论了盐商通过参与宗族建设来扩大其家族在徽州地方的影响。盐商鲍氏家族花费大量财富在徽州老家所开展的如编修族谱、修建旌孝坊和捐助义田等一系列事务，便都是当时朝廷所推崇的儒家道德风尚行为。通过把书画和绘画技艺加入祠堂等儒家道德典范认可的建筑物中，他们不仅进一步加强了与士大夫和朝廷的联系，同时还促进了当地奢侈品的消费，打通了城乡联系。第五章以徽州歙县贞节牌坊的建造为例，说明盐商在其中的作用及用意。贞节牌坊等的建造是清朝用于教化地方的重要措施，盐商致力于在徽州地方进行贞节牌坊的修建：一方面，通过宣传朝廷嘉许的行为而参与到朝廷的地方教化行动中，宣传了朝廷政策，在地方为朝廷的教化树立了典范；另一方面，对下也显示了自身地位的合法性，提升了自身的声誉，将财富与善行结合到了一起。

《奢华的网络》一书认为，盐商奢华的根源主要来自于清朝对盐专卖制度的新设计。它体现在清代盐法的两个显著特点。从康熙中后期开始的任用内务府包衣充任两淮盐政的政策加强了皇帝和江南的紧密联系，而总商制度使某些商人成了朝廷在江南盐务的代理人。这些总商不仅影响了整个江南盐业经济，更重要的是他们开始可以像官员那样和朝廷打交道，甚至直达天听。这种商人和朝廷紧密且实实在在发生的联系，以及由于这种联系而建立起来的人际关系，被作者称为朝廷—盐商关系网络。作者认为这是基于清朝的盐法设计而构建起来的新的网络。根据作者的界定，这里的"朝廷"包括皇帝、内务府包衣和朝廷官员等。基于朝廷—盐商关系网络，徽州盐商和朝廷建立了直接或间接的联系，同时盐商利用自身与朝廷的关系，广泛扩大自己的影响力和关系网，并终而影响国家的政策及人们的道德、品位和消费习惯。[1]

---

[1] Yulian Wu, *Luxurious Networks: Salt Merchants, Status, and Statecraft in Eighteenth-Century China*, p. 18.

该书的核心观点之一，是强调商人社会的研究要看到"物对人的意义"。奢华的生活是研究明清盐商的普遍共识，也常常是研究的重点。而作者指出，每一个物品的意义都是从物和人之间积极的、相互的接触中产生的。物品不仅是文化的反映，更是文化创造的方式。[①] 对于盐商的奢华不应该只看到表面的奢侈，而且需要对奢华的宿主——物，进行重新理解。可以发现，盐商的奢华是特定的关系在社会互动中的结果，更重要的是它能够充分反映出这些关系网络和社会生活的演化情况。由此，奢华不是简单的奢侈行为，而是带有某些政治和经济的因素。盐商的奢华不只是富人的一种生活方式，而是一种和政治紧密联系的文化方式。揭示这种文化方式的形成、表现和影响，便是该书的主要目的之一。

物既然是人们塑造生活的工具，因而物也反映着商人社会生活，而要解读出这种反映的过程，作者强调对于物的研究必须关注商人的实际行为动机。制度要在运作中形成和不断调适，以及制度时时刻刻影响着人们的生活和行为，这样的认识实际上也已为以往很多历史研究所证实。《奢华的网络》一书旨在通过对物所附着的信息的考察，将徽商所生产和消费的特定物品置于其生产、消费和流通的过程中，通过徽州盐商与周边物物互动的历史，揭示朝廷与盐商之间关系网络的建立和维持，进而形成对18世纪清朝政治、经济和文化变革的解释。作者认为，植根于满族特色而设计的食盐专卖制度，在实际运作过程中受到盐商的促进和加强，使得朝廷—盐商关系网络的形成成为可能。借助朝廷—盐商关系网络，盐商也将他们的影响扩大到王朝政治、品位和消费，乃至中央与地方的关系。朝廷—盐商关系网络使得京城、江南不是孤立的存在，而是使盐商能够维持和加强这一网络，需要或者说能够跨地区进行

---

① Yulian Wu, *Luxurious Networks: Salt Merchants, Status, and Statecraft in Eighteenth-Century China*, p. 9.

文化建设，由此将其影响扩大到整个 18 世纪中国的政治、经济和社会特征上。按照作者的逻辑，18 世纪盐商文化的形成并促使社会普遍存在的商业文化共性，与清廷采用和明代不同的食盐专卖制度密切相关。通过对清代食盐专卖制度特点的挖掘，提炼出朝廷—盐商关系网络，并用于解释 18 世纪盐商的行为动机和处事风格，即是该书的核心内容之一。

该书更具有启发意义的地方还在于将朝廷—盐商关系网络落实到物的"生活史"中，通过它们被选择、生产、交换和展示的过程，描述它们所承载的象征意义和文化意义，由此揭示商人的意图和策略。作者在方法论的论述中指出，历史人物不仅和物品生活在一起，还利用它们来实现自己的目的，并影响社会。通过在特定历史背景下考察人和物的互动，研究者可以描绘出嵌入这些人工物品中的内在意义，并以这些人工物品为媒介，研究具体的人的策略和行为动机，由此探讨他们生活的社会环境。[1] 正是人和物基于一定策略的不断互动而形塑了社会。从这个视角出发，对于以往常常困于文献贫乏而无从深入研究的商业史和商人社会，或许有重要的学术意义。

该书将盐商的奢华和文化建设通过国家与地方的互动剖析得淋漓尽致，但它或多或少还是在强调清朝在引起商人社会地位转变中的决定性作用。虽然该书也注意到了盐商能动性的一面，但这种互动是否都是在国家制度驱动下的商人参与呢？我们可能需要更多的思考。大多数情况下，能够有机会和能力经营朝廷—盐商关系网络的只是众多盐商中的少数。如何进一步解释其他众多盐商可能存在的无意识互动行为，作者似乎并未展开。实际上，商人在日常行为中所面临的也远比只有皇帝和朝廷的局面复杂得多。商人的本业是经商，在经商的过程中常常面对形形色色的人群和其他方式互动而形构的社会，日常的生活也处在由传统文

---

[1] Yulian Wu, *Luxurious Networks: Salt Merchants, Status, and Statecraft in Eighteenth-Century China*, p. 10.

化所构建的更为复杂的社会网络当中。19世纪商人破产的普遍现象不正说明外在的复杂社会网络并非商人所能时时掌控的吗？

关于清代盐商的文化参与和与朝廷互动的研究，虽然不完全从物的视角进行讨论，但类似的结论也已有发现。如关文斌关于天津盐商的研究，就讨论了盐商如何建构自己的交际网络，使其与朝廷发生密切联系，盐商的文化参与有很强烈的打通朝廷关系的导向。① 但他同样强调，文化建设的驱动力主要来源于清朝国家制度的使然。近年黄国信的研究则提示了另外一种可能，盐商在湘粤交界的食盐经营和市场秩序的形成是基于传统文化体系的人际关系的互动。②

清代著名小说吴敬梓的《儒林外史》某种程度上可以说是反映清代扬州盐商社会的重要作品。《儒林外史》的增补齐省堂本比通常本增补了四回，从原本的第43回中间插入，直到第47回上半回。第45、46回讲述了两淮总商万雪斋及其七太太择地建造"红池别墅"，组织文人举行诗会，自家做"骚坛盟主"的故事。③ 这个故事可能出自吴敬梓所作的《红池别墅记》。据说万雪斋的七太太本不会作诗，便找才女沈琼枝代笔，而在文人中获得了"女才子"的名号。七太太又劝说万雪斋择地"造成一所极大的花园"，方便"诗会的朋友们游览，开拓心胸，增长诗兴"，并表示自家成为"骚坛盟主"，"是件大出名的事"。"红池别墅"被建造成了一个精致的园林。建成之后，雪斋希望能"请地方官来踩踏新门"。别墅贺新那日，虽说未请到"运台府台"亲临，但"乞得了一道匾额"，江都县知县则"用全副仪仗，多派丁役"来壮威势，"司里府里以及同城衙门的幕友官亲"也均到齐。"自此十日一会，文武衙门官亲幕

---

① 关文斌：《文明初曙：近代天津盐商与社会》，天津人民出版社，1999。
② 黄国信：《市场如何形成：从清代食盐走私的经验事实出发》，北京师范大学出版社，2018。
③ 吴敬梓：《儒林外史汇校汇评本》，上海古籍出版社，2010，第728~730页。

友，无一不在诗会中，七太太大有声名，万雪斋亦广通声气。"①

吴敬梓笔下，虽然总商万雪斋心中向往"朝廷"，但实际参与"红池别墅"和对他造成影响的却主要不是"朝廷"。增补齐省堂本第47回中说，万家"以诗会联串秀才，以迄县府分司盐院衙门的人，酒肉征逐，声气相通"，万雪斋也得以"出入衙门，肆无忌惮"。②《儒林外史》原本第23回说盐商万雪斋原本只是盐商程明卿的一个"小司客"，"先带小货，后来就弄窝子"，寻了个"窝价陡长"的机会，挣了四五万银子，自己开始行盐成了盐商。万雪斋请顾姓、汪姓盐商在家吃茶，谈的是"窝子长跌的话"。③ 第46回的盐典商人方家，"府里太尊、县里王公都同他们是一个人，时时有内里幕宾相公到他家来说要紧的话"。④ 可见建设"红池别墅"的驱动力主要在于通过营造一个场所，来制造一个同行或者连接官府幕友官亲的朋友圈，而从中了解和获取各种商机。作为乾隆年间曾为两淮盐运使卢见曾幕佐和两淮盐商程晋芳座上宾的吴敬梓，其笔下的扬州盐商事迹多少可以反映事实。

和徽州盐商有着显赫的地位，以及与朝廷乃至皇帝有密切联系不同的广州盐商，他们的文化建设参与可以提供更多面相。南海罗格孔家不算得广州最富裕的商人，但从嘉庆十年（1805）孔毓泰接手粤北乐桂埠等盐务后，历经150多年，在地方经营日久。孔家的"岳雪楼"与伍崇曜的"粤雅堂"、潘仕成的"海山仙馆"，合称"粤省藏书三大家"。而至晚从孔毓泰的儿子孔传颜开始，便在广州经营藏书楼。据说孔传颜"性雅好古"，在广州濠畔建有"濠上观鱼轩"，藏书4万多卷。后来，孔继勋和儿子孔广镛、孔广陶在广州"筑岳雪楼以藏书"。⑤

---

① 吴敬梓：《红池别墅记》，钱基博编著《语体文苑》，1920，第32~40页。
② 吴敬梓：《儒林外史汇校汇评本》，第735~737页。
③ 吴敬梓：《儒林外史》第23回，江苏凤凰文艺出版社，2018，第221页。
④ 吴敬梓：《儒林外史》第46回，第436页。
⑤ 《南海罗格孔氏家谱》卷13，1929年刊印本，哥伦比亚大学中文图书馆藏，第8~9页。

当时广州的行商、盐商都热衷于在省城修建藏书楼。行商潘正炜"听帆楼"的藏品,甚至让浙江状元朱昌颐流连忘返。① 著名行商潘仕成的"海山仙馆"也常常是洋人、商人的聚集地,张维屏等文人名流出入其中。这些文化场所的社会作用可以从嘉庆十六年成立的"文澜书院"中得到一些了解。文澜书院由当时的洋行商人捐资创办,但并非普通书院,也不招生授课,而主要是"士子会文之所",为广州士绅商人提供定期聚会议事的机会。文澜书院虽然有入院的各种文化层次的条件限制,但实际上文澜书院有相当一部分成员是洋商或大商人出身,也因此入会有一项"居西关""税业三十年"的规定。② 文澜书院或是根源于清代广州富商的诗文集会。岳雪楼等的影响力虽不及文澜书院,但对于孔家来说,其应该不只是藏书楼或宴请名流之地,也不仅是用于提升自身的文化地位,可能更重要的是希望通过建造藏书楼和收藏典籍,能以商人身份融入当时广州的上层文化圈。这样高级文化会所里是不是也如万雪斋一样谈的是类似"窝子长跌的话"呢?

不仅物及其文化内涵是流动的,清代食盐专卖制度也需要被看成一个不断调适的过程。以两淮的总商制度为例,清朝入关之初并无总商的制度设计,当时朝廷更强调的是"招商完课",只要商人愿意完课即可充当盐商。一般认为两淮的总商最早设置于康熙十六年(1677)。当时巡盐御史郝浴称:"臣受事后,传集众商,用滚纲旧法,公取资重引多之人,金二十四名,尽以散商分隶其下。一切纳课杜私,皆按名考成。"③ 到康熙四十七年,康熙以"私盐之充斥皆由总

---

① 朱昌颐:《续编序》,潘正炜:《听帆楼续书画记》,西泠印社出版社,2007,第1207~1208页。
② 黄海妍:《清代广州文澜书院》,中山大学孙中山研究所编《孙中山与近代中国的改革》,中山大学出版社,1999,第150~155页。
③ 乾隆《两淮盐法志》卷14,《稀见明清经济史料丛刊》第1辑第6册,国家图书馆出版社,2008,第415页。

商不革",① 令将总商革除,到雍正二年(1724)才再度恢复。总商逐渐增加到 30 名,又于其中"择其办事明白者或二三人、四五人,点为大总","一应匦费杂费由其摊派,烦杂事务亦归办理"。② 乾隆中期又出现权力更大的"首总",即"向于总商之中推老成谙练一人为首","承办公事、支销银两,仍与各商会齐商议,公司列名"。③ 著名的徽州盐商江广达就长期担任首总。

淮南总商制的演变不是朝廷的一纸政令或某些官员的政策建议一蹴而就的,而是一个长期且反复的过程。而对于扬州盐商的奢华,盐商安麓村的生平经历或可丰富我们的理解。安麓村本名安岐,可能是最早的一批扬州富商之一。其身份由于史料阙如而十分离奇,④ 一说他是纳兰明珠的家奴,为明珠鬻盐扬州;⑤ 一说因为他通过破解明珠留下的藏宝图获得行盐本钱,"往天津、淮南业盐,富甲天下"。⑥

对于安岐、安图等人身份仍存有不少疑点,我们先结合史料和已有研究进行简单梳理。查慎行说他先是康熙二十四年(1685)做客纳兰明珠家中时见过安岐,时"在馆中执洒扫之役",后康熙四十六年随康熙帝南巡扬州又见到"已为相国鬻盐于两淮"的安岐,并嘱咐他要"小心贸易,勿为尔主生事"。⑦ 而安岐约生于康熙二十四年,卒于乾隆十一年(1746)。查慎行所见可能是安岐之父安尚义。安尚义与哥哥安尚仁曾为明珠家仆,安图是安尚仁的儿子。明珠在康熙二十七年被康熙帝罢黜,康熙四十七年病故。而钱陈群《麓村五十寿序》(雍正十二

---

① 光绪《两淮盐法志》卷 9,《续修四库全书》第 842 册,上海古籍出版社,2002,第 766 页。
② 嘉庆《两淮盐法志》卷 25,《扬州文库》第 1 辑第 33 册,广陵书社,2015,第 562 页。
③ 《道光初年楚岸盐船封轮散卖史料(上)》,《历史档案》1991 年第 1 期。
④ 刘尚恒:《安麓村事迹汇考》,《天津师范大学学报》1991 年第 4 期。
⑤ 端方:《叙》,安岐:《墨缘汇观》,江苏美术出版社,1992。
⑥ 刘声木:《苌楚斋随笔》卷 8,中华书局,1998,第 172 页。
⑦ 凌廷堪:《与阮伯元阁学论画舫录书》,《校礼堂文集》卷 23,中华书局,1998,第 206 页。

年）中称安麓村"居津水三十年",① 则安麓村行盐天津约在 1704 年,其时明珠已经失势。另外,从安麓村在天津所建的沽水草堂的规模和影响来看,虽然他可能同时兼营天津和扬州的盐务,但主要活动场所还是在天津。沽水草堂也因藏品丰富而成为京津文人士子追捧的文化圣地。

大致厘清以上关系之后,我们再来看安岐在雍正年间的变动。《永宪录》交代,虽然明珠失势,但其子揆叙素与皇八子允禩相结,而安图是揆叙"家人",尚有一定权势。到了雍正三年（1725）,允禩失势,安图也因罪"籍没其家"。② 作为堂弟的盐商安岐估计见势不妙,主动提出捐资修建天津城池,③"经营六寒暑","费白镪数十万"。④ 这一波周折也许耗尽了安岐在天津的资产,或者安岐将其中部分资产进行转移,乾隆四年的《天津县志》指出其沽水草堂"今废"。⑤

由此可见,安麓村家族当是发迹于天津,而后兼营扬州盐务,并在雍正时期逐渐将产业南移到扬州,其中缘由或许是为了和安图一伙划清界限。安麓村转战扬州后,凭借其在天津积攒的人脉,也逐渐影响两淮盐法。《清稗类钞》称:"时盐法沿自明季,麓村为商,以明［珠］之势,多所更张,无掣肘者,积弊为之一祛,民困得少苏。则其于淮盐亦非无功者。"⑥ 宋翔凤的《洞箫词》中也称:"两淮盐法,明季以后弊坏已极。岐以相国之势,无所掣肘,故整理一新。盖两淮盐贾实推安麓村为前辈。"⑦ 乃至"是时,盐务商总以安绿［麓］村为最"。⑧ 安麓村的

---

① 《麓村五十寿序》,裘琏:《香树斋文集》卷 13,《清代诗文集汇编》262,上海古籍出版社,2010,第 147 页。
② 萧奭:《永宪录》卷 4,中华书局,1959,第 259～260 页。
③ 允禄、鄂尔泰等编《朱批谕旨》第 16 册,上海点石斋刊,1887,第 10 页。
④ 《麓村五十寿序》,裘琏:《香树斋文集》卷 13,《清代诗文集汇编》262,第 147 页。
⑤ 乾隆《天津县志》卷 7,中国国家图书馆藏,第 21 页。
⑥ 徐珂编《清稗类钞》第 17 册,商务印书馆,1915,第 91 页。
⑦ 宋翔凤:《洞箫词》,《清代诗文集汇编》513,第 291 页。
⑧ 李斗:《扬州画舫录》卷 9,第 214 页。

影响还不只在盐法，本文开篇所引《扬州画舫录》的那段文字还称扬州的奢丽"先以安麓村为最盛"。言外之意，是安麓村带动了扬州的奢靡之风。《苌楚斋随笔》也称："（安）仪周在扬州置巨宅，豪侈不可言。"① 若再结合安麓村斥巨资修建天津城池、南下扬州等事，他在扬州的奢华生活或是始于雍正朝掩人耳目的避世需要，而带来的结果是其始料未及的。安麓村的故事提醒我们，不可过分强调清初朝廷建立食盐专卖制度的主动性，而忽视盐商经营背后的其他动机，以及市场经营和经济收益的需求。

以上的浅见只是基于笔者不成熟的想法和初步的文献考证。清代尤其是 18 世纪的中国社会是一个普遍流动的社会，商人更是这个流动社会的重要参与者和形塑者，如若我们能更多地发现 18 世纪社会的地方性知识，进而揭示一种基于地方性知识的关联商人和物的关系网络，我们将能够对复杂多元的传统文化有更深入的了解。

总而言之，《奢华的网络》一书还是给予了我们很多的启发，无论是在理解 18 世纪盐商社会的认识上还是方法论上。在方法论上，作者还提示如何结合实在的物品和历史文献展开研究。比如在贞节牌坊的讨论中，作者展示了通过追查牌坊实物石料的材质，进而展开对文献中关于该种石料来源、开采、运输状况等的讨论。从物的"生活史"视角进一步观察商人社会，可以做的还有很多。无论是透过商人与物的互动解释政治、经济和社会的形塑，还是进一步深入"区域"中，在更为复杂的社会关系网络中再探讨商人的策略和行为动机，甚至结合历史人类学的理论认识和方法，都可能打开另一扇看清商人社会的窗户。

---

① 刘声木：《苌楚斋随笔》卷 8，第 172 页。

经济与法律交织下的明清社会

——评邱澎生《当经济遇上法律：明清中国的市场演化》

陈鹏飞[*]

邱澎生：《当经济遇上法律：明清中国的市场演化》，台北：联经事业出版公司，2019。

相当长一段时间以来，以"欧洲中心论"为视角所构筑的全球经济史观一直占据着主导地位。在这套史观中，18世纪、19世纪的欧洲因为发生工业革命，率先蜕变为经济快速成长的先进国家，建立起了以欧洲为中心的近代全球经济体系。而同一时期的明清社会则始终处于停滞状态，在此基础上还产生了所谓的"明清停滞论"。近年来，邱澎生老师在《当法律遇上经济：明清中国的商业法律》[①]、《明清法律运作中的权力与文化》[②]等一系列作品中，对"欧洲中心论"和"明清停滞论"提出了质疑，其最新力作便是2019年出版的《当经济遇上法律：明清中国的市场演化》一书。

该书收录了邱澎生老师近年来从经济、法律、文化三个角度出发探究明清时期中国社会变迁的8篇最具代表性的论文，其中最广为人知的

---

[*] 陈鹏飞，中山大学历史学系博士研究生。
① 邱澎生：《当法律遇上经济：明清中国的商业法律》，浙江大学出版社，2017。
② 邱澎生：《明清法律造作中的权力与文化》，广西师范大学出版社，2017。

莫过于《国法与帮规：清代前期重庆城的船运纠纷解决机制》一文。该文主要利用巴县档案中关于航运业的材料，以清代长江上游的"河港移民型城市"重庆的航运业为例，从"产权与经济组织、政府与法律、意识形态与非正式限制"三个方面对重庆船运业纠纷的解决机制展开分析，在此基础上试图对法律如何回应经济领域的变化，会馆、船帮等民间团体如何介入并影响地方司法实践，以及明清时期经济组织、法律体系乃至文化意识形态方面的变动如何推动制度变迁等问题进行了初步的解答。

第一节主要介绍了重庆航运业的发展以及重庆这座"河港移民型城市"的经济与社会结构，并对不同船帮团体进行了初步的分类。位于长江与嘉陵江交汇处的重庆具有优越的水文条件，从乾隆初年开始，清政府对长江上游的水道进行大力整治，长江上游航道得以打通。再加上16~18世纪全国市场经济的发展，促使重庆城逐渐成为四川全省货物转运中心，大批船只云集重庆各大码头进行装货、卸货与储存。大量的外省移民也开始进入重庆从事商业与航运业，由此促成了以"八省会馆"为代表的拥有专属建筑物的会馆、公所组织和以"船帮"为代表的不同形式的经济组织日益兴起。

19世纪初，随着四川地区战事与动乱的加剧，政府希望借助民间船户的运输工具与运送能力，要求船户无偿提供劳役与"领价和雇"，促成了不同船帮团体的形成。作者根据巴县档案中关于重庆船帮的记载将其划分为"长程货运、短程货运、短程客运"三类。重庆的长程货运商船形成了"三河船帮"，即大河帮（岷江）、下河帮（长江）与小河帮（嘉陵江）。在"三河船帮"这一大类之下，根据航运业者的籍贯、主要载运商品的种类以及航运技术的差异，还存在其他大大小小的船帮组织。除长途货运的船只以外，重庆城还有大量负责短程货运的拨船（驳船），负责将大船货物装卸并在城内码头上下货，在嘉庆年间形成了"五门（千厮门、朝天门、太平门、储奇门、紫金门）拨船帮"。同"三河船帮"类似，"五门拨船帮"下还可以再分为别的不同船帮，除了日常承载客货的商业活动，还需要为政府提供"差役"与"和雇"服务。除此之外，还有负责经营短程客运的渡船，主要出入于重庆城与附近市集之间，既为往来客商提供短程运输服务，也为城乡居民提供摆渡服务，并未形成"船帮"。

第二节分别梳理了船运纠纷的不同形态，说明民间团体与地方政府在不同类型船运纠纷中的调解与审理方式。作者根据"货运、客运"与"长程、短程"两项标准，将重庆的船运业分为长程货运、短程货运、长程客运以及短程客运四类。其中，长程货运、短程货运与短程客运因为经营船运的业务性质有别，发生船运纠纷的主要类别也有差异。大致而论，远程货运的船运纠纷主要涉及业者如何共同承担政府"和雇"与"差役"事务、船户盗卖客商托运货品讼案、船户承揽货品于运送途中受损时的赔偿纠纷以及船工向船户或客商索取应得工资的冲突等；短程货运主要是船运纠纷，一是业者成员共同对外抢占市场的冲突，二是业者成员对内分配营运利益的争议；而短程客运纠纷则集中表现在抢占市场的冲突。

第三节论述了政府法律与船运帮规在重庆城船运纠纷中如何影响当时船运契约的制定与执行，进而探究当时的制度变迁问题。随着18世纪重庆商业与运输业的发展，地方政府的船运管理制度也发生了一系列变化。第一，从康熙末年到乾隆二十五年，随着民间航运业的发展以及相关法律的完善，重庆地方官府逐步裁撤原设官船，转而雇用民间船只，进而取消了既有的具有强制性色彩的"船行"与"埠头"制度。第二，18世纪、19世纪重庆地方官府审理各项船运纠纷时，"船帮"与"八省会馆"等民间社团组织也在地方官员的支持下介入各种船运纠纷之中。第三，关于船运纠纷的审理推动了"法律多元"现象的出现。重庆地方官府在关于船运纠纷的审理中既没有拘泥于粗疏划一的"国法"，也不完全依赖自发生成的"帮规"，而是依据不同情况在二者之间灵活地选择，促使其相互调适或巧妙地糅合在一起。在巴县船运纠纷的不同案例中，官府的判决时而认可"帮规"禁止竞争、支持把持，时而又援引"国法"支持竞争、禁止把持。两种看似矛盾的判决实际取决于地方官员判决时所选择的"核心价值观"的差异。

在该文的结论部分，作者在清代重庆船运纠纷研究的基础上，对明清时期中国法律规范与经济秩序如何互动这一问题展开了进一步思考。根据作者此前的研究，除了重庆以外，明清时期在中国一些工商业发达的城镇都曾出现各自独特的经济秩序与法律规范互动、商业法律不断发展的现象，构成了清代前期"法律多元"的重要内涵。这种多元现象也是在中国既有"国法"的法律框架与包含"帮规"在内的诸种团体规范相互作用的结果。据此，作者指出，虽然明清时期中国没有出现"工业革命"，也没有类似于西欧的民法、商法等法律体系的建立，但是当时中国主要商业城镇中发生的各种商业组织、相关法令以及意识形态上的变动，仍带出某种有意义的社会变迁。

该文以清代国家法律在重庆这样一个"河港移民型城市"的演变历程为例，对明清时期中国经济秩序与法律规范的演变轨迹进行了概括。清代随着社会经济的发展，市场秩序也在发生变动，各种新的商业问题层出不穷，这些都直接或间接冲击了当时既有司法体系所赖以运作的法律核心价值观与意识形态。另外，以"船帮"为代表的向地方政府承接"和雇"与"应差"的各种商业组织在日常商业运作中形成了一套与市场契约相融合的帮规，其中关于船运纠纷的内容深刻影响了地方官员的法律实践。当地方官员在既有法律体系和意识形态框架下对商业争端进行调处和审理时，一方面要对既有法律规范进行适当的调整从而适应市场秩序的变动，另一方面则要在不违背国家法律核心价值观的前提下引导"国法"与"帮规"相适应。这一过程促成了当地司法实践进一步发展，最终形成某种程度的制度变迁。这就表明，尽管明清时期中国没有产生与欧洲相似的商法，但在商业法领域仍出现了许多新变化，中国的商业法律已经初具雏形，也体现了清政府对于商业活动的管理能力。

与该文的观点形成鲜明对比的是周琳关于清代重庆脚夫问题的研

究，她在《殴斗的逻辑——乾隆至同治时期重庆的脚夫组织》[①]一文中以嘉庆中后期重庆脚夫帮派之间日益频繁的暴力冲突为切入点，认为重庆地方官府从乾隆三十六年到嘉庆中期尚能对脚夫组织保持一定的控制，但随着脚夫帮派的力量日渐壮大，地方官府逐渐对其失去了控制。政府的缺位导致不同脚夫帮派之间缺乏合理的渠道化解矛盾，只能通过暴力这种高风险、高代价的方式来维护自身的利益。进而指出重庆地方官府面对一个快速变化的商业城市时，似乎并没有做好准备。根据笔者所见材料，嘉道以后，重庆无论是个人还是团体，其对于行业的经营权通常以股份的形式进行切割和转让。这样，每一次产权的买卖和转移都会导致产权形态进一步复杂化和零碎化。由于这些所有权的合法性主要来自对官府差役的承应，因此围绕应差问题，通常会引发不同利益群体之间旷日持久的争夺与扯皮。随着产权以股份的形式频繁转卖，官府的管理体制到后期已经越来越难以应对日益复杂且细碎化的产权形态，始终难以形成一套成熟的机制解决这一问题。另外，咸同以后，官府改变了原先直接通过行帮征收实物和征发劳役的做法，转而以征收厘金为主，在这样的情况下，官府也减少了对于行帮的控制。据此，笔者初步推断，周琳所指出的重庆脚夫组织暴力化问题，很可能是清中期以后民间商业活动的复杂性逐渐超出了传统时期政府的治理能力，再加上从应差到纳银的转变使得官府改变了对民间团体的控制方式，所以令人产生了政府对于商业纠纷和商人团体的控制力大不如前的错觉。暴力化问题不应简单地理解为政府力量的衰退和地方秩序的失控，对于明清时期地方官府对商业活动的管理能力，无论是过分夸大还是过于贬低都是不可取的。

长期以来，明清时期一直被理解为中国"停滞""衰退"的时代。也正是基于这样的认识，这一时期中国的商业与法律也常常被认为是与"近代化"背道而驰的。在该文中，作者试图突破传统的"欧洲中心

[①] 周琳：《殴斗的逻辑——乾隆至同治时期重庆的脚夫组织》，《清史研究》2018 年第 3 期。

论",从中国社会经济史的发展脉络和材料入手,并从市场演化的视角加以探索,以理解明清社会经济发展与变迁的史实。纵观全文,无论是与黄仁宇"数目字管理"的学术对话,还是对于清代苏州与重庆等商业城镇的研究,我们都可以看到,明清时期,在社会经济组织方面,长途贸易与全国市场规模急速扩张、金融机构及其发行的钱票持续大幅增长、具有降低交易成本作用的商人团体也在各大城镇不断涌现。在法律体系方面,不仅各种注释律学持续编辑与出版,成为官员学习法律甚至判案参考的专业知识来源,大批熟悉法律的刑名师爷也成为地方官断案时不可或缺的专业幕僚。围绕富人或商人的财产问题,明清时期也出现过不少有意义的讨论与争辩。因此,虽然明清时期中国没有发生欧美"工业革命"那样的经济变革,清末以前也并未出现"民主宪政"之类的法律与政治改革运动,但明清时期的中国社会无论是经济组织、法律体系还是文化观念,都出现了许多有意义的变化,这些都不应该被学界忽视。

"小地方"如何实现知识转型

——徐佳贵《乡国之际：晚清温州府士人与地方知识转型》读后

叶 鹏*

徐佳贵：《乡国之际：晚清温州府士人与地方知识转型》，复旦大学出版社，2018。

近代知识转型，即以"四书五经"为核心的传统学问如何转变为近代分科知识，是当下近代思想史研究者讨论的一个焦点。以往从语词概念、学科学校、书籍阅读三种取向出发进行的知识转型研究，多以上海、北京、广州等几个大城市为代表，若将之视为全国之缩影，显然是有失偏颇的，知识转型在"小地方"上的具体过程并未得到较好呈现。

复旦大学历史学系近代史研究团队近年来在中国近代知识转型领域研究颇深，陆续有多部专著出版。① 徐佳贵的博士学位论文《乡国之际：晚清温州府士人与地方知识转型》便是其中代表。该书的研究区

---

* 叶鹏，复旦大学历史地理研究中心博士研究生。
① 相关研究参见曹南屏《阅读变迁与知识转型：晚清科举考试用书研究》，社会科学文献出版社，2018；复旦大学历史学系、复旦大学中外现代化进程研究中心编《近代中国的知识与观念》，上海古籍出版社，2019。

域温州府,依作者所言,乃处于行政、文教两种"边缘"环境,既是浙江省内最为偏远的一府,又是江南文化圈最为偏远之一处。作者大量采择温州地方史料,尤其是一些前人着眼不多的日记、文稿、地方报刊,力图勾勒出近代温州地方知识体系重构的历史图景。

地方、士人、知识转型,是该书最重要的三个关键词,温州则是作者选择展示这一生动过程的具体场域。以此为线索,作者其实要回答的是三个问题:在"通都大邑"之外的边缘地区,知识转型何以出现?知识转型如何发生?知识转型的结果如何?全书围绕着这些设问分为上下两编,各有三个章节。

上编以时间为序,讨论了19世纪中叶至20世纪初,温州府地方知识转型的发端。第一章关注"内力",描绘了在西力东渐之前温州的文教面貌,指出温州科举远逊于浙北诸府,除了偶然出现的几名成功者外,大多籍籍无名。虽然文风不胜他处,但"永嘉之学"的余绪在温州却仍有较强影响,知识精英出于"经世致用"等考虑对传统学术的个性化选择,为此后地方发展埋下了因时求变的种子。第二章聚焦于"外力",讨论开埠后温州"风气开通"之情形,指出商贸、交通等因素对刺激地方吸收新学并无决定作用,来温西人多属传教士或商人,对知识转型帮助不大,西学走向地方仍要遵从"中心—边缘"法则,从某些大城市学习新知,而非"遍地开花",直接在地方习得。第三章在前两章基础上,讨论内外力共同影响之下维新如何具体展开。此章以文教机构、新式报刊为分析切入点,强调了1895年之后的五六年间正是近代知识转型走出大都市,实现"地方化"的起步阶段。然而由于制度改革尚未跟进,新学在旧制中勉强生存,二者脱节龃龉,影响了新学拓展的限度。作者特别提出,地方士人之"趋新",并非对传统的舍弃,而是在坚持"中学"本位的基础上对时势的妥协,接纳西学即是一种变通之举。

下编题为"文教'新政'的地方响应(1902~1911)"。第四章关注新式学堂的建设,从地方自行摸索,到官方体制变革,地方士人积极参与到这一教育"国家化"进程中，促使国家制度发生了从"抡才"到"育才"的转变。同时，这也是实现地方上"学"与"制"重新契合的重要阶段。第五章聚焦士人兴学，指出地方知识精英一面利用教会接引西学，一面又排斥西教，同时他们力图通过新知的传播，将乡民塑造为国民，借此维系自身"四民之首"的地位。正是这一过程中士绅与官方的共同作用，促成了文教领域的"国进民退"，结果便是教育"国家化"的倾向往往要强于"国民化"的倾向。第六章则讨论了面对变革，地方士人心境发生了什么变化，由于温州地方开办新式学校在软硬件上均无法与大都市相提并论，为应对国族危机而登场的新学，在地方上难以找到合适的位置，新知对于地方而言在一段时间内甚至陷入了"屠龙之术"的尴尬局面，新制如何塑造新人当然值得深究，但作者仍着眼于老辈士人，尤其注重考察科举停废之后这一群体的心境。

本文讨论的核心概念"知识转型"具有多种面相，所谓知识，其内涵如何，包括哪些内容，都值得深究。徐佳贵此书所言知识转型，实际所指乃是知识生产、传播过程之转型，知识本身并非其研究重心。如作者所言，该书关注的是晚清地方士人与地方之学的变迁，重在考察中外知识观念于特定场域内博弈、融汇的过程，希望揭示的是包括"知识传播—接受—再生产"整个环节的社会文化机制，以知识转型名之不过是一"权宜之计"。

在这一前提下，作者着力展示了温州地方士人撬动传统学问，将新学纳入知识谱系的过程。他特别提示了传统儒学之中素有"因时变通"的因素，正是这样一种经世致用的思想，促成了晚清地方大儒向新学的迈步。此时所谓的"趋新"，并不意味着"舍旧"，更在于推陈出新。然而，一旦自主维新的阀门被打开，地方文教的发展便逐渐变得"不由自主"，不再为地方精英所操控，而越发走向一条为外界所影响的轨道。同时，作者多次强调，近代"国族建构"（nation building）与"国家扩张"（state expansion）并非同步进行，中央种种法令的实施与地方本应产生的反响实际多有错位,某些士人早于王朝规制变革前已在地方倡议新学,如此一来便造成了学与制的龃龉纠葛,而二者从分离走向契合的过程,因应时代潮流,最终影响了区域文化的发展。

需要注意的是,作者开篇即强调温州地处"边缘",而所谓的"中心—边缘"二分法可再细化为"中心""中心之边缘""边缘之中心""边缘之边缘"四类区域,温州所处尚属"中心之边缘",相对于中部内陆、满蒙回藏等地区,温州所面对的西力影响要大得多。但正如作者所指出的那样,即便新学在温州推行有时,其"边缘性"也仅可"淡化",无法"根除"。由于温州本身在地理环境、文化区域、经济网络中仅处次要地位,这一略显悲剧的命运在"小地方"寻求知识转型伊始便已然注定了。

当然,作者也有一些言之未尽的问题。一代人有一代人的思想,到了国民政府时期,刘绍宽年老,身处其所谓"国粹沦亡之秋",也感叹"孔教之废,不待胡人得国之日",当年的维新之士竟也趋于守旧,对自己曾经"趋新预流"的岁月感到越发懊恼。个中缘由,必须将目光后延至民国,限于研究时段,作者对此未加详论。此外,地方精英在多大程度上可以转化为国家精英,地方文人如何参与到国家事务、知识生产当中,也值得深入思考。科举时代,高官尚有乞骸骨之举,告老还乡,最终成为乡绅地主。而晚清以后,知识精英逐渐向都市转进,乃至举家迁往都市居住,对于原籍地的影响亦相对减小。如何评估这些新式士人对于原籍地的影响,是需要进一步考虑的。

特别值得我们注意的是,该书以思想史、社会史为旨归,将研究对象落脚于具体的人,而非整个时代的某一群体。书中关注的地方士人,实际上聚焦于孙诒让、宋恕、陈黻宸、刘绍宽等几位主要的地方名流及其家族。对于地域社会或所谓"地方精英"的考察,学界已有颇多前人工作可供参考,该书缺憾亦在于此。或是限定于"士人"之故,虽然冠之以"地方",实则对温州地域社会的描摹多在上层,普通读书人或民众对新知的体认如何,未有详尽讨论。在资料层面,该书除了利用大量报刊之外，颇长于地方史料的发掘，但所引多为文集、日记等私人撰述，对于族谱的利用稍显不足，职是之故，书中并未着力剖析家族间关系、社会网络对知识转型过程的影响，这也是缺憾之一。

总的来说，该书体量颇大，达皇皇五十万言，但研究下限仅及清末，这或许正是研究工作中颇难取舍的一点：若全以个人经历为经纬，恐与一般传记无异；而要关切地方社会，势必又要截取时段，以减省篇幅，这就难免造成割裂之感。但不可否认，作者已成功地做出了积极而有益的示范，唯待后来者在此基础上继续深入探索。

评《山水"峒氓":明清以来都柳江下游地区的家族、婚姻与仪式传统》

黎家启[*]

黄瑜:《山水"峒氓":明清以来都柳江下游地区的家族、婚姻与仪式传统》,社会科学文献出版社,2020。

一 概述

随着一批优秀学者的持续投入,区域社会史研究已经成为中国历史学界最具创造力的领域之一,这背后体现的是历史研究"眼光向下"的研究转向以及跨学科的新思路,具有诸多"历史人类学"意蕴的研究取向得以形成。在中国众多以区域为研究对象的研究成果中,由中山大学人类学系教授张应强主编的"清水江研究丛书"备受瞩目。《山水"峒氓":明清以来都柳江下游地区的家族、婚姻与仪式传统》一书便是这一系列丛书第二辑中的新作之一。该书作者黄瑜供职于中山大学社会学与人类学学院,长期关注中国西南区域社会文化史。全书围绕"国家化"与"地方化"这对经典的关系展开论述,借鉴了布罗代尔有关"长时段"的历史研究范式,以重大历史"事件"及其引发的结构

---

[*] 黎家启,云南大学民族学与社会学学院硕士研究生。

性变革为切入点,分析了黔桂交界都柳江下游地区从唐宋到明清,尤其是明清时期,当地村寨社会在家族组织、婚姻关系和仪式传统等方面的整体性结构变迁。

作者以山区"峒地"村寨人群的一系列文化实践为核心关注点,并将区域社会经济发展引发的重要后果以及族群边界和族群关系纳入研究视野,力图展现在区域社会变迁中,当地社会各个层面的文化实践。在分析当地社会内部结构的同时,作者还关注王朝国家权力的下渗及其引发的连锁反应,以整体观的视角检视区域社会发展,展现了国家的"正统"与地方的"惯习"之间的交融与纠葛。在写作思路上,作者以"历史民族志"的写作策略将田野调查材料与历史文献加以整合,在拓展了"史料"范围的同时,也使得该书在分析当地社会的整体性结构变迁时,更多是站在当地人的"主位"视角,着力体现在传统历史叙述中处于"失语"状态的民众的主体性。

二 全书主要内容

除去"导言"和"结语",该书分为六章。第一章为"王朝国家的进入与'地方史'的书写",梳理了自北宋以来王朝国家权力下渗的大致过程,并进一步分析了王朝国家对"地方史"书写的重要影响。作者认为,对于都柳江下游地区而言,王朝国家势力的进入,一方面通过一系列政策深刻地影响了当地的族群边界和族群认同,另一方面王朝国家的文化渗入又促使"中心—边缘"观在当地人心中扎根,并引发了当地人对"地方史"的再创造。作者将北宋王朝"开边拓土"、王江"古州蛮"纳土、明代"怀远猺乱"、官方"土流分治"政策视为影响当地社会结构的重大事件。"在宋代,右江流域的'峒地'人群与'山地'人群之间,就已经在居住区域、社会组织方式以及与王朝国家的关系方面呈现出一定程度的差异,而王朝派驻广西的地方官员也依据这些差异，对这一地域内居住的人群做出'官'（主户）、'民'（提陀）、'山僚'的族群划分。"① 这直接创造了"民"与"瑶"之间的边界，到了明代"怀远瑶乱"之后，随着"联束民瑶"政策的推行，在文化上基本一致的"三甲民"与"瑶人"，因为户籍身份的不同，进一步被区分，由此逐渐形成文化上的边界。同时，伴随国家实在势力进入的，还有"正统"礼仪观，这又促使王朝官员与当地人将怀远视为"牂牁故地"，并以这样的地方史叙事诉诸"正统"，最终形成以"中心—边缘"为主导框架的地方史叙事神话。

第二章为"'峒地'村寨演变历程与信仰空间建构"。本章以坐落于西江上游的溶江和浔江交汇处旁山间"峒地"之中的"五百河里"村寨社会为例，以考察村寨中供奉的"三王"、"关公"、"萨"（sax）等神灵的祭祀场所的建构与变迁过程为手段，考察了明代"怀远瑶乱"后都柳江下游地区的社会结构重组和人群关系的重塑。本章以"神灵"信仰为切入点，对村寨"信仰空间"背后涉及的人群互动与整合、区域经济网络的联结和"村寨"观念的嬗变进行了深入分析。"三王"信仰的建构过程背后体现了"怀远瑶乱"后，当地居民和外来人群以及不同宗族的人群之间，利用得到皇帝认可的本土神灵"三王"展开的博弈与联结。明代"怀远瑶乱"后的"开江通商"和清代雍正年间西江水运贸易大发展，促使大量商品和外来商贩进入"峒地"。外来人群与当地人发生接触的同时，区域经济发展带来的修建道路和桥梁的需求也让"关公"信仰得以形成。"萨"信仰则与土地关联，在当地，"萨"堂与土地公祠这两个拥有类似属性的祭祀场所的同时存在，折射出当地人对"村寨"概念的建构。"在当地村民的日常祭祀活动中，'萨'被视为一个统一的、不可分的、掌管整个村寨安危的神灵，土地

---

① 黄瑜：《山水"峒氓"：明清以来都柳江下游地区的家族、婚姻与仪式传统》，第51页。

公却是一种可以被划分的、有着各处管辖范围的神灵。"① 这背后反映的是当地生计模式从"流动"的游耕到"固定"的定居耕作转变带来的观念变化。在"流动"的生计模式下,人们居无定所,不断迁徙,这就要求"村寨"是一个没有边界、不可分割的整体,否则人们无法自由"流动"。而到了定居耕作的时代,随着"土地产出""土地边界""土地产权"概念的出现与兴起,"土地公"便开始出现并充当界定土地边界的神灵。

第三章为"祖先源流追溯与宗族谱系建构"。作者指出,"猺乱"后的变化主要在信仰层面的多元文化叠合,这与"猺乱"后的人群多元性密不可分,而人们对祖先的追溯与宗族谱系的建构,则与清初怀远地方家族团练势力的兴起、士绅家族宗族化的历史进程密不可分。在这一章,作者利用碑文、族谱和大量口述材料来阐述当地人在祖先追溯和宗族谱系建构方面的文化创造,期望展现具体的历史场景,并在此基础上探讨以宗族关系为基础的族群认同的创造与再生产。作者认为,清初外来移民的进入和王朝国家的户籍制度对"六甲"地域社会的形成起到了重要作用。而"十二大姓开浔江"的传说,则是当地各宗族以"英雄祖先"的神话叙事,将地域认同转化为族群认同的文化手段。基于以上认识,作者进一步指出:"对中国广大地域内存在并流传的各种类型的祖先移民传说的研究,不应该只停留在对其反映的历史事实或者现实过程的考证上面,而是应该通过解构它们的形成、流传和变迁来揭示不同历史时期、不同流传区域人群所共同遭遇的历史境遇,以及其所产生的心态认同变迁的历史过程。"②

第四章为"家族组织与婚姻网络"。本章以"峒地"的家庭组织与婚姻网络为切入点,进一步分析了在"英雄祖先"的神话叙事之下,

---

① 黄瑜:《山水"峒氓":明清以来都柳江下游地区的家族、婚姻与仪式传统》,第117页。
② 黄瑜:《山水"峒氓":明清以来都柳江下游地区的家族、婚姻与仪式传统》,第189页。

当地人在模糊祖先来源、强化族群认同的同时，控制不同家族人群之间"结群"并维系族群边界的手段。作者指出："该地域村寨内部不同家族人群之间的'结群'方式和族群边界的维系机制，是将以本土父子（兄弟）关系为经的'兜'组织和以夫妻关系为纬的通婚网络作为核心建立起来的。"① "兜"组织是侗族人特有的家庭组织，在"峒地"，一些宗族往往是在"兜"的基础上引入儒家"宗"的概念建立起来的，体现了国家礼仪下渗带来的当地人的文化调适。在婚姻制度方面，作者指出："婚姻不仅联结着不同姓氏家族人群之间的区分与认同，更是地域族群与国家关系互相调适的重要领域。"② 在这个过程中，当地的地方性知识和来自王朝国家的正统礼仪是相互交织在一起的。同"姓"不同"宗"可婚的通婚原则、以"吃冬"节庆活动维系的姻亲关系等内容，都体现了这一点。

第五章为"'三王'信仰、村寨组织与国家观念"。本章深入剖析了象征着国家正统力量的"三王"信仰在礼仪实践过程中的文化意涵。在宋代，通过册封地方有影响力的神灵，将其纳入礼仪"正统"，是国家巩固统治的重要手段。王江"古州蛮"纳土后，北宋王朝以两次重要的赐封，给了当地三个神灵封号："宁远王"、"绥远王"和"惠远王"。这是国家势力介入边疆的重要标志，由此确立了当地有关"三王"的规范性祭祀。明清之后，通过国家的不断强化，"三王"的正统地位不断稳固，甚至一度成为庇护外来商旅的神灵。以至于南明时期被册封的另一个神灵"竹王"虽是"三王"的父亲，但是地位却不如"三王"。而后，当地势力更是一方面以"三王"这一本土信仰凝聚地方人群，另一方面则通过强化"三王"为夜郎之后的正统身份，在动荡的清末社会表明自己的忠诚。与此同时，地方神灵与王朝正统之间的

---

① 黄瑜：《山水"峒氓"：明清以来都柳江下游地区的家族、婚姻与仪式传统》，第191页。
② 黄瑜：《山水"峒氓"：明清以来都柳江下游地区的家族、婚姻与仪式传统》，第209页。

纠缠也在进行，"三献礼"的祭祀仪式与"三王"的巡游仪式，便象征着代表本土神灵力量的"萨"或"土地公"与代表王朝正统力量的"三王"之间的对峙与妥协。

第六章为"'侗戏'春秋：文化传承与民族文化建构"。本章关注与地方信仰相关的戏曲表演活动，论述当地人通过戏曲表演与外来人群的交往和戏曲表演在文化传承中起的作用。作者分别对历史上本土歌唱传统的传承与创新、桂戏与侗戏的发展与交融以及当地社会针对戏曲表演的一系列措施进行了介绍，指出中国戏曲传统与都柳江流域"峒地"村寨民众的日常生活密切相关，并强调戏曲表演的文化形塑作用。

三　评论与思考

首先，在方法论意义上，该书以"历史民族志"的研究视角书写地方史，对于区域史研究范式而言是一个有价值的补充。杜赞奇指出："将地方社会制度放入时间维度中考察会带来两种损失：一是失去共时性社会分析的精确均衡性，二是失去传统叙述文本的连贯性。我们需要的是创造一些兼容并包的新概念——这些概念能够连接社会发展规律与历史偶然性，能够沟通上层文化与大众文化，能够将各个对立方面调和起来而不使任何一方受损。"[①] 事实上，区域社会史研究在中国经过几十年的积淀，已经产生了一些具有启发性的概念。以"华南研究"学术团体为代表的学术先驱，更是以"礼仪标识""结构过程""逆推顺叙"等新概念为基础，逐步建立了自身的研究范式和解释体系。但是，历史学出身的前辈学者在依靠深厚的史学功底的文献分析能力，将田野调查中的新史料纳入自己的解释框架，从而取得丰硕成果的同时，对文

---

① 杜赞奇：《文化、权力与国家：1900～1942年的华北农村》，王福明译，江苏人民出版社，1996，第247页。

字材料的过分依赖,在某种程度上也阻碍了其研究从社会史走向文化史的进一步发展。对于研究文字传统较弱的地区而言,这更是硬伤。因此,"历史民族志"的研究视角,立足当地社会,将大量田野调查材料与史料结合,使"当代"的共时性材料得以焕发生机,有利于突破原有史学研究范式的桎梏。

其次,该书体现了作者扎实的学术功底与学术传承。探讨"国家"与"地方"之间的关系,长期以来都是学术界关注的重要命题。同时,作者用布罗代尔的"长时段"的历史研究范式理解"事件",并以引发当地社会结构变迁的重大历史事件为切入点,分析当地社会变迁的思路,也与主流史学研究传统相一致。但是,这并不意味着该书是一本"原地踏步"的平庸之作。在历史学与人类学等社会科学交流日益密切的当下,沿着既有的学术脉络,将共时性的经验材料与历史过程有机结合,是必不可少的。在这方面,该书做到了。更难得的是,作者在布罗代尔"长时段"研究观念的指导下,将大量田野调查材料与较长时段历史过程相关联,并以人类学的"整体观"剖析了区域社会的方方面面,为后人研究当地社会提供了大量有价值的参考。仅就这一点,便可确立本书的学术价值。

最后,作者将当地人的文化实践、王朝国家的权力下渗、区域经济发展、族群边界与族群关系之间的联系和张力置于一个具体的空间加以考察,并对当地文化"惯习"进行深入阐释,也为人们理解王朝国家之下西南地区社会的"文化复合性"提供了借鉴。作者在这方面的进一步思考,也使其走向了心态史和观念史的领域,让其研究从"有形"政治经济结构深入背后的"无形"文化结构。这一研究转向,为历史学和人类学的对话提供了巨大的空间。从这个角度看,作者的研究可视为历史学和人类学深度交融、互相磨合的结果,体现了历史人类学研究的多元视角与不断发展。

探索朝鲜前期贸易与货币变迁的内在逻辑与演变轨迹[*]

——《朝鲜前期對外貿易과 貨幣研究》评介

侯冠宇[**]

朴平植：《朝鲜前期對外貿易과 貨幣研究》，首尔知识产业社，2018。

近年来韩国学界经济史领域的研究蔚然成风，无论是对本国历史上经济现象的考察还是对东北亚国家的经济发展的剖析，都展现了韩国学界对学术研究的热爱与积极探索的学术素养。[①] 首尔大学历史系朴平植（박평식）教授是近年来活跃于韩国经济史研究领域较有影响力的学者之一。其自博士期间便着力于韩国社会经济史的研究，先后出版《朝鲜商业史研究》[②]、《朝鲜前期交换经济与商人研究》[③] 等专著。

朴平植教授数年来深耕朝鲜时代商业贸易以及货币史相关问题的

---

[*] 本文为兰州大学中央高校基本科研业务费专资金科研创新团队项目"明清国家财政与战略物资市场研究"（批准号：2019jbkytd003）、四川省人文社会科学重点研究基地——四川轻化工大学中国盐文化研究中心重点项目（编号：YWHZ19-02）、四川轻化工大学中国盐文化研究中心青年项目（编号：YWHQ18-05）阶段性成果。

[**] 侯冠宇，中国政法大学商学院博士研究生。

[①] 侯冠宇、朴美杰：《侧看为峰：近二十年韩国学界对中国明代经济史研究的热点、趋势与展望》，《中北大学学报》2021第1期。

[②] 朴平植：《朝鲜商业史研究》，首尔知识产业社，1999。

[③] 朴平植：《朝鲜前期交换经济与商人研究》，首尔知识产业社，2009。

研究，有关贸易史及相关议题的已刊论文早已为韩国学界所熟知与认可，新近出版了以其博士学位论文为基础，多年学术积淀而成的《朝鲜前期對外贸易과 货幣研究》，2018年8月由韩国首尔知识产业社出版，该书可以视为著者近十年有关朝鲜货币贸易史研究的一次全面总结。著者兼具历史学与社会科学的知识，全书并没有使用复杂的概念以增加阅读难度，而是使用易于理解的常用韩国语语法句式，以做到语言表述清晰简洁。目前国内并未刊发该书中译本，但无妨，因为译本只是理解原著的一个"拐杖"，要真正理解著者的思想内核，必须回归原著。故笔者阅读韩文原著，撰此评介。

一

该著作脉络清晰、结构严密，全书可以分为两个部分。第一部分是朝鲜初期的商业贸易发展，分为四小节：朝鲜初期的对外贸易政策、15世纪后半期对外贸易的扩大、16世纪对中贸易的盛况与国内商业、16世纪对日贸易的展开与纠葛。高丽末期的商业，是在元朝干涉后社会诸多特权阶层控制下发展起来的。但特权阶层与大商人在对外贸易中购买大量中国生产的奢侈品，使金银大量流出，促使国内奢侈风气蔓延，造成高丽（包括朝鲜初期）社会阶层与秩序的混乱。著者对朝鲜初期的统治原则进行了提炼概括：朝鲜王朝以"务本抑末""利权在上"为主导思想，重建以农业为中心的经济结构。在与明朝进行贸易的过程中，以"公贸易"方式获取国内需要的物资，同时全面封锁自高丽末期导致各种社会问题的私人贸易，制定严格的禁私法律，记录在朝鲜《经济六典》之中。朝鲜对明朝的岁贡以土物代替了金银，以公贸易方式获取书本、药材、牛角等物品。除了一年三贡的定期朝贡之外，朝鲜每年还有多次不定期的"赴京使行"活动。这些活动，是基于朝鲜本国经济需求，企图获得最大收益，朝鲜在以庆尚道为中心的南海地区与日本展开频繁的贸易活动。

朝鲜太宗（1400~1418年在位）时设置倭馆作为对日开展公私贸易的场所，朝鲜世宗（1418~1450年在位）时朝日贸易规模进一步扩大。此外，朝鲜频繁与中日两国开展贸易，对本国商业发展起到推动作用。这一时期开城、平壤、义州、东莱等地大商人的对外贸易活动相比前一时期有了进一步的发展，以"抑末论"为基础的朝鲜商业活动和对外贸易政策，便是在此种情况下展开的。15世纪下半叶，朝鲜与中国的贸易主要是使臣私贸易，通过使臣大量购买明朝的奢侈品。部分朝鲜赴京使臣不顾国家政策，勾结富商大贾，灵活使用赴京的机会从事非法贸易。进入成宗（1469~1494年在位）朝后，朝鲜与中国开展的使臣私贸易，逐渐由朝鲜开城的富商大贾主导。而朝鲜与日本的公私贸易，均是在都城的客馆以及三浦地区的倭馆展开的。朝鲜国内的商业亦受到贸易的影响而不断发展，直至1485年朝鲜国内商人活动愈加活跃，掀起社会逐末风潮。[1]

第二部分是朝鲜初期的货币发展史，分为三小节：朝鲜前期的货币论、朝鲜初期的货币政策与布货流通、朝鲜前期的粗布流通与货币经济。高丽恭让王三年（1391），废除弘福都监，新设立负责印制楮币的司赡署开始印制楮币，朝鲜货币市场中的货币种类繁多，但恭让王仍坚持发行纸币，而李成桂的政变打乱了政府发行纸币的计划。恭让王四年（朝鲜太祖元年，1392），印好的楮币及印制楮币的模具均被销毁。[2] 朝鲜建国之初，百废待兴，整顿币制一事被暂时搁置。在这一阶段，朝鲜市场上流通的主要货币是高丽时期残存下来的货币，如碎银、银瓶等。但在国内交税、纳贡等方面，朝鲜民众青睐使用谷物、布匹进行支付。此时，朝鲜市场银瓶、碎银、布匹、谷物并存，呈现"多元"态势。

---

[1] 朴平植：《朝鲜前期對外贸易과 货幣研究》，第128页。
[2] 韩国银行编著《韩国货币史》，李思萌、马达译，中国金融出版社，2018，第24页。

民间社会以一般等价物广泛流通的是布匹（货），其中麻布、棉布使用较多。① 一升由八十线组成，因此五升布意味着用四百升的纬线织成的布物，升数越高布匹就越细。② 朝鲜太宗时将楮币作为法定货币。楮币改革基于"利权在上"思想，是统治者将朝鲜国内的经济控制权掌握在手中的一次尝试。朝鲜太宗时期的货币改革，一方面推行楮币禁用布货，另一方面数量庞大的布货涌入朝鲜，给朝鲜货币政策的推行造成一定程度的阻碍。楮币改革的失败，朴氏认为是统治者政策实施缺乏连贯性、经济发展不成熟等原因导致的。③ 朝鲜世宗时期，棉布代替常布作为一种标准货币出现在朝鲜的流通领域之中。④

二

对历史细节进行深度把握，才能还原历史真相，全书采用历史学的实证方法，结合韩国文献，对朝鲜初期的对外贸易政策、对外贸易规模的扩大以及贸易对国内商业发展的影响等方面进行分析与论证，论证层次鲜明，并且充分吸取了韩国经济史领域前辈学者的优秀成果。该著作在每一小节的论证中，多以学术史回顾入手，如在梳理朝鲜贸易政策时回顾了韩国学界全海宗、金汉奎、姜圣作、金炫淙、金柄夏等人的具体研究，进一步挖掘朝鲜初期的对外贸易政策是如何规定的，以及这些学者如何看待这种贸易政策及性质。⑤

---

① 李鍾英：《朝鮮初貨幣制의變遷》，《人文科學》1962年第7期；金柄夏：《李朝前期의貨幣流通－布貨의貨幣機能을中心으로》，《慶熙史學》1970年第2期；須川英德「朝鮮時代の貨幣」『歷史學研究』1998。
② 周藤吉之「高麗末期より朝鮮初期に至る織物業の發達」『社會經濟史學』1940；澤村東平「朝鮮棉作綿業の生成と發展」『朝鮮纖維協會』1941。
③ 侯冠宇：《明代洪武永乐年间中朝官方贸易对朝鲜货币改革的影响》，硕士学位论文，兰州大学，2021，第70~71页。
④ 朴平植：《朝鮮前期對外貿易과 貨幣研究》，第350~355页。
⑤ 朴平植：《朝鮮前期對外貿易과 貨幣研究》，第16页。

作者梳理朝鲜货币政策时，亦回顾了日韩学界李能植、权人赫、田寿柄、柳炫才、宫原兔一、须川英德等人的研究。① 著者基于朝鲜前期国内的政治变化、社会变迁以及国际贸易局势等诸多维度，解析贸易与货币变迁的逻辑与演变。"朝鲜初期，根据东亚国际秩序进行国内经济政策的制定，具体体现在与明朝的'事大'；与日本、野人等周边国家的'交邻'体制。"② 朝鲜初期的贸易政策是与明朝海禁政策相调适的。

虽然该书论述颇有见地，但书中也有许多内容值得进一步探讨。一是论据深度和广度不足。如该书在内容安排方面，对货币问题还缺乏深入探究，且部分论证材料多次重复使用。此外，将贸易与货币一分为二，各自阐述，颇为支离。二是参考文献及注释、引用史料大多基于《朝鲜王朝实录》《燕山君日记》等，较为单一。特别是在讨论中朝贸易一节，与中国相关的文献材料几乎全部是韩国学界的二手研究史料，缺乏一手史料，使得该书关于中朝贸易的论述存在较大的商榷空间。此外，贸易货币史研究中牵涉的学科较为广泛，仅凭单一历史学科远远不够，应结合国际关系、国际政治、经济统计学等学科进行多方面研究。

通读全书，综合其优点，笔者认为该著作对于经济史研究有以下启示价值。其一，研究贸易史要广泛阅读各国的文献著作，要打破以往学者在研究贸易货币问题时仅以单一国家为基本立场的局限，应将贸易货币问题与本国的商业发展有机结合考察。其二，经济史研究的范式与方法不应该被固定，正所谓"史无定法"。目前学科之间的壁垒依旧存在。传统经济学界强调"理性人"这一基本假设，在研究微观社会时偏好"去差异化"，着重关注经济数据演变的内在逻辑，以得出"情理之中、意料之外"的政策建议，而传统史学界侧重对微观"特殊性"

---

① 朴平植：《朝鲜前期對外貿易과 貨幣研究》，第296页。
② 朴平植：《朝鲜前期對外貿易과 貨幣研究》，第67页。

案例的分析。在交叉研究的过程中，可以尽量避免使用复杂的脱离实际的抽象演绎，可以运用演进的方法，即结构分析法或制度分析法，主要研究经济发展的过程，对具体历史条件下的集体行为进行分析，这样在方法论上可以相互理解、彼此交叉，两个学科应抓住学科融合的浪潮与机遇，鼓励学界之间相互对话，以促发展。此外，量化历史研究方法可以更好地解决部分定量问题。其三，对中朝贸易这一课题的研究应更加关注韩国学界的众多研究，以深入了解彼此的研究现状、思维方式与研究逻辑，会更有利于课题研究的深入进行与所得结论的准确客观。

综而观之，该书作为一部关于朝鲜初期贸易与货币方面翔实的韩文学术论著，还原了朝鲜初期丰富有趣的历史现象。朴平植教授于贸易货币史沿流溯源，其研究成果丰富且深刻，笔者亦期待他在贸易货币问题上继续推出新作，以飨读者。

征稿启事

《区域史研究》是由中山大学、香港中文大学、复旦大学、厦门大学、武汉大学、清华大学、南开大学、华东师范大学、南昌大学、浙江大学的一批志同道合的学者共同创办的刊物，旨在为区域史研究者提供一个分享最新研究、交流最新思想的平台。本刊设有学人访谈、专题研究、研究综述、读史札记、田野笔记、书评等栏目，现面向海内外学界征稿，来稿要求如下。

（一）论文字数一般不超过3万字，须有中文摘要（200字左右）以及3~5个中文关键词；读史札记、田野笔记一般不超过1.5万字；书评一般不超过4000字，有深度的书评，则不受此限。

（二）文责自负。除非事先说明，否则编辑部对文字内容均可适当处理；译稿一律附原文。

（三）本刊采用社会科学文献出版社的投稿格式和注释体例，请各位作者投稿前务必参照修改。来稿统一采取页下注方式，每页重新编号。出自同一文献的注释第二次出现以后，只需标明著者、篇名、卷次、页码即可。

（四）来稿请通过电子邮件寄至 lingnanculture@126.com，并在邮件标题栏中注明：《区域史研究》投稿。

（五）本刊实行双向匿名审稿制，来稿时请将姓名、工作单位、联系方式、职称等反映作者信息的个人资料另页附上，并在正文中避免出现作者的相关信息。

（六）请勿一稿多投。收稿后逾3个月未做答复，作者可自行处理。

（七）本刊不以任何形式收取编辑费、审稿费、版面费等费用。稿件一经发表，即奉稿酬，稿酬从优，并赠送作者样刊 5 册。

（八）本征稿启事常年有效。

《区域史研究》编辑部

图书在版编目(CIP)数据

区域史研究.2021年.第1辑:总第5辑/温春来主编.--北京:社会科学文献出版社,2021.10
ISBN 978-7-5201-9094-7

Ⅰ.①区… Ⅱ.①温… Ⅲ.①地方史-研究-中国-丛刊 Ⅳ.①K29-55

中国版本图书馆CIP数据核字(2021)第210995号

区域史研究 2021年第1辑(总第5辑)

主　　编 / 温春来
执行主编 / 杜丽红

出 版 人 / 王利民
责任编辑 / 赵　晨
文稿编辑 / 梁　赟　李蓉蓉　等
责任印制 / 王京美

出　　版 / 社会科学文献出版社·历史学分社 (010)59367256
　　　　　 地址:北京市北三环中路甲29号院华龙大厦　邮编:100029
　　　　　 网址:www.ssap.com.cn
发　　行 / 市场营销中心 (010)59367081　59367083
印　　装 / 唐山玺诚印务有限公司

规　　格 / 开　本:787mm×1092mm　1/16
　　　　　 印　张:16.25　字　数:218千字
版　　次 / 2021年10月第1版　2021年10月第1次印刷
书　　号 / ISBN 978-7-5201-9094-7
定　　价 / 99.00元

本书如有印装质量问题,请与读者服务中心(010-59367028)联系

▲ 版权所有 翻印必究